Hubert Houben

ST. BLASIANER HANDSCHRIFTEN

MÜNCHENER BEITRÄGE

ZUR MEDIÄVISTIK UND RENAISSANCE-FORSCHUNG

30

HUBERT HOUBEN

St. Blasianer Handschriften des 11. und 12. Jahrhunderts

Unter besonderer Berücksichtigung der Ochsenhauser Klosterbibliothek

1979
Bei der Arbeo-Gesellschaft
München

CIP-Kurztitelaufnahme der Deutschen Bibliothek

Houben, Hubert:
S[ank]t Blasianer Handschriften des 11. [elften] und 12. [zwölften] Jahrhunderts : unter bes. Berücks. d. Ochsenhauser Klosterbibliothek / Hubert Houben. — München : Arbeo-Ges., 1979.
(Münchener Beiträge zur Mediävistik und Renaissance-Forschung ; 30)
ISBN 3-920128-31-1

Schriftenreihe der Arbeo-Gesellschaft
Geschäftsstelle: D-8061 Bachenhausen

Druck: Rolf Gremer · D-8729 Ebelsbach/Main

INHALTSVERZEICHNIS

VORWORT

Die vorliegende Studie verdankt ihr Zustandekommen der Unterstützung durch verschiedene Personen und Institutionen. Mein Dank gilt den Damen und Herren der besuchten Archive und Bibliotheken, unter ihnen vor allem P. Erhard Pascher (St. Paul i. L.), Rudolf Cenefels (Kynžvart) und PhDr. J. Vrchotka, CSc. (— Direktor der Bibliothek des Nationalmuseums Prag, wo ich die Kynžvarter Handschriften einsehen durfte —), ferner dem Institut de recherche et d'histoire des textes (Paris), dem Vetus Latina Institut (Beuron), meinen akademischen Lehrern in Aachen und Freiburg i. Br., unter ihnen besonders Herrn Prof. Dr. Karl Schmid (Freiburg i. Br.), weiterhin den Herren Professoren Dr. Dr. Wolfgang Müller, Dr. Hugo Ott (beide Freiburg i. Br.) und Dr. Joachim Wollasch (Münster i. W.), die mir als besondere ‚St. Blasien-Kenner' wertvolle Hinweise gaben, ebenso den Herren Dr. Gerd Althoff, Dr. Winfried Hagenmaier (beide Freiburg i. Br.), Dr. Wolfgang Irtenkauf (Stuttgart) für Hilfen in Necrolog- bzw. liturgiewissenschaftlichen Fragen, Ivan Müller für die Übersetzung der tschechischen Literatur, Dr. Michael Borgolte, Dr. Dieter Geuenich, Rainer Amberg und Hartmut Becher für manche Gelegenheit zum wissenschaftlichen Gespräch, Frau Brunhilde Bücheler (alle Freiburg i. Br.) für Hilfen bei der Erstellung des Manuskripts.

Der Gerda Henkel Stiftung (Düsseldorf) danke ich für die Gewährung eines Stipendiums und großzügiger Reise- und Sachkostenzuschüsse, ebenso der Wissenschaftlichen Gesellschaft Freiburg für Sachkostenzuschüsse.

Mein besonderer Dank gilt meiner verehrten Lehrerin, Frau Prof. Dr. Johanne Autenrieth (Freiburg i. Br.), die nicht nur die vorliegende Arbeit anregte und betreute, sondern mir auch die mehrjährige wissenschaftliche Tätigkeit am Seminar für Lateinische Philologie des Mittelalters der Universität Freiburg i. Br. ermöglichte und sich seit Beginn meines Studiums in Freiburg um meine persönliche und wissenschaftliche Förderung bemühte.

Die Arbeit wurde mit dem gleichen Titel im Dezember 1978 vom Gemeinsamen Ausschuß der Philosophischen Fakultäten der Albert-Ludwigs-Universität Freiburg i. Br. als Dissertation angenommen und für den Druck überarbeitet.

Freiburg im Breisgau, im April 1979

VERZEICHNIS DER ABKÜRZUNGEN UND SIGEL

1. Allgemeine Abkürzungen

Abb.	Abbildung
Akad.	Akademie
AT	Altes Testament
Aufl.	Auflage
Bl.	Blatt
Cod.	Codex
Ed.	Edition
EDV	Elektronische Datenverarbeitung
Erg.Bd.	Ergänzungs-Band
f(ol).	folio
GLA	Generallandesarchiv
Hs(s).	Handschrift(en)
HStA	Hauptstaatsarchiv
Jb.	Jahrbuch
Jh.	Jahrhundert
Lit.	Literatur
Nachdr.	Nachdruck
NF.	Neue Folge
NT	Neues Testament
ÖNB	Österreichische Nationalbibliothek
Perg.	Pergament
Ps.	Pseudo
Rez.	Rezension
UB.	Universitätsbibliothek
Zs.	Zeitschrift

2. Sigel

AA SS	Acta Sanctorum, collecta ... a Sociis Bollandianis (Paris ^{3}1863 ff.)
BHL	Bibliotheca hagiographica latina, edd. Hagiographi Bollandiani. 2 Bde. (Subsidia hagiographica 6, Brüssel ^{2}1949)

CC SL	Corpus Christianorum. Series Latina (Turnhout 1953 ff.)
CC Cont.med.	Corpus Christianorum. Continuatio medievalis
Clavis	Clavis patrum latinorum, ed. E. Dekkers (Sacris erudiri 3, Steenbrugge ^{2}1961)
CSEL	Corpus Scriptorum Ecclesiasticorum Latinorum
ČSAV	Československá akademie věd (Tschechoslowakische Akademie der Wissenschaften)
DA	Deutsches Archiv für Geschichte des Mittelalters
FMSt	Frühmittelalterliche Studien
Glorieux	P. Glorieux, Pour revaloriser Migne. Tables rectificatives (Mélanges de science religieuse. IXme année, 1952, Cahier supplémentaire, Lille 1952)
HJb	Historisches Jahrbuch der Görresgesellschaft
HZ	Historische Zeitschrift
JL	Regesta pontificum Romanorum, ed. Ph. Jaffé, neu bearbeitet von S. Loewenfeld, F. Kaltenbrunner u. P. Ewald. 2 Bde. (Leipzig 1885-1888; Nachdr. Graz 1956)
LThK	Lexikon für Theologie und Kirche, hg. v. J. Höfer u. K. Rahner (Freiburg i. Br. ^{2}1957-1967)
MGH	Monumenta Germaniae Historica
— DD	Diplomata
— SS	Scriptores
— SS rer.Merov.	Scriptores rerum Merovingicarum
MIÖG	Mitteilungen des Instituts für Österreichische Geschichtsforschung
NA	Neues Archiv der Gesellschaft für Ältere Deutsche Geschichtskunde
PL	Patrologia latina, ed. J. P. Migne. 221 Bde. (Paris 1844-1864)
PL S	Patrologiae latinae supplementum, ed. A. Hamman u. L. Guillaumin. 5 Bde. (Paris 1958-1974)
Stegmüller	Repertorium biblicum medii aevi, ed. F. Stegmüller. Bd. 1: Initia biblica, apocrypha, prologi (Madrid 1950)
Stud. u. Mitt.	Studien und Mitteilungen zur Geschichte des Benediktinerordens und seiner Zweige
Stumpf	K. F. Stumpf-Brentano, Die Reichskanzler vornehmlich des X., XI. und XII. Jahrhunderts. Bd. 2: Die Kaiserurkunden (Innsbruck 1865-1883)
Vattasso	Initia patrum aliorumque scriptorum ecclesiasticorum latinorum ex Mignei Patrologia et ex aliis libris, ed. M. Vattasso. 2 Bde. (Studi e testi 16-17, Rom 1906-1908)
Walther	Carmina medii aevi posterioris latina. I/1: Initia carminum ac versuum medii aevi posterioris latino-

	rum. Alphabetisches Verzeichnis der Versanfänge mittellateinischer Dichtungen. Unter Benutzung der Vorarbeiten von A. Hilka bearb. v. H. Walther (Göttingen ²1969) II/3: Proverbia sententiaeque latinitatis medii aevi. Lateinische Sprichwörter und Sentenzen des Mittelalters in alphabetischer Anordnung. Gesammelt u. hg. v. H. Walther. Teil 3: N-P (Göttingen 1965)
ZfdA	Zeitschrift für deutsches Altertum und deutsche Literatur
ZGORh	Zeitschrift für die Geschichte des Oberrheins

A. FORSCHUNGSSTAND

Eo autem tempore in regno Teutonicorum tria monasteria cum suis cellulis, regularibus disciplinis instituta egregie pollebant, quippe coenobium sancti Blasii in Nigra Silva, et sancti Aurelii, quod Hirsaugia dicitur, et sancti Salvatoris, quod Scefhusin, id est navium domus, dicitur. So schreibt der Chronist Bernold von Konstanz zum Jahre 1083.[1]

Das Kloster St. Blasien im Schwarzwald, das hier als erste der drei erwähnten Abteien genannt wird, war bereits häufig Gegenstand historischer Untersuchungen. Die Urkunden[2] und die Stellung der Abtei im Oberrheingebiet[3] standen im Blickfeld der älteren Forschung. Im Jahre 1928 wurden unter der Leitung von Ludwig Schmieder Ausgrabungen durchgeführt, und ein Jahr später erschien eine Monographie über die Baugeschichte des im Laufe der Zeit von zahlreichen Brandkatastrophen heimgesuchten Schwarzwaldklosters.[4] In neuerer Zeit wurde St. Blasien als Mittelpunkt des Landesausbaus im südlichen Schwarzwald[5] und eines der Zentren der monastischen

[1] Bernoldi Chronicon, MGH SS 5, S. 439.

[2] H. Hirsch, Studien über die Privilegien süddeutscher Klöster des 11. und 12. Jahrhunderts, in: MIÖG Erg. Bd. 7 (1907), S. 471-612, ebda. S. 543-568; W. Müller, Untersuchungen über die Privaturkunden des Klosters S. Blasien im 13. und 14. Jahrhundert, in: MIÖG 55 (1944), S. 1-145; vgl. auch unten Anm. 8.

[3] H. Büttner, St. Blasien und das Elsaß (Veröffentlichungen aus dem Fürstl. Fürstenbergischen Archiv 4, Donaueschingen 1939); ders., St. Blasien und das Bistum Basel im 11./12. Jahrhundert, in: Zs. für Schweizerische Kirchengeschichte 44 (1950), S. 138-148, wiederabgedr. in: ders., Schwaben und Schweiz im frühen und hohen Mittelalter (Vorträge und Forschungen 15, Sigmaringen 1972), S. 131-142 (danach im folgenden zitiert).

[4] L. Schmieder, Das Benediktinerkloster St. Blasien. Eine baugeschichtliche Studie (Augsburg 1929); zum jüngsten Klosterbrand vom 27. 5. 1977 vgl. J. Adamek - H. J. Wörner, St. Blasien im Schwarzwald. Benediktinerkloster und Jesuitenkolleg (München-Zürich 1978).

[5] H. Ott, Studien zur Geschichte des Klosters St. Blasien im hohen und späten Mittelalter (Veröffentlichungen der Kommission für geschichtliche Landeskunde in Baden-Württemberg B 27, Stuttgart 1963); ders., Die Klostergrundherrschaft St. Blasien im Mittelalter. Beiträge zur Besitzgeschichte (Arbeiten zum Historischen Atlas von Südwestdeutschland 4, Stuttgart 1969); ders., Art. St. Blasien, in: Die

Reformbewegung des 11. Jahrhunderts[6] und ihrer Geschichtsschreibung[7] gewürdigt.

Im Unterschied zu den vielbeachteten Urkunden[8] waren die Handschriften der Schwarzwaldabtei noch nicht Gegenstand einer umfassenden wissenschaftlichen Untersuchung. Albert Bruckner vertrat in seiner Studie über das Skriptorium des Klosters Engelberg die Auffassung, die dortige Schreibschule, welche unter dem aus St. Blasien stammenden Abt Frowin (ca. 1143-1178) zu hoher Blüte gelangte, sei mit Hilfe von Schreibern des Klosters St. Blasien begründet worden.[9] Bruckner gestand ein, daß diese Vermutung nur schwer zu beweisen sei, da man „nur ungenau" wisse, „wie man etwa damals in St. Blasien schrieb, ist doch der Hauptbestandteil der älteren Sanblasianer MSS. ähnlich wie bei Hirsau verloren."[10] Diese Lücke sei jedoch mit Hilfe von Handschriften des Klosters Einsiedeln, in welches im Jahre 1123 Mönche aus St. Blasien eintraten,[11] zu überbrücken. In „für Einsiedeln so ortsfremden Eintragungen", die aus dieser Zeit stammen, sah Bruckner „ohne Zweifel ... solche

Benediktinerklöster in Baden-Württemberg, hg. v. F. Quarthal u. a. (Germania Benedictina 5, Augsburg 1975), S. 146-160; ders., Zu den frühen Beziehungen zwischen dem Kloster St. Blasien und dem Bistum Basel, in: Alemannica. Landeskundliche Beiträge. Festschrift für Bruno Boesch (Alemannisches Jahrbuch 1973/75, ersch. 1976), S. 545-557.

[6] J. Wollasch, Muri und St. Blasien. Perspektiven schwäbischen Mönchtums in der Reform, in: DA 17 (1961), S. 420-446; H. Jakobs, Der Adel in der Klosterreform von St. Blasien (Kölner Historische Abhandlungen 16, Köln-Graz 1968); D. Geuenich, Verbrüderungsverträge als Zeugnisse der monastischen Reform des 11. Jahrhunderts in Schwaben, in: ZGORh 123 NF. 84 (1975) [ersch. 1977], S. 17-30.

[7] Leider sind keine Originalhandschriften der St. Blasianer Historiographie erhalten, sondern nur Ableitungen bzw. spätere Abschriften; vgl. F. J. Schmale, Die Reichenauer Weltchronistik, in: Die Abtei Reichenau. Neue Beiträge zur Geschichte und Kultur des Inselklosters, hg. v. H. Maurer (Sigmaringen 1974), S. 125-158; I. Schmale-Ott, § 57. St. Blasien, in: W. Wattenbach - F. J. Schmale, Deutschlands Geschichtsquellen im Mittelalter. Vom Tode Heinrichs V. bis zum Ende des Interregnums. Bd. 1 (Darmstadt 1976), S. 319-328.

[8] Vgl. oben Anm. 2; demnächst: H. Ott, Das Urkundenbuch des Klosters St. Blasien (Veröffentlichungen der Historischen Kommission für geschichtliche Landeskunde in Baden-Württemberg A 22, im Druck).

[9] A. Bruckner, Schreibschulen der Diözese Konstanz. Stift Engelberg (Scriptoria medii aevi helvetica 8, Genf 1950), S. 22. — Frowin wurde vermutlich ca. 1143 Abt von Engelberg, ist aber in diesem Amt erst 1147 sicher nachweisbar; vgl. G. Heer, Aus der Vergangenheit von Kloster und Tal Engelberg 1120-1970 (Engelberg 1975), S. 28 f.

[10] Bruckner, Engelberg, S. 22.

[11] Annales Einsidlenses, MGH SS 3, S. 147: *Blasianenses intraverunt.*

jener sanblasianischen Mönche." [12] Damit sei auch die „frappante Ähnlichkeit" zwischen diesen Schriften und den Engelbergern der Frowin-Zeit zu erklären. Bruckner folgerte weiter: „Dank den sanblasianischen Eintragungen in Einsiedler MSS. aus dem 2. Viertel des 12. Jhs. besitzen wir die Möglichkeit, die sanblasianische Kalligraphie, die Schreibgewohnheiten usw. jenes Klosters in einem ziemlich großen Umfang studieren zu können und damit indirekt wichtige Aufschlüsse für die dann weiterentwickelte in Engelberg zu bekommen." [12] Diese Auffassung, die mit den Engelberger Schriften der Frowin-Zeit verwandten, ortsfremden Einsiedler Einträge stammten von St. Blasianer Schreibern, ist eine reine Mutmaßung, welche lediglich ein gewisses Maß an Wahrscheinlichkeit beanspruchen kann.[13] Daraus aber weiter zu schließen, wir besäßen mit Hilfe dieses Materials „die Möglichkeit, die sanblasianische Kalligraphie ... in einem ziemlich großen Umfang studieren zu können," scheint methodisch mehr als bedenklich.

Unkritisch übernommen wurde Bruckners Annahme von Harry Bober, der ein Psalterium des 13. Jahrhunderts, den sog. ‚St. Blasien Psalter', sowie einige angeblich diesem verwandte Psalterien dem Schwarzwaldkloster zuweisen wollte.[14] Während die Zuweisung zu St. Blasien bald überzeugend widerlegt werden konnte,[15] fand seine auf wenigen Seiten rekonstruierte Schreibschule von St. Blasien [16] in der Literatur keinen Widerhall. Lediglich auf Grund der Zusammenstellung von Codices, die in der älteren Forschung für St. Blasien in Anspruch genommen worden waren, postulierte Bober ohne Autopsie und Studium dieser Handschriften ein „scriptorium of St. Blasien" und eine „Black Forest School".[17] Es muß Bober allerdings zugute ge-

[12] Bruckner, Engelberg, S. 22.

[13] Eine Nachprüfung erwies diese Vermutung als unbegründet; vgl. unten S. 61 Anm. 207.

[14] H. Bober, The St. Blasien Psalter (Rare Books Monographs Series 3, New York 1963).

[15] W. Irtenkauf, Über die Herkunft des sogenannten St. Blasien Psalters, in: Bibliothek und Wissenschaft 1 (1964), S. 23-49; ders., Noch einmal: Über die Herkunft . . ., ebda. 2 (1965), S. 59-84; vgl. die Rezension von H. Ott in: ZGORh 114 NF. 75 (1966), S. 421 f.

[16] Bober, St. Blasien Psalter, S. 19-29.

[17] Ebda., S. 20: „During the eleventh and twelfth centuries St. Blasien and its scriptorium played a dominant role in the western half of the Constance diocese. For its learning and writing, it appears to have been regarded as highly as the mother foundation (!) of Hirsau."

halten werden, daß seine „first reconstruction of the St. Blasien school in its essential outlines" [18] auf keine fundierten Vorarbeiten über die St. Blasianer Schriftzeugnisse zurückgreifen konnte. Dennoch kann man nicht umhin, Bobers Ausführungen zum Skriptorium von St. Blasien als unbegründet zu bezeichnen.

Das in der Literatur häufig beklagte Fehlen einer gründlichen Untersuchung des Schriftwesens der Schwarzwaldabtei [19] hat seinen Grund. Wurde doch der größte Teil der alten St. Blasianer Codices durch die beiden schweren Klosterbrände von 1322 und 1768 vernichtet. Diese Tatsache war das Hauptproblem der vorliegenden Studie. Die Voraussetzung für das Studium eines Skriptoriums ist eine genügend große Anzahl von Handschriften, die für den betreffenden Ort sicher bezeugt sind. Daher mußten zunächst die für St. Blasien in Anspruch genommenen Schriftzeugnisse gesammelt und überprüft werden. Es stellte sich heraus, daß die Entstehung vieler Codices in St. Blasien nicht gesichert war. Somit schien nach der für jede skriptorienkundliche Arbeit geltenden Maxime Bernhard Bischoffs, nur „genügend gesichertes" Material dürfe die Grundlage einer solchen Studie bilden,[20] die handschriftliche Basis für die Erforschung des St. Blasianer Schriftwesens zu gering.

Nachforschungen über die mittelalterliche Klosterbibliothek des St. Blasianer Priorats Ochsenhausen in Schwaben (Lkr. Biberach) [21] ergaben jedoch, daß von dort ein geschlossener Bestand von Handschriften des 12. Jahrhunderts überliefert ist, der teilweise sicher, teilweise sehr wahrscheinlich aus St. Blasien stammt.[22] Mit Hilfe dieses

[18] Ebda., S. 19.

[19] Zuletzt: H. Tüchle, Ein Hildegard- und ein Bernhardbrief aus der Ochsenhauser Klosterbibliothek, in: Stud. u. Mitt. OSB 79 (1968), S. 17-22, ebda., S. 21: „Leider gibt es noch keine abschließende Untersuchung der Schreibschule von St. Blasien."

[20] B. Bischoff, Die südostdeutschen Schreibschulen in der Karolingerzeit. Teil 1: Die bayrischen Diözesen (Wiesbaden ³1974), S. 5: „Methodischer Grundsatz sollte bei jeder Studie über ein Skriptorium die scharfe Abtrennung alles nicht genügend gesicherten oder gar sichtlich fremden Schriftgutes sein; eine Vernachlässigung dieses Prinzips führt notwendigerweise zu einer Verfälschung des historischen Bildes, und die unbegründete Ausschließung einer Handschrift ist leichter wieder gut zu machen als die voreilige Aufnahme, auf die weitertragende Schlüsse gebaut werden" (Hervorhebung von Bischoff).

[21] Vgl. H. Ott, Art. Ochsenhausen, in: Die Benediktinerklöster in Baden-Württemberg (Germania Benedictina 5, Augsburg 1975), S. 454-464, sowie unten S. 73 ff.

[22] Vgl. unten S. 145 ff.

Materials konnte die durch die fast vollständige Vernichtung der ältesten St. Blasianer Klosterbibliothek entstandene Lücke wenigstens teilweise geschlossen werden.

B. METHODISCHE VORBEMERKUNGEN

Die in der vorliegenden Arbeit angewandte Methode ist die des paläographischen Vergleichs. Ausgehend von Zeugnissen, deren Entstehung in St. Blasien gesichert ist, soll versucht werden, Aufschlüsse über das dortige Skriptorium des 11. und 12. Jahrhunderts zu gewinnen.

Die karolingische Minuskel, die seit der unter Karl dem Großen durchgeführten Schriftreform im Frankenreich dominiert, zeigt im 8. und 9. Jahrhundert lokale Eigenheiten, die gewisse Schriftprovinzen wie die alemannische, rätische u. a. m. erkennen lassen. Im 9. Jahrhundert beginnt die Schrift einheitlicher zu werden. Diese Tendenz ist im 11. und 12. Jahrhundert bereits so weit fortgeschritten, daß eine genaue Bestimmung des Entstehungsortes einer Handschrift auf Grund des Schriftbildes allein kaum noch möglich ist.[23] Wir kennen zwar bestimmte regionale Schriftstile, wie der von Bernhard Bischoff ‚schrägoval' genannte, der im 11. Jahrhundert ausgebildet wurde und „in Süddeutschland und Österreich bis um 1200 und vereinzelt darüber hinaus fortlebte." [24] Dieser Schriftstil [25] ist aber bereits so geschlossen, daß eine Zuordnung zu einem bestimmten Skriptorium auf Grund einzelner Buchstabenformen, Ligaturen etc. kaum vorgenommen werden kann. Beobachtungen codicologischer und überlieferungsgeschichtlicher Art gewinnen zunehmend an Gewicht. Äußeren Merkmalen wie

[23] J. Autenrieth, Probleme der Lokalisierung und Datierung spätkarolingischer Schriften (10. und 11. Jahrhundert), in: Codicologica 4: Essais méthodologiques (Leiden 1978), S. 67-74; allgemein: G. Powitz, Datieren und Lokalisieren nach der Schrift, in: Bibliothek und Wissenschaft 10 (1976), S. 124-137.

[24] B. Bischoff, Paläographie (mit besonderer Berücksichtigung des deutschen Kulturgebietes), in: Deutsche Philologie im Aufriß, hg. v. W. Stammler (München ²1957), Sp. 41.

[25] Der Begriff Schriftstil wird im folgenden, wie Bischoff, Paläographie, im weiteren Sinne gebraucht. Enger gefaßt ist der Begriff bei E. A. Lowe, The ‚Script of Luxeuil': A Title Vindicated, in: Revue Bénédictine 63 (1953), S. 132-142, wiederabgedr. in: ders., Palaeographical Papers 1907-1965, hg. v. L. Bieler (2 Bde., Oxford 1972), S. 389-398, ebda., S. 389 f., wo Lowe Schriftstil („style") als die individuelle Schrift einer Schreiberpersönlichkeit definiert, während Schrifttyp („type") das Kennzeichen einer ganzen Schreib-Schule meint.

Bearbeitung und Qualität des Pergaments, Tintenart, Liniierungsweise etc. kommt erhöhte Bedeutung zu.[26]

Grundlegend bleibt dennoch der paläographische Vergleich. Zeigen auch die Buchstabenformen kaum noch lokale Eigenheiten wie in karolingischer Zeit, so können doch Abkürzungsstriche, Verweisungszeichen, Interpunktion, Seitentitel oder — seltener — einzelne charakteristische Buchstabenformen wichtige Hilfsmittel bei der Bestimmung des Entstehungsortes einer Handschrift des 11. oder 12. Jahrhunderts sein. Ausschlaggebend bleibt jedoch meist der allgemeine Eindruck einer Schrift, ihr Duktus.[27]

In jüngerer Zeit wurden in zwei Arbeiten aus der Schule Bernhard Bischoffs für die karolingische Minuskel des 10. und 11. Jahrhunderts verschiedene Abstufungen des Schriftniveaus einer Schreibschule herausgearbeitet: Die Verfasser unterscheiden nach ‚Stilhöhen' in Buchschrift (hoher Stil) geschriebene, meist liturgische Prachthandschriften, in Gebrauchsschrift (mittlerer Stil) angefertigte Aufzeichnungen (Kalendarien, Martyrologe, homiletische und exegetische Werke etc.), im Schulstil (unterer Stil) geschriebene, oft für den Schulunterricht bestimmte Texte.[28] Eine besondere Gruppe bilden die Glossenschriften, die ein eigenes Gepräge haben.[29] Die Berücksichtigung des Schrift-

[26] Vgl. J. Schroeder, Bibliothek und Schule der Abtei Echternach um die Jahrtausendwende, in: Publications de la Section Historique de l'Institut Grand-Ducal de Luxembourg 91 (1977), S. 201-378 (auch sep.: Phil. Diss. Freiburg i. Br. 1975), bes. S. 231 ff. (sep. S. 31 ff.); zu codicologischen Fragen: L. Gilissen, Prolégomènes à la codicologie. Recherches sur la construction des cahiers et la mise en page des manuscrits médiévaux (Les publications de Scriptorium 7, Gent 1977); J. Vezin, La réalisation matérielle des manuscrits latins pendant le haut Moyen Âge, in: Codicologica 2: Eléments pour une codicologie comparée (Leiden 1978), S. 15-51.

[27] Der Begriff Duktus wird hier, wie in der deutschsprachigen Literatur üblich, im weiteren Sinne gebraucht. In der französischsprachigen Literatur wird der Begriff enger gefaßt, so z. B. bei J. Mallon, Paléographie Romaine (Madrid 1952), S. 22.

[28] N. Daniel, Handschriften des zehnten Jahrhunderts aus der Freisinger Dombibliothek. Studien über Schriftcharakter und Herkunft der nachkarolingischen und ottonischen Handschriften einer bayerischen Bibliothek (Münchener Beiträge zur Mediävistik und Renaissance-Forschung 11, München 1973), bes. S. 4-10; Ch. E. Eder, Die Schule des Klosters Tegernsee im frühen Mittelalter im Spiegel der Tegernseer Handschriften, in: Stud. u. Mitt. OSB 83 (1972) (= Münchener Beiträge zur Mediävistik . . ., Beiheft 1, München 1972), bes. S. 69 ff.

[29] B. Bischoff, La nomenclature des écritures livresques du IXe au XIIIe siècle, in: Nomenclature des écritures livresques du IXe au XVIe siècle (Colloques internationaux du Centre national de la recherche scientifique. Sciences humaines 4, Paris 1954), S. 7-14, ebda., S. 8 mit Abb. 2; ders., Paläographie, Sp. 41 f. mit Abb. 3.

niveaus ist eine wesentliche Hilfe für die Erforschung der späten karolingischen Minuskel.

Was für die Lokalisierung von Handschriften des 10. bis 12. Jahrhunderts zutrifft, gilt auch für ihre Datierung: Wegen der Einheitlichkeit der Schrift ist eine präzise Datierung, etwa auf ein Jahrzehnt genau, mit rein paläographischen Kriterien schwierig. Einen Anhaltspunkt bietet die zum 12. Jahrhundert hin feststellbare Verringerung des Zeilenabstandes und Veränderung des Verhältnisses der Oberlängen zu den Buchstabenelementen der mittleren Höhe.[30] Eine genauere Datierung kann die relative Chronologie ermöglichen, wenn um eine oder mehrere, auf Grund inhaltlicher Kriterien datierbare Handschrift(en) verwandte Schriftzeugnisse nach ihrer Nähe oder Ferne zu diesen gruppiert werden können: So gelang es kürzlich Jean Schroeder, eine Gruppe von Echternacher Handschriften, welche ein von ihm als Anonymus B bezeichneter Schreiber anfertigte, mit Hilfe einer von diesem Mann geschriebenen Urkunde von 997 ziemlich genau zu datieren.[31]

Die neueren Versuche, mit statistischen Methoden den Schriftvergleich zu objektivieren, konnten bei der Erforschung des Skriptoriums von St. Blasien nicht angewandt werden, da sie eine breite Grundlage bereits lokalisierter und datierter Schriftzeugnisse voraussetzen.[32] Ähnliches gilt für die Schriftanalyse unter Verwendung der Makrophotographie;[33] sie erfordert ein geordnetes, übersichtliches Material. Diese Sichtung und Ordnung ist für die Schriftzeugnisse des Klosters St. Blasien im folgenden jedoch erst zu leisten. Eine intensivere Ana-

[30] Das Verhältnis der Oberlängen zu den mittleren Buchstabenteilen, das im 10. Jahrhundert 2 : 1 beträgt, verschiebt sich allmählich und erreicht im 12. Jahrhundert ein Verhältnis von etwa 4:3; vgl. Daniel, Handschriften, S. 2.

[31] Schroeder, Bibliothek, S. 265 f. (sep. S. 65 f.).

[32] E. Krüger, Die Schreib- und Malwerkstatt der Abtei Helmarshausen bis in die Zeit Heinrichs des Löwen (3 Bde., Quellen und Forschungen zur hessischen Geschichte 21, Darmstadt-Marburg 1972); L. Gilissen, L'expertise des écritures médiévales. Rechere d'une méthode avec application à un manuscrit du XIe siècle: Le lectionnaire de Lobbes. Cod. Bruxell. 18018 (Les publications de Scriptorium 6, Gent 1973); kritisch zu beiden Arbeiten: J. Autenrieth, Das St. Galler Verbrüderungsbuch. Möglichkeiten und Grenzen paläographischer Bestimmung, in: FMSt 9 (1975), S. 215-225, ebda., S. 223 f.

[33] Vgl. Gilissen, L'expertise; M. C. Garand - F. Etcheverry, Analyse d'écritures et macrophotographie. Les manuscrits originaux de Guibert de Nogent, in: Codices manuscripti 1 (1975), S. 112-122; M. C. Garand, Le Scriptorium de Guibert de Nogent, in: Scriptorium 31 (1977), S. 3-29.

lyse einzelner Stücke mit Hilfe der neuesten technischen Hilfsmittel wäre ein zweiter Schritt, der den Rahmen der vorliegenden Studie sprengen würde.

TEIL I

HANDSCHRIFTEN DES 11. UND 12. JAHRHUNDERTS AUS DER KLOSTERBIBLIOTHEK VON ST. BLASIEN

A. HISTORISCHER HINTERGRUND

1. Das Kloster St. Blasien bis zum Ende des 12. Jahrhunderts

Die Anfänge des Klosters St. Blasien liegen weitgehend im Dunkeln. Im frühen Mittelalter bestand im Albtal wohl nur eine kleine Einsiedelei. Zum Jahre 858/9 hören wir von einer *cella, quae dicitur Alba,* welche von einem gewissen Sigemar gegründet und dem Kloster Rheinau unterstellt worden sein soll.[34] Die ‚Vita Findani' berichtet über die Übertragung von Blasius-Reliquien von Rheinau *in vicinum saltum,* was allgemein auf die Albzelle bezogen wird.[35] Aus den wenigen überlieferten Nachrichten zeigt sich, daß die Einsiedelei im Albtal im 9. und 10. Jahrhundert nicht von größerer Bedeutung war.

Durch Reginbert, der im St. Blasianer Necrologfragment aus dem ersten Viertel des 12. Jahrhunderts als *fundator loci istius* bezeichnet wird, erfolgte in der zweiten Hälfte des 10. Jahrhunderts eine „Neubelebung, um nicht zu sagen eine Wiedererrichtung" der Albzelle.[36] Zu größerer Macht gelangte St. Blasien jedoch erst im 11. Jahrhundert mit der Erschließung des Schwarzwaldes. Zwar wurde der Besitz der monastischen Niederlassung im südlichen Schwarzwald dem Kloster Rheinau im Jahre 1049 noch einmal durch ein Diplom Heinrichs III. bestätigt,[37] aber in der ersten Hälfte des 11. Jahrhunderts konnte sich St. Blasien allmählich mit Hilfe des „Roderecht(s), wie es im Schwarzwald damals gehandhabt wurde",[38] aus der alten Abhängigkeit von

[34] Rheinauer Cartular, ed. G. Meyer von Knonau, in: Quellen zur Schweizer Geschichte III (Basel 1883), S. 8 Nr. 5; vgl. Büttner, St. Blasien und Basel, S. 131 f. — Kritisch gegenüber der Identität der Einsiedelei mit dem späteren Kloster St. Blasien Wollasch, Muri und St. Blasien, S. 425; Ott, Art. St. Blasien, S. 146 hält „eine Kontinuität und Identität im institutionellen wie patrozinienrechtlichen Sinne" für sehr wahrscheinlich.

[35] Vita Findani, MGH SS 15/1, S. 505; Büttner, St. Blasien und Basel, S. 131 ff.

[36] Büttner, St. Blasien und Basel, S. 132.

[37] MGH DD H III, S. 321 f. Nr. 240; vgl. künftig auch: Ott, Urkundenbuch.

[38] Büttner, St. Blasien und Basel, S. 133.

Rheinau lösen. Der St. Blasianer Lokaltradition nach soll Abt Beringer im Jahre 1036 das erste Kloster geweiht haben.[39]

Das gestiegene Ansehen St. Blasiens zeigt sich daran, daß bei der Weihe des Allerheiligenklosters in Schaffhausen (1064) neben den Äbten von Einsiedeln, Pfäfers, Weingarten, Petershausen und Rheinau auch der St. Blasianer Abt Werinher (1045?-1068) [40] anwesend war.[41] Ein weiterer Schritt auf dem Wege St. Blasiens zu einem der bedeutendsten Klöster im südwestdeutschen Raum war die Verleihung der Immunität und die Bestätigung eines geschlossenen Bereichs im Schwarzwald durch Heinrich IV. im Jahre 1065.[42]

Unter Abt Giselbert (1068-1086) vollzog sich der Aufstieg St. Blasiens zu einem der angesehensten deutschen Reformklöster. Zu Beginn seines Abbatiats, etwa um das Jahr 1070, übernahm die Schwarzwaldabtei auf Anregung der Kaiserin Agnes, der Mutter Heinrichs IV. und späteren Schwiegermutter Rudolfs von Rheinfelden, die consuetudines des oberitalienischen Klosters Fruttuaria.[43] Die St. Blasianer ‚Annales necrologici' berichten von der Entsendung der beiden Mönche und späteren Äbte von St. Blasien, Uto und Rusten, dorthin, *ut inde acciperent nostri ordinis religionem.*[44] In der gleichen Quelle wird auch über die Einführung des Konverseninstituts unter Abt Giselbert berichtet.[45]

[39] Annales necrologici monasterii S. Blasii, MGH Necr. 1, S. 329; Büttner, St. Blasien und Basel, S. 133 Anm. 15 läßt offen, ob Beringer „bereits damals oder erst am Ende seines Lebens die Stellung eines Abtes inne hatte."; vgl. Ott, Art. St. Blasien, S. 146 f., 155.

[40] Ott, Art. St. Blasien, S. 146, 155.

[41] F. L. Baumann, Das Kloster Allerheiligen in Schaffhausen, in: Quellen zur Schweizer Geschichte III, S. 139 f.; kritisch dazu Wollasch, Muri und St. Blasien, S. 425: „Wir können nicht einmal sagen . . ., ob jener *Warinharius de Cella sancti Blasii,* . . ., nicht nur unter dem Titel eines Abtes die Brüder der Blasiuszelle vertrat, ohne wirklich Abt eines Klosters gewesen zu sein."

[42] MGH DD H IV, S. 199 Nr. 154; H. Ott, Das Immunitätsprivileg Heinrichs IV. für St. Blasien vom Jahr 1065, in: ZGORh 112 NF. 73 (1964), S. 413-430; Jakobs, Adel, S. 27 ff.; Ott, Urkundenbuch.

[43] Jakobs, Adel, S. 39 ff.

[44] Annales necrologici, MGH Necr. 1, S. 329.

[45] Ebda.: *Tempore huius sanctissimi patris vita et conversacio fratrum extra claustrum conversancium hic sumpsit inicium.;* Jakobs, Adel, S. 41 mit Anm. 11; neuerdings zum Konversenproblem W. Teske, Laien, Laienmönche und Laienbrüder in der Abtei Cluny. Ein Beitrag zum ‚Konversenproblem', in: FMSt 10 (1976), S. 248-322 und ebda., 11 (1977), S. 288-339.

St. Blasiens Bedeutung erreichte einen Höhepunkt während des Investiturstreites, als es „um 1070-80 eine Art herzoglich-königliches Hauskloster" des Gegenkönigs Rudolf von Rheinfelden und somit ein Zentrum der antikaiserlichen Partei wurde.[46] Dies zeigt auch der 1077 zwischen dem Schwarzwaldkloster und der Abtei St. Victor in Marseille abgeschlossene „hochpolitische" Verbrüderungsvertrag.[47] Einer der aktivsten Streiter der gregorianischen Partei, der Chronist und Publizist Bernold von Konstanz, hielt sich mehrere Jahre (1085-ca. 1091) in St. Blasien auf.[48] In seiner Chronik nennt er zum Jahre 1083 St. Blasien neben Hirsau und Allerheiligen in Schaffhausen als eines der bedeutendsten Reformzentren.[49] Er berichtet, der Ruf des Klosters habe so viele Menschen angezogen, daß, ebenso wie in Hirsau und Allerheiligen, die Klostergebäude erweitert werden mußten.[50] Ein Jahre vorher (1082) war der St. Blasianer Abt mit der Reform des Klosters Muri beauftragt worden. Obwohl Muri, das zunächst Priorat von St. Blasien geworden war, sich bald wieder selbständig machte, begann St. Blasien „als Reformzentrum eine eigene Ausstrahlung zu entfalten." [51]

Diese Wirkungskraft erreichte ihren Höhepunkt unter Abt Uto (1086-1100), der Kirche und Kloster in St. Blasien neu errichten ließ [52] und einen Verbrüderungsvertrag mit Cluny abschloß.[53] Zahlreiche Klöster nahmen St. Blasianer Mönche auf oder bestimmten ein

[46] Büttner, St. Blasien und Basel, S. 136.

[47] Ott, Art. St. Blasien, S. 147; zu weiteren von St. Blasien abgeschlossenen Verbrüderungsverträgen vgl. Geuenich, Verbrüderungsverträge.

[48] Zur Person Bernolds vgl. unten S. 65 f. mit Anm. 228 ff.

[49] Vgl. oben S. 1 mit Anm. 1.

[50] Bernoldi chronicon, MGH SS 5, S. 439: *Ad quae monasteria mirabilis multitudo nobilium et prudentium virorum hac tempestate in brevi confugit, et depositis armis euangelicam perfectionem sub regulari disciplina exequi proposuit, tanta inquam numero, ut ipsa monasteriorum aedificia necessario ampliarent, eo quod non aliter in eis locum commanendi haberent.*; vgl. Schmieder, St. Blasien, S. 27 ff.

[51] Jakobs, Adel, S. 42; zu Muri vgl. ebda., S. 43 ff.: „Muri zwischen St. Blasien und den Habsburgern".

[52] Schmieder, St. Blasien, S. 28; H. Tüchle, Dedicationes Constantienses. Kirch- und Altarweihen im Bistum Konstanz bis zum Jahre 1250 (Freiburg i. Br. 1949), S. 29 Nr. 67; H. Büttner, Zur frühen Geschichte von Allerheiligen in Schaffhausen, in: Schaffhauser Beiträge 36 (1959), S. 30-39, wiederabgedr. in: ders., Schwaben und Schweiz, S. 337-392, ebda., S. 342.

[53] Ed. Wollasch, Muri und St. Blasien, S. 444 f., Facsimile ebda. nach S. 446; Ott, Urkundenbuch.

früheres Mitglied des St. Blasianer Konvents zu ihrem Abt.[54] Im Jahre 1093 wurden das Priorat Ochsenhausen und die Abtei Wiblingen,[55] zwei „Klostergründungen, die aus dem Kreis der [— damals welfisch orientierten —] Anhänger des Herzogs Berthold von Zähringen hervorgingen," [56] von St. Blasien aus besiedelt. Ein Jahr später (1094) wurde das bisherige Augustinerchorherrenstift Göttweig in der Wachau in ein Benediktinerkloster umgewandelt; der St. Blasianer Prior Hartmann wurde dort Abt.[57] Auch das 1095 gegründete Kloster Alpirsbach im Schwarzwald erhielt eine St. Blasianer Besetzung.[58] In den Abbatiat Utos fällt ferner die für den Landesausbau im südlichen Schwarzwald wichtige Errichtung des Priorats Weitenau (Lkr. Lörrach).[59]

Als mit Berthold, dem Sohn Rudolfs von Rheinfelden, im Jahre 1090 die männliche Linie der Rheinfeldener, die die Vogtei über St. Blasien inne hatten, ausstarb, wurde etwa um 1092 Adelgoz von Wehr neuer Vogt. Gegen Ende des Abbatiats Utos, im Jahre 1099, verbriefte Papst Urban II. St. Blasien das Recht der freien Abtswahl.[60] Nachdem Uto wohl im Jahre 1100 gestorben war, scheint der St. Blasianer Abtsstuhl mehrere Jahre vakant gewesen zu sein.[61]

Utos Nachfolger Rusten (1108-1125) ließ zunächst die unter seinem Vorgänger errichteten Klosterbauten einweihen [62] und gründete „aus dem religiösen Bedürfnis der Zeit heraus",[63] aber auch als „Akt des

[54] Jakobs, Adel, S. 89 ff.: „Die Ausbreitung der fruttuarischen Gewohnheiten durch St. Blasien bis zur Mitte des 12. Jahrhunderts."

[55] Zu Ochsenhausen vgl. unten S. 75 f.; zu Wiblingen: I. Eberl, Art. Wiblingen, in: Die Benediktinerklöster in Baden-Württemberg, S. 117-124, ebda, S. 117.

[56] H. Büttner, Staufer und Welfen im politischen Kräftespiel zwischen Bodensee und Iller, in: Zs. für württembergische Landesgeschichte 20 (1961), S. 17-73, wiederabgedr. in: ders., Schwaben und Schweiz, S. 337-392, ebda. S. 342.

[57] Vgl. unten S. 57.

[58] Vgl. K. Schreiner, Art. Alpirsbach, in: Die Benediktinerklöster in Baden-Württemberg, S. 117-124, ebda. S. 117.

[59] Vgl. Ott, Art. St. Blasien, S. 148; W. Setzler, Art. Weitenau, in: Die Benediktinerklöster, S. 647-651,ebda. S. 647 f.

[60] JL 5783; Germania Pontificia II/1: Dioceses Eichstetensis, Augustensis, Constantiensis I, hg. v. A. Brackmann (Berlin 1923), S. 170 Nr. 4; Ott, Urkundenbuch.

[61] Vgl. H. Naumann (Rez.), Jakobs, Adel, in: HZ 210 (1970), S. 693-697, ebda. S. 694.

[62] Tüchle, Dedicationes, S. 29 Nr. 67.

[63] H. Maurer, Das Land zwischen Schwarzwald und Randen im frühen und hohen Mittelalter (Forschungen zur oberrheinischen Landesgeschichte 16, Freiburg i. Br. 1965), S. 81.

Landesausbaus" im südlichen Schwarzwald[64] in Berau (Lkr. Waldshut) ein Nonnenkloster.[65] Vorher scheinen in St. Blasien auch Nonnen gelebt zu haben.[66] Die *ecclesia monasterialis* des St. Blasianer Priorats Berau wurde im Jahre 1117 von Erzbischof Bruno von Trier, der sich auf einer Romreise befand, geweiht.[67] In den Abbatiat Rustens fallen weitere reformerische Aktivitäten, wie die Reformierung der Klöster Ensdorf in der Oberpfalz, Walburg im Elsaß u. a. m.[68]

Ebenfalls noch unter Abt Rusten begann sich St. Blasien etwa ab 1120 gegen die Herrschaftsansprüche des Basler Bischofs aufzulehnen und war bald erfolgreich.[69] Am 8. Januar 1125 bestätigte Heinrich V. die am vorangegangenen Weihnachtsfest auf dem Hoftag in Straßburg gefaßten Beschlüsse, wonach St. Blasien das Recht der freien Vogtwahl bekam. Dies führte zur Absetzung des vom Basler Bischof eingesetzten bisherigen Vogts Adelgoz von Wehr, an dessen Stelle Abt Rusten Herzog Konrad von Zähringen zum neuen Vogt bestimmte.[70] Am gleichen Tag bestätigte Heinrich V. St. Blasien das erweiterte Klostergebiet.[71] Wohl auch noch in die Zeit Abt Rustens fällt der Plan zur Gründung des Priorats Bürgeln (Lkr. Lörrach),[72] die jedoch erst unter Abt Berthold I. (1125-1141) im Jahre 1130 erfolgen konnte. Etwa zur gleichen Zeit wurde das von St. Blasien abhängige Frauenkloster Sitzenkirch gegründet, welches in enger Beziehung zu Bürgeln stand.[73]

Im weiteren Verlauf des 12. Jahrhunderts ließ „nach der großartigen Reformphase" unter den Äbten Uto und Rusten in St. Blasien die Reformtätigkeit merklich nach. „Die Aktivitäten von Abt und

[64] Ott, Studien zur Geschichte, S. 96.

[65] Nach Maurer, Land, S. 78 kommen „für den Beginn der Klostergründung die Jahre 1108, 1109 und 1110 in Betracht."

[66] So wird die Nachricht der Acta Murensia, ed. M. Kiem, in: Quellen zur Schweizer Geschichte III, S. 35 gedeutet, wonach Abt Giselbert nach 1082 *suos exteriores fratres cum sororibus* von St. Blasien nach Muri gesandt habe.

[67] Tüchle, Dedicationes, S. 32 Nr. 74; Maurer, Land, S. 76.

[68] Vgl. Ott, Art. St. Blasien, S. 149.

[69] Büttner, St. Blasien und Basel, S. 139 ff.

[70] Stumpf 3204; Ott, Urkundenbuch.

[71] Stumpf 3205; vgl. H. Ott, Zur Festlegung der Grenzen des praedium Slocse aus der sogenannten Schluchseeschenkung im 11. Jahrhundert, in: ZGORh 116 NF. 77 (1968), S. 397-402; Ott, Urkundenbuch.

[72] R. Reichstein, Art. Bürgeln, in: Die Benediktinerklöster, S. 175-183, ebda. S. 175.

[73] Vgl. ebda. S. 176.

Konvent verlagerten sich eindeutig auf den wirtschaftlichen und rechtlichen Ausbau der weitgefächerten Grundherrschaft, wobei große Erfolge erzielt wurden." [74]

2. Geschichte der St. Blasianer Klosterbibliothek

Über die Bibliothek des Klosters St. Blasien im 11. und 12. Jahrhundert sind uns keine direkten Nachrichten, wie etwa ein mittelalterlicher Bibliothekskatalog, überliefert.[75] Man konnte nur vermuten, daß eine im Mittelalter so bedeutende Abtei wie St. Blasien auch über eine entsprechende Bibliothek verfügt haben muß.[76] Über solche allgemeinen Annahmen kam man nicht hinaus, da die alten Bücherbestände von St. Blasien ein sehr ungünstiges Schicksal erfahren hatten und im Laufe der Zeit fast vollständig zugrunde gingen. Die Ausführungen Martin Gerberts zur St. Blasianer Klosterbibliothek des 11. Jahrhunderts sind nicht nachprüfbar.[77] Sichere Nachrichten haben wir erst aus der Zeit des Abtes Heinrich II. (1276-1294), über den die ‚Annales necrologici' berichten, er sei *studiosus in acquisitione librorum* gewesen.[78]

Im Jahre 1322 wurde St. Blasien zum ersten Male von einem schweren Klosterbrand heimgesucht. Dabei ging der größte Teil der ältesten Bibliothek zugrunde. Abt Kaspar I. (1541-1571) schreibt darüber in

[74] Ott, Art. St. Blasien, S. 149.

[75] Die Ausführungen von R. Eisler, Die illuminierten Handschriften in Kärnten (Beschreibendes Verzeichnis der illuminierten Handschriften in Österreich 3, Leipzig 1907), S. 12 f. sind größtenteils unhaltbar; zuverlässig hingegen: E. Ettlinger, Die ursprüngliche Herkunft der Handschriften, die aus Kloster-, bischöflichen und Ritterschaftsbibliotheken nach Karlsruhe gelangt sind (Die Handschriften der Badischen Landesbibliothek in Karlsruhe, Beilage 3, Heidelberg 1901, Neudruck mit bibliographischen Nachträgen Wiesbaden 1974), S. 14-25.

[76] Ettlinger, Handschriften, S. 16.

[77] M. Gerbert, Historia Nigrae Silvae ordinis Sancti Benedicti coloniae t. 1 (St. Blasien 1783), S. 316: „Hoc autem quam ingens fuerit studium seculo XI. codices ac monumenta quae ex illa aetate supersunt, satis demonstrant: iamque superius laudavimus in hac re praeprimis S. Wilhelmi Hirsaugiensis curam, tantamque monachorum eius in scribendis codicibus diligentiam ac studium, ut etiam suppeterent libri, quos instructis novis coloniis transmitterent, non pro domestica tantum bibliotheca et schola."

[78] Annales necrologici, MGH Necr. 1, S. 330.

seinem ‚Liber originum': *welche Bibliothec in der ersten brunst under dem 20. Prelaten Udalrico in dem 1322 Jar verprunnen ist, darvor sy weit und brait verruempt ist worden von wegen der alten köstlichen Scribenten,...*[79] und weiter: *Es sind darin gesein Griechisch Biblen und ander Büecher alte geschriben, unnd hat auch Büecher darin gehapt, die sind uff Birchine Rintschen geschriben gewesen. In Summa, was von anfang des Gotzhauss bis zu der Zeit zesamen gepracht ist von vil gelerten Scribenten ist man uff dise stund darumb khomen.*[80] Nach dieser Katastrophe begann man mit der Neuerrichtung einer Bibliothek und brachte wieder eine ansehnliche Zahl von Büchern zusammen.[81]

Zwei Jahrzehnte später wurde die Abtei St. Blasien von den Unruhen des Bauernkrieges betroffen. Im zitierten Stiftungsbuch des Abtes Kaspar I. wird von Verwüstungen des Klosters durch aufständische Bauern im Jahre 1525 berichtet. Bei den Kirchenplünderungen wurden die dort befindlichen liturgischen Bücher zerstört: *Darmit zerschlůgend sy und zerrissend alle Buecher.*[82] Auch die Bücher innerhalb der Klausur blieben nicht verschont: *Die köstlich und hupsch Liberey, so uff dem Creutzgang stůnd, ward mit Buechern und aller zierdt zu grund gericht.*[83] Ob diese Bücherei *uff dem Creutzgang* die ganze Bibliothek von St. Blasien umfaßte, oder ob noch an anderen Orten Bücher aufbewahrt wurden, welche gerettet werden konnten, geht aus diesem Bericht nicht hervor. Es gibt Hinweise darauf, daß die wertvollsten Stücke ebenso wie die Originalurkunden nach dem großen Klosterbrand von 1322 stets rechtzeitig vor irgendwelchen Bedrohungen in Sicherheit gebracht wurden.[84]

79 Zitiert nach F. J. Mone, Quellensammlung der badischen Landesgeschichte, Bd. 1 (Karlsruhe 1848), Einleitung S. 75.

80 Zitiert nach Ettlinger, Handschriften S. 16 f. Die Stellen über die griechischen Bibeln und die auf Birkenrinde geschriebenen Bücher klingen sehr unwahrscheinlich.

81 Ettlinger, Handschriften, S. 17.

82 Zitiert nach Mone, Quellensammlung Bd. 2 (Karlsruhe 1854), S. 62.

83 Ebda. — E. Lehmann, Die Bibliotheksräume der deutschen Klöster im Mittelalter (Schriften zur Kunstgeschichte 2, Berlin 1957), S. 11 und 43 vermutet die 1505/08 erbaute neue St. Blasianer Bibliothek habe sich „im Obergeschoß des Nordkreuzgangs (an der Kirche)" befunden; als Beleg für seine Annahme führt er u. a. die oben zitierte Stelle von der *Liberey, so uff dem Creutzgang stůnd* an.

84 Ott, Art. St. Blasien, S. 157; es erscheint somit unberechtigt, von „der 1525 von aufständischen Bauern vernichteten Bibliothek der Abtei St. Blasien..." zu sprechen, so L. Buzás, Deutsche Bibliotheksgeschichte des Mittelalters (Elemente des Buch- und Bibliothekswesens 1, Wiesbaden 1975), S. 32.

Gegen Ende des 16. Jahrhunderts (1590-93) hören wir von einer Vergrößerung des Bücherbestandes durch Käufe in Augsburg, Straßburg, Basel und Frankfurt/M. und dem Neubau eines größeren Bibliotheksraumes.[85] Auch in den beiden folgenden Jahrhunderten wuchs der Bestand der St. Blasianer Bibliothek.[86]

Im Jahre 1768 wurde St. Blasien erneut von einer schweren Brandkatastrophe heimgesucht. Dabei scheint die Bibliothek „fast vollständig" vernichtet worden zu sein.[87] Nur wenige mittelalterliche Codices konnten gerettet werden. Fürstabt Martin Gerbert (geb. 1720, Abt 1764 bis zu seinem Tod 1793) und seine Mitarbeiter brachten jedoch bald wieder eine beachtliche Klosterbibliothek zusammen.[88] Erwähnenswert sind die Neuerwerbungen mittelalterlicher Handschriften, insbesondere aus der Bibliothek der Abtei Reichenau im Bodensee.[89]

Im Jahre 1806 wurde das Kloster St. Blasien im Zuge der Säkularisation aufgelöst. Fürstabt Berthold III. Rottler wandte sich an Kaiser Franz I. von Österreich mit der Bitte, dem Konvent eine neue Wirkungsstätte zuzuweisen. Die auswanderungswilligen St. Blasianer Mönche erhielten zunächst (1807) im oberösterreichischen ehemaligen Chorherrenstift Spital am Pyhrn eine Bleibe, bis ihnen zwei Jahre später (1809) das 1787 aufgehobene Benediktinerstift St. Paul im Lavanttal (Kärnten) als neue Heimat zugewiesen wurde; ein Teil des Konvents blieb auch nach Auflösung des Klosters in St. Blasien und Umgebung als Seelsorger und Lehrer tätig.[90]

Obwohl die Bibliothek des Schwarzwaldklosters bei der Säkularisation aufgelöst wurde — Leiter der damit betrauten Kommission war Baron von Ittner, zuständig für die Abwicklung die Universitäts-

[85] Schmieder, St. Blasien, S. 76.
[86] Ettlinger, Handschriften, S. 19 f.
[87] Ott, Art. St. Blasien, S. 153.
[88] Ettlinger, Handschriften, S. 21-24.
[89] Vgl. K. Preisendanz, Zeugnisse zur Bibliotheksgeschichte III: Die Augienses in St. Paul, in: A. Holder, Die Handschriften der Badischen Landesbibliothek zu Karlsruhe 7: Die Reichenauer Handschriften 3, 2 (Leipzig-Berlin 1918, Nachdr. mit bibliographischen Nachträgen, Wiesbaden 1973), S. 110-131.
[90] R. Strelli - E. Olbert, Das Benediktinerstift St. Paul in Kärnten 1809-1909 (Freiburg i. Br. 1910); G. Moro, Zur 150-Jahr-Feier der Wiederbesiedlung des Benediktinerstiftes St. Paul im Lavanttal durch die Mönche von St. Blasien im Schwarzwald, in: Carinthia I 149 (1959), S. 315-322, ebda. S. 315 (= Festgabe zur 150-Jahr-Feier der Wiederbesiedlung . . ., Klagenfurt 1959, S. 3-10, ebda. S. 3); Adamek-Wörner, St. Blasien, S. 22 f.

bibliothek Freiburg i. Br. —,[91] gelang es den St. Blasianer Mönchen, die wertvollsten Stücke zu retten.[92] Nach mehrjährigen Verhandlungen konnte der nunmehr in St. Paul i. L. ansässige Konvent erreichen, daß ein Großteil der alten Klosterbibliothek vom badischen Staat wieder herausgegeben wurde.[93]

Neben den Büchern aus ihrem alten Kloster brachten die St. Blasianer auch die Bestände aus Spital am Pyhrn mit, wo sie zwischenzeitlich eine Bleibe gefunden hatten. Somit setzt sich die heutige St. Pauler Bibliothek aus drei Provenienzgruppen zusammen, nämlich St. Paul, St. Blasien und Spital.[94]

In St. Paul befinden sich drei handschriftliche Verzeichnisse der St. Blasianer Bibliothek, welche nach dem großen Klosterbrand von 1768 angefertigt wurden.[95] Der jüngste dieser drei Kataloge wurde 1809 von P. Trudpert Neugart angefertigt und 1919 auszugsweise abgedruckt.[96] P. Beda Schroll katalogisierte in der Mitte des 19. Jahrhunderts sämtliche Handschriften der verschiedenen Provenienzen der Stiftsbibliothek von St. Paul.[97] Zu Beginn des 20. Jahrhunderts veröffentlichte Robert Eisler eine Beschreibung der illuminierten Handschriften in Kärnten, darunter auch derjenigen von St. Paul.[98] Eine knappe Übersicht über eine Anzahl von St. Pauler Handschriften

[91] E. Mittler, Die Universitätsbibliothek Freiburg i. Br. 1795-1823. Personal, Verwaltung, Übernahme der säkularisierten Bibliotheken (Beiträge zur Freiburger Wissenschafts- und Universitätsgeschichte 35, Freiburg i. Br.-München 1971), S. 88 f.

[92] Ebda. S. 91 f. — Die wertvollsten Stücke der Bibliothek scheinen bereits Ende des 18. Jahrhunderts in die Schweiz ausgelagert worden zu sein. Die Vermutung von F. X. Kraus, Die Schätze St. Blasiens in der Abtei St. Paul in Kärnten, in: ZGORh 43 NF. 4 (1889), S. 46-68, ebda. S. 49, St. Blasianer Handschriften seien nach Aarau gelangt, ist unbegründet. Anfragen in Aarau und Sarnen ergaben, daß sich dort keine St. Blasianer Handschriften befinden.

[93] Mittler, Universitätsbibliothek, S. 92.

[94] K. Holter, Die Bibliothek, Handschriften und Inkunabeln, in: K. Ginhart (Bearb.), Die Kunstdenkmäler des Benediktinerstiftes St. Paul im Lavanttal und seiner Filialkirchen (Österreichische Kunsttopographie 37, Wien 1969), S. 340-441, bes. ebda. S. 340 ff.

[95] Vgl. Preisendanz, Bibliotheksgeschichte in: Holder, Handschriften S. 72 ff.; T. Raschl, Zur Geschichte der Blasianer Handschriften, in: Zentralblatt für Bibliothekswesen 36 (1919), S. 243-256.

[96] Raschl, ebda. S. 247-256.

[97] Holter, St. Paul, S. 358.

[98] Eisler, Handschriften; A. Trende, Die Stiftsbibliothek von St. Paul, in: Carinthia I 142 (1952), S. 609-668 basiert im wesentlichen auf Eisler und bringt kaum Neues.

wurde 1969 von Kurt Holter publiziert.[99] P. Erhard Pascher, der derzeitige Bibliothekar und Archivar des Klosters, bereitet einen vollständigen Handschriftenkatalog der Bibliothek von St. Paul vor.[100]

[99] Holter, wie Anm. 94.

[100] Er wird voraussichtlich in der Reihe ‚Armarium. Beiträge zur Kodikologie und zu den Historischen Hilfswissenschaften', hg. v. E. Pascher, erscheinen.

B. HANDSCHRIFTENSTUDIEN

Die Geschichte der St. Blasianer Klosterbibliothek zeigt, daß mit dem Verlust des größten Teils der ältesten, mittelalterlichen Bücher des Schwarzwaldklosters gerechnet werden muß. Da die Bibliothek jedoch die Verluste durch Neuerwerbungen von Codices wettzumachen suchte, liegt eine Aufgabe der Untersuchung des mittelalterlichen Schreibwesens in St. Blasien darin, diejenigen mittelalterlichen Bücher, welche später von auswärts hinzu kamen, von denen zu scheiden, die sich noch aus der ältesten Bibliothek erhalten haben. Die aus der alten St. Blasianer Bücherei stammenden Handschriften müssen dann in solche, die in St. Blasien geschrieben, und andere, welche bereits im Mittelalter von auswärts erworben wurden, unterteilt werden.

Im folgenden werden zunächst die Codices, welche sicher in St. Blasien entstanden sind, untersucht und — falls keine ausführliche Handschriftenbeschreibung existiert — detailliert beschrieben.[101] Danach werden Schriftzeugnisse behandelt, die möglicherweise ebenfalls in St. Blasien angefertigt wurden. Es folgt eine Analyse der Bücher, die vermutlich von auswärts in die St. Blasianer Klosterbibliothek kamen. Dabei wird die Frage zu erörtern sein, wann dieses Fremdgut erworben wurde. Ein weiterer Abschnitt gilt Handschriften, denen teilweise nachgesagt wurde, sie seien in St. Blasien entstanden und bereits im Mittelalter in andere Bibliotheken gelangt. Codices aus dem Umkreis Bernolds von Konstanz, für die u. a auch St. Blasien als Schriftheimat in Betracht gezogen wurde, werden anschließend erwähnt. Es folgen paläographische Bemerkungen zu St. Blasianer Urkunden und zum sog. ‚St. Blasien Psalter'.

[101] Zum Aufbau der Handschriftenbeschreibungen vgl. unten S. 82 Anm. 280.

a) *Hs. St. Paul i. L. 18/1 (25. 4. 14)*

Hieronymus, Commentarius in Matthaeum; Ps. Hieronymus, Commentarius in Marcum; Vita S. Hieronymi.

Perg.; 118 Bl.; 29,1-29,6 x 20,1 cm; Ende 11. Jh.

Codex

Lagenformel: 14 IV^{112} + III^{118}; alte Lagenbezeichnungen in römischen Ziffern zwischen zwei Punkten am Ende jedes Quaternio, größtenteils erhalten, ab 7. Quaternio (f. 56) entweder Lagenbezeichnung von späterer Hand oder beide Lagenbezeichnungen nebeneinander, f. 118^v von späterer Hand (15. Jh.?) *X* statt richtig *XV*; Schriftraum: 21,7 x 13,4 cm; 35 Zeilen; Liniierung: ‚neuer Stil' [102].

Schrift

Schöne südwestdeutsche spätkarolingische Minuskel des ausgehenden 11. Jahrhunderts von mehreren Händen. Eine kalligraphisch hochstehende Hand (H 1) schrieb die ersten Zeilen von f. 1^v (bis einschließlich Z. 21 *et dominus non misit eos*). Diese Schrift ist ihrem ganzen Erscheinungsbild nach der Schrifttradition des 11. Jahrhunderts verhaftet; sie kennt kein rundes s, auch nicht am Wortende, wie sonst häufig gegen Ende des 11. Jhs. Auch die et-, st- und ct-Ligaturen scheinen altertümlicher als die der folgenden Hände (s. Taf. 1). Auf der gleichen Seite (f. 1^v) fährt in Zeile 21 eine zweite Hand (H 2) fort und schreibt bis zur Mitte von Zeile 27 (bis einschließlich *hynnuloque*). Diese etwas ungelenke und unregelmäßige Schrift unterscheidet sich sowohl im Duktus als auch in den Einzelformen deutlich von der vorhergehenden Hand. H 2 benutzt am Wortende oft das runde s und verwendet häufiger Abkürzungen als H 1 (s. Taf. 1). Ab f. 1^v Z. 27 (*ceruorum quatuor*) folgt eine regelmäßige, etwas gedrungene Schrift (H 3a), die selten das runde s gebraucht. Rundes s kommt hier nur in Abkürzungen wie đs oder hochgestellt am Wortende vor, zumeist

[102] Vgl. dazu Bischoff, Paläographie Sp. 8 und ausführlich Schroeder, Bibliothek S. 231 f. mit der dort angegebenen älteren Literatur.

dann, wenn dieses mit dem Zeilenende zusammenfällt (z. B. opv^{s}, $faculta^{s}$). Die OR-Ligatur wird nicht nur am Wortende oder bei der -orum-Kürzung verwendet, sondern auch im Wortinnern. Neben dem geraden d kommt im Unterschied zu H 1 und H 2 auch das runde d [103] vor. H 3 schrieb vermutlich den Rest des Matthäuskommentars und den folgenden Markuskommentar (f. 1^{v} Z. 27 - f. 113^{v}); es ist jedoch nicht ausgeschlossen, daß sie von einer ihr sehr ähnlichen Hand (H 3b) abgelöst wurde. Eine neue Hand (H 4) setzt mit Beginn der ‚Vita S. Hieronymi' (f. 114^{r}) ein. Ihre regelmäßige, etwas eckig wirkende Schrift ist ein typisches Beispiel für den nach Bischoff als ‚schrägoval' bezeichneten Stil der späten karolingischen Minuskel.[104] H 4 benutzt am Wortende fast immer rundes s und vermeidet im Gegensatz zu den vorhergehenden Händen die ct-Ligatur. Die Buchstaben der Worte rücken eng zusammen. Charakteristisch ist der relativ große, geschwungene, meist annähernd geschlossene, untere Bogen des g. Rundes d ist selten (s. Taf. 3). H 4 schrieb bis zum Ende des Codex (f. 118^{v}) und trug wohl auch die Übersicht über die Werke des Hieronymus auf der zunächst freigebliebenen ersten Seite (f. 1^{r}) ein. Auch der Schreibervers auf f. 1^{r} oben könnte von ihr stammen (s. Taf. 2).

Später, vermutlich in der zweiten Hälfte oder gegen Ende des 12. Jahrhunderts, wurde auf dem noch freigebliebenen Raum der letzten Seite (f. 118^{v}) ein Gedicht eingetragen. Die Hs. St. Paul 18/1 wurde, wohl noch am Ausgang des 11. Jahrhunderts, von einem Schreiber durchkorrigiert und mit Marginal- und Interlinearergänzungen versehen; die Glossen zeigen gewisse Ähnlichkeiten mit denen Bernolds von Konstanz, der zur gleichen Zeit tätig war.[105] In der Regel handelt es sich um vom Schreiber ausgelassene Sätze oder Satzteile, die der Korrektor am Rand mit Verweisungszeichen nachtrug. Seine Ergänzungen im Text des Matthäuskommentars entsprechen dem Text der Edition im Corpus Christianorum. Im pseudohieronymianischen Mar-

[103] Die Bezeichnung ‚unziales d' wird vermieden, da sie falsche Vorstellungen hinsichtlich der Herkunft dieser Buchstabenform hervorrufen könnte. Vgl. J. O. Tjäder (Rez.), Ricerche Medievali VI-IX in onore di Beniamino Pagnin (Pavia 1974), in: Scriptorium 31 (1977), S. 122-125, ebda. S. 124 mit weiterer Literatur.

[104] Vgl. Bischoff, Paläographie, Sp. 41 mit Abb. 4.

[105] Vgl. J. Autenrieth, Die Domschule von Konstanz zur Zeit des Investiturstreits. Die wissenschaftliche Arbeitsweise Bernolds von Konstanz und zweier Kleriker, dargestellt auf Grund von Handschriftenstudien (Forschungen zur Kirchen- und Geistesgeschichte NF. 3, Stuttgart 1956), bes. S. 118 ff. mit Tafeln I und II (nach S. 64).

kuskommentar findet sich nur eine marginale Ergänzung (f. 97^{v}); sie fehlt im bei Migne PL 30 abgedruckten Text.[106] Längere Zeit nach der Niederschrift der Hs. St. Paul 18/1 und ihrer Korrektur wurde die Hs. vermutlich im 12./13. Jahrhundert am Rand mit zahlreichen Nota-Zeichen und Stichworten versehen. Es handelt sich meist um Exzerpte von im Text enthaltenen Worterklärungen (z. B. Text f. 95^{r} Z. 23-24: *Evangelium grece, latina bona annuntiatio praedicatur;* dazu am Rand: *Evangelium id est bona annuntiatio*) oder stichwortartige Hinweise auf den Inhalt (z. B. f. 41^{r} am Rand: *Quod sit scandalum*).

Die Überschriften bestehen aus roter und brauner Ziermajuskel (oblonge Capitalis rustica und gewöhnliche Capitalis) und sind abgestuft: die ersten beiden Zeilen sind in größerer, roter Ziermajuskel geschrieben, die beiden nächsten Zeilen in kleiner, roter Ziermajuskel und die folgende Zeile in noch kleinerer, enger zusammengeschriebener, brauner Ziermajuskel. Am Beginn des ersten Buches des Matthäuskommentars (f. 4^{v}) sind die ersten drei Zeilen durch rote Ziermajuskeln hervorgehoben; auf f. 1^{v} zehnzeilige, rote, einfache Initiale P (s. Taf. 1), im Text am Beginn von Abschnitten bis zu fünf Zeilen hohe Anfangsbuchstaben. Auf f. 64^{v} ist die vierzeilige, einfache, rote Initiale E mit einfachen, blauen Strichen (später?) umgeben worden. Die Hs. enthält zwei mit roter Tinte federgezeichnete, farbig ausgemalte Ranken-Initialen, wie sie für die schwäbischen Skriptorien des 11./12. Jahrhunderts typisch sind[107]: f. 94^{r} O, blasses weinrot-lila, hell- bis blaugrün, gelbbraun-hellgelb; f. 114^{r} P (s. Taf. 3), die gleichen pastellartigen Farben ohne grün.

Einband

Der Einband ist ein brauner, lederner Blindstempelband des 15. Jahrhunderts. Als Einzelstempel wurden eine Blüte im Sechseck und eine vierblättrige Blüte verwendet. Am Einband sind zwei Metallschließen befestigt, deren Lederband abgerissen ist. Der Rücken ist restauriert und zeigt fünf erhabene Bünde. Der Einband ist dem der Hs. St. Paul 60/1 (s. u.) sehr ähnlich.

[106] PL 30, Sp. 596 D. Zwischen die beiden Sätze *Capharnaum villa consolationis interpretatur sabbatum autem requies,* und *Homo in spiritu immundo genus humanus est,* fügte der Korrektor der Hs. St. Paul 18/1 den Satz *Homo in spiritu immundo requie et consolatione sanatur, ut locus et tempus congruant saluti* ein.

[107] Vgl. K. Löffler, Romanische Zierbuchstaben und ihre Vorläufer (Stuttgart 1927).

G e s c h i c h t e

Die Entstehung des Codex in St. Blasien ist gesichert durch den Schreibvers auf f. 1r oben: *CODICIS HOC PIGNUS PATRAVERAT UTO BENIGNUS* (s. Taf. 2). Uto von St. Blasien (1086-1100) gab also den Auftrag zur Herstellung dieser Handschrift. Aus dem Plusquamperfekt *patraverat* könnte man schließen, daß Abt Uto zum Zeitpunkt der Niederschrift des Kolophons bereits tot war; diese Annahme ist jedoch nicht zwingend, da die Formulierung *patraverat* statt *patravit* auch aus metrischen Gründen gewählt worden sein könnte. Auf f. 1r unten stehen ein Besitzeintrag des 15. Jhs. (*Liber monasterii Sancti Blasii in Nigra Silva*), sowie zwei neuzeitliche Stempel des Archivs von St. Paul. Auf der jetzigen Vorderseite des aufgeklebten hinteren Spiegelblattes schrieb eine frühneuzeitliche Hand den Namen *Johannes Mager* (oder *Mayer*?); unten auf der Seite steht die Zahl *94*. Die jetzige Rückseite und ursprüngliche Vorderseite des aufgeklebten Blattes enthält den Text einer deutschen Urkunde des 15. Jahrhunderts, der — solange das Blatt nicht vom Deckel abgelöst ist — nicht zu lesen ist.

L i t e r a t u r

In der Literatur wurde die Hs. St. Paul 18/1, abgesehen vom auszugsweisen Abdruck des 1809 von P. Trudpert Neugart angefertigten Handschriftenverzeichnisses [108] und der Nennung in Lamberts ‚Bibliotheca Hieronymiana' (s. u.) nicht beachtet.[109]

I n h a l t

f. 1r Übersicht über die Werke des Hieronymus.

Grundlage für diese, vermutlich in St. Blasien verfaßte Zusammenstellung war Hieronymus, ‚De viris illustribus' c. 135, wo der Kirchenvater ein Verzeichnis seiner bis zum Jahre 392 geschaffenen Werke gibt.[110] Der Text der Hs. lautet: *Ut opera beati hieronimi valde uti-*

[108] Raschl, Geschichte, S. 249.

[109] Keine Erwähnung der Hs. bei Eisler, Handschriften und Holter, St. Paul.

[110] PL 23, 755-759; C. A. Bernoulli (Ed.), Hieronymus und Gennadius, De viris inlustribus (Sammlung ausgewählter kirchen- und dogmengeschichtlicher Quellenschriften 11, Freiburg i. Br.-Leipzig 1895), S. 56 f.; E. C. Richardson, Hiero-

liter confecta breviter commemorem. Scripsit[a] *vitam pauli monachi, epistularum ad diversos librum unum, ad eliodorum exortatoriam, altercationem luciferiani et ortodoxi, cronicon omnimodę ystorię, in hieremiam et ezechiel omelias XXVIIII, quas de greco in latinum vertit*[b], *de seraphin, de osanna, de frugi et luxurioso filio*[c], *de tribus questionibus legis veteris, omelias in canticum canticorum duas, adversus elpidium*[d] *de marię virginitate perpetua, ad eustochium de virginitate servanda, ad marcellum*[d'] *epistularum librum unum, consolatoriam*[e] *de morte filie ad paulam, in epistulam pauli ad galatas commentariorum libros III, in epistulam ad effesios commentariorum libros III, in epistulam ad titum librum unum, in epistulam ad philemonem librum unum, in ecclesiasten commentarios, questionum hebraicarum in genesim librum unum,*[f] *in lucam omelias XXXVIIII, in psalmos a X. usque ad XVI. tractatus VII, capitivum monachum, vitam beati hilarionis. Novum testamentum grece fidei reddidit.*[g] *Epistularum autem ad paulam et eustochium incertus est numerus.*[h] *Sedecim prophetarum volumina IIII et LXX libros editos commentatus est. Inter has itaque numerosas operis sui paginas CXXXV virorum illustrium ecclesiasticos scriptores a passione christi usque ad XIIII theodosii imperatoris annum in ordinem digessit. Item contra iovinianum duos libros, apollogeticum ad pamachium, in matheum commentariorum libros IIII, enchridion in psalterium, adversus elvidium contraque pelagium luculentissima opuscula edidit. De mansionibus quoque filiorum israel et alia quam plurima ad edificationem ęcclesię catholica pietate composuit.*

Die folgenden Anmerkungen geben die Abweichungen der Hs. gegenüber Hieronymus, De viris illustribus c. 135 wieder. Die Orthographie der Hs. wurde bis auf die in der Hs. nicht getroffene Unterscheidung zwischen *u* und *v* — die Hs. hat immer *u* — beibehalten.

[a] *Scripsi.*

[b] *in Ieremiam et Ezechiel homilias Origenis vigintiocto quas de Graeco in Latinum verti.*

[c] *filiis.*

[d] *Helvidium.* [d'] *Marcellam.*

[e] *consolatorium.*

[f] In De viris ill. folgen drei hier nicht aufgeführte Werke: *de locis librum unum, Hebraicorum nominum librum unum, de Spiritu Sancto Didymi, quam in Latinum transtuli, librum unum.*

[g] *reddidi, Vetus iuxta Hebraicum transtuli.*

nymus, Liber de viris inlustribus, Gennadius, Liber de viris inlustribus (Texte und Untersuchungen zur Geschichte der altchristlichen Literatur 14, 1, Leipzig 1896), S. 55 f. (danach im folgenden zitiert).

h *quia cottidie scribuntur, incertus est numerus.* Ab hier folgt der Text der Hs. nicht mehr De viris ill., wo es weiter heißt: *Scripsi praeterea In Micheam explanationum libros duos, In Naum librum unum, In Abacuc libros duos, In Sophoniam librum unum, In Aggaeum librum unum, multaque alia de opere prophetali, quae nunc habeo in manibus, et necdum expleta sunt.* — Der in der Hs. St. Paul 18/1 folgende Text ist sonst nirgends nachweisbar und scheint eine Eigenformulierung eines St. Blasianer Mönchs zu sein. In der 2. Hälfte des 12. Jhs. wurde er in ein in St. Blasien entstandenes Legendar eingetragen (Hs. Kynžvart 41; vgl. unten S. 98).

1ᵛ - 93ʳ Hieronymus, Commentariorum in Mattheum libri IV mit capitulatio zwischen Prolog und Buch I.
Ed.: S. Hieronymi presbyteri Commentariorum in Matthaeum libri IV, edd. D. Hurst — M. Adriaen (CC SL 77, Turnhout 1969).

93ᵛ leer.

94ʳ - 113ᵛ Pseudo-Hieronymus [Cumean ?], Commentarius in evangelium secundum Marcum.
Ed.: PL 30, 589-644 (609-668). Hs. oft kürzer als der Druck. Zur Frage der Autorschaft vgl. Clavis 632.

114ʳ - 118ᵛ Vita S. Hieronymi (BHL 3871).
Ed.: PL 22, 201-214; B. Mombritius, Sanctuarium II (Paris ²1910) S. 31-36. Hs. bietet zahlreiche Varianten in einzelnen Formulierungen. Wörtlich abgeschrieben in Hs. Kynžvart 41, f. 202ᵛ-207ʳ (vgl. unten S. 98).

118ᵛ Nachtrag (2. Hälfte bis Ende 12. Jh.) (s. u.).

Die Hs. ist aufgeführt bei B. Lambert, Bibliotheca Hieronymiana Manuscripta. La tradition manuscrite des œuvres de Saint-Jerôme (Instrumenta patristica 4) t. II (Steenbrugge 1959) Nr. 217 S. 204, t. IIIB (Steenbrugge 1970) Nr. 473 S. 380, Nr. 900 S. 633. Die gemeinsame Überlieferung des im Mittelalter außerordentlich weit verbreiteten Matthäuskommentars des Hieronymus und des pseudohieronymianischen Markus-Kommentars ist in mittelalterlichen Codices nicht selten (vgl. Lambert, t. IVB [1972] Register). Singulär scheint hingegen die Verbindung dieser beiden Texte mit der ‚Vita S. Hieronymi' des Ps.-Sebastianus Cassinensis wie sie in der Hs. St. Paul 18/1 vorliegt.

Nur im St. Blasianer Codex St. Paul 18/1 überliefert [111] ist ein auf f. 118^{v} nachgetragenes Gedicht:

Virtus laudatur si non vitio maculatur,
Nec velut ancillam sibi subdit hypocrisis illam;
Qua si tingatur lue, nulla fit et reprobatur;
Hac etiam tactus, rectos cito deserit actus,
Peste nec offensum novit componere sensum.
Sepe tamen morum medicus fore vult aliorum,
Temptat et ex oculis festucam tollere fratris,
Ignoratque trabem, quam fert in lumine grandem.
Sic ut narratur vir hypocrita notificatur;
Cuius doctrinam fuge quilibet et medicinam!
Nam sua mortiferum parit ars perversa venenum,
Et depravantur per eum quęcumque patrantur.
Nil valet et virtus, nisi causa sit utilis eius
Ante dei vultum, meritum nec percipit ullum;
Fit tamen huic merces, vitii si causa sit expers;
Nam per vim causę, virtus fit predita laude.
Scimus enim plane, fieri ieiunia vane;
Hoc menti sane sed declaratur inane,
Ut quis se maceret nec ab ullo premia speret;
Laudis et obtentu se victimet hoc cruciatu,
Quod faciunt multi patet ex quo sunt quia stulti.
Mecum hieronimus consentit presbiter almus,
Ex opibus cuius sunt fragmina carminis huius.

Das in leoninischen Hexametern abgefaßte Gedicht behandelt, inhaltlich auf eine Stelle des in der gleichen Hs. überlieferten Matthäus-Kommentars des Hieronymus Bezug nehmend,[112] das Verhältnis von

[111] Dies ergab die Suche in verschiedenen Initienverzeichnissen, Handschriftenkatalogen, dem Schmellerschen Initienverzeichnis der Bayerischen Staatsbibliothek München (schriftl. Mitteilung von Frau Dr. Herrad Spilling, München, vom 24. 1. 1978), sowie Anfragen bei den Herren Professoren Dr. Dieter Schaller (Bonn, schriftl. Mitt. v. 8. 2. 78) und Dr. Paul Gerhard Schmidt (Marburg, schriftl. Mitt. v. 23. 2. 78).

[112] CC SL 77 S. 35: . . ., *qui ieiunans demolitur faciem suam ut uentris inanitatem monstret in uultu et hic hypochrita est. Ex quibus omnibus colligitur hypochritas esse qui quodlibet faciunt ut ab hominibus glorificentur. Mihi uidetur et ille qui dicit fratri suo: ‚Dimitte ut tollam fistucam de oculo tuo'* (Matth. 7, 4), *propter gloriam hoc facere ut ipse iustus esse uideatur. Vnde dicitur ei a Domino:*

Tugend (*virtus*) und Heuchelei (*hypocrisis*). Die ausdrückliche Erwähnung des Kirchenvaters am Ende des Gedichtes ist bemerkenswert. Sie deutet, ebenso wie die in dieser Zusammenstellung singulär überlieferte, in der gleichen Handschrift enthaltene Übersicht über die Werke des Hieronymus, auf ein besonders intensives Interesse an den Schriften dieses Kirchenvaters in St. Blasien hin.

b) *Hs. Wien, ÖNB Cod. lat. 9, fol. I-IV*

Fragment des Necrologs von St. Blasien.
Perg.; 4 Bl.; 26,9 x 18,5 cm; Anlage: nach 1102/1114, vor 1126.

Codex

Vier dem Cod. Vindob. 9 (Plinius, Historia naturalis) vorgebundene Einzelblätter (f. I-IV), teilweise durch Leimspuren etc. beschädigt, da zeitweise als Spiegelblätter verwendet; Schriftraum: 21,0 x 13,7 cm; Zeilenzahl: f. I: 31, f. II-IV: 32; einfache horizontale und vertikale Begrenzungslinien des Schriftraumes.

Schrift

Anlegende Hand des Necrologs, die auch die Verbrüderungsverträge auf f. III-IV schrieb, regelmäßige späte karolingische Minuskel des 12. Jhs.; rundes s wird nur hochgestellt am Wortende oder in Abkürzungen gebraucht, ct wird nicht ligiert, am Wortanfang kommt gelegentlich v vor (*vite, verba*); w ist durch zwei eng aneinandergerückte v ausgedrückt, wobei sich die mittleren Striche — im Unterschied etwa zum Anfangsbuchstaben des Nachtrags *Wlfhilt* (f. III^r) — nicht überkreuzen; Verwendung zahlreicher Abkürzungen: n̄ für non, v̊ für vero, ł für vel, ē für est, s̄ für sunt usw.; das o zeigt eine Tendenz zur schrägovalen Form. Im Necrolog Nachträge von verschiedenen Händen des 12.-13. Jhs.[113] (s. Taf. 4).

‚*Hypochrita, eice primum trabem de oculo tuo.*' (Matth. 7, 5) *Tum demum uirtus obseruationis Deo accepta est si causa Dei fiat. Non itaque uirtus sed causa uirtutis apud Deum mercedem habet.*

[113] Zur Problematik der Händescheidung in Verbrüderungsbüchern und Necrologien vgl. Autenrieth, St. Galler Verbrüderungsbuch. — Zum St. Blasianer Necrologfragment vgl. künftig das Facsimile in: FMSt 15 (1981), s. unten S. 159 mit Anm. 328.

Geschichte

Die vier Blätter stammen aus dem Necrolog des Klosters St. Blasien, welches im ersten Viertel des 12. Jhs. angelegt wurde (s. u. Datierung). Sie scheinen bereits vor 1278 als Spiegelblätter eines Codex mit der Historia naturalis des Plinius und kleineren medizinischen Texten (Cod. Vindob. 9-10) verwandt worden zu sein. Diese Handschrift wurde 1278 aus St. Blasien an Bischof Rudolf von Konstanz, einen Vetter des deutschen Königs Rudolf von Habsburg, ausgeliehen (vgl. Besitz- und Ausleihvermerk auf f. 1r) und vermutlich nicht wieder zurückgegeben; so gelangte sie in Habsburger Familienbesitz und später in die Wiener Hofbibliothek.[114] Die Necrologfragmente wurden vom Wiener Hofbibliothekar Gentilotti (1705-1723) vom Einband der Hs. abgelöst. Gentilotti schreibt in seiner Handschriftenbeschreibung in der Hs. Wien, ÖNB Cod. lat. Ser. n. 2213, f. 9v: *Asserculis, quibus hic codex tegitur adglutinata erant folia quatuor membranea, quae cum detraxissem reperi inscriptum iis fragmentum quoddam vetusti necrologii S. Blasii in Silva Hercynia, ad quod ut in principio posui, volumen istud olim pertinuit.*

Datierung

Die Datierung des Fragments schwankt in der Forschung zwischen „vielen Händen des 11. und 12. Jhs." [115], „um 1120" [116] und, so die communis opinio der neueren Forschung, „um 1100" [117]. Auf Grund

[114] Vgl. unten S. 45 ff.

[115] M. Büdinger, Necrologii Sanblasiani fragmentum (Silvestergabe Wien 1858/59) zitiert nach Mone, Quellensammlung Bd. 3 (Karlsruhe 1863), S. 609; E. F. Mooyer, Über das Bruchstück eines Nekrologiums des St. Blasiusklosters im Schwarzwalde, in: Anzeiger für Kunde der deutschen Vorzeit NF. 7 (1860), Sp. 353-356 und ebda. 8 (1861), Sp. 113-116 (Forts.), ebda. Sp. 353: „Nach den Vorbemerkungen des Herausgebers ist das ganze, zum Theil jetzt verloren gegangene Todtenbuch etwa um das Jahr 1050 angelegt und bis nicht lange nach 1167 fortgeführt worden."; Mone, Quellensammlung Bd. 3, S. 613: „Hs. des 11. oder 12. Jahrhunderts"; H. J. Hermann, Die deutschen romanischen Handschriften (Beschreibendes Verzeichnis der illuminierten Hss. in Österreich NF. 8: Die illuminierten Hss. und Inkunabeln der Nationalbibliothek in Wien, Bd. 2, Leipzig 1926), S. 48: „von verschiedenen Händen des XI. und XII. Jahrhunderts".

[116] F. L. Baumann, Ueber Todtenbücher der Bisthümer Cur und Constanz, in: NA 8 (1883), S. 425-447, ebda. S. 442 f.: „... Herzberg-Fränkel ... Nach dessen sorgfältiger Untersuchung ist dieses Bruchstück um 1120 angelegt."

[117] Wollasch, Muri und St. Blasien, S. 427; Jakobs, Adel, S. 29; J. Wollasch, Mönchtum des Mittelalters zwischen Kirche und Welt (Münstersche Mittelalter-Schriften 7, München 1973), S. 88.

der Schrift der anlegenden Hand kann die Entstehungszeit der Blätter nur grob in die erste Hälfte des 12. Jhs. datiert werden. Eine genauere Datierung ermöglichen jedoch die im Necrologfragment genannten Personen.

Suchen wir zunächst nach einem terminus post quem für die Anlage des Necrologs: Der zum 22. 10. (*XI. kal. Nov.*) eingetragene Bischof Herrand von Halberstadt starb im Jahre 1102.[118] Damit haben wir einen ersten terminus post quem. Falls es sich bei dem zum 1. 11. (*kal. Nov.*) eingeschriebenen *Otto comes* um den im Jahre 1106 bezeugten, gleichnamigen Grafen des Albgau handelt, in dessen Gebiet St. Blasien lag,[119] und der vermutlich mit dem Grafen Otto von Diessen-Andechs identisch ist,[120] so wäre der Zeitpunkt der Anlage des Necrologs noch später zu datieren. Letzteres legt auch die Eintragung eines *Gerhardus comes* zum 5. 11. (*Nonę Nov.*) nahe: Falls dieser mit dem gleichnamigen 1071 bezeugten Albgaugrafen identisch ist und dieser mit Gerhard I. von Vaudémont, der 1114 „noch gelebt zu haben scheint" [121], personengleich ist, wie Jakobs annimmt,[122] so müßten wir die Anlage des Necrologs nach 1114 datieren.

Die Ermittlung des terminus ante quem ist weniger kompliziert: Zum 29. 12. (*IIII. kal. Ian.*) wurde von einer nachtragenden Hand eine *Wlfhilt ducatrix* eingeschrieben (s. Taf. 4). Sie ist mit der gleichnamigen Gemahlin Herzog Heinrichs des Schwarzen von Bayern identisch, welche am 29. 12. 1126 starb.[123] Somit ergibt sich für die Datierung des St. Blasianer Necrologs: Die Anlage erfolgte vor 1126,

[118] M. Parisse, Le Nécrologe de Gorze. Contribution à l'histoire monastique (Annales de l'Est, Publiées par l'Université de Nancy II, Mémoire n° 40, Nancy 1971), S. 88: „24. oct.: *VIIII. Domnus Heurlandus, istius monasterii monachus et episcopus Halberstadensis"*; weitere Necrologbelege bei K. Hallinger, Gorze-Kluny. Studien zu den monastischen Lebensformen und Gegensätzen im Hochmittelalter (2 Bde., Studia Anselmiana 22-25, Rom 1950/51), S. 342 Anm. 25.

[119] Quellen zur Schweizer Geschichte III, 1, S. 72.

[120] Necrolog von Diessen, MGH Necr. 1, S. 29: 3. [Nov.] *III. non. ... Otto com. ob. (frater Bertholdi fundatoris nostri, occisus Yringesheim) ...*; ebda. S. 10 zum 24. 1. (IX. kal. Feb.): *Fridericus com., sepultus ad S. Blasium in Nigra Silva (patruus Bertholdi fundatoris nostri)*; MGH DD H IV 483 (Jan. 1104): *Otto de Diezzen;* vgl. Maurer, Land, S. 111; Jakobs, Adel, S. 210.

[121] Jakobs, Adel, S. 211 Anm. 9.

[122] Ebda. S. 210 f. — Jakobs hält den im St. Blasianer Necrolog verzeichneten Grafen für identisch mit dem *Kerhardus comes* des Rheinauer Totenbuchs; vgl. ebda. S. 211 Anm. 8.

[123] W. Bernhardi, Jahrbücher der Deutschen Geschichte. Lothar von Supplinburg (Berlin 1879; Nachdr. 1975), S. 113 mit Anm. 30.

mit Sicherheit nach 1102, wahrscheinlich aber nach 1114, also während des Abbatiats Rustens (1108-1125).

Von der gleichen Hand, die das Necrolog anlegte, wurde auch die Liste der mit St. Blasien verbrüderten geistlichen Gemeinschaften (f. III-IV) geschrieben [124] (s. Taf. 4). Diese Tatsache wurde bisher nicht genügend beachtet. Man datierte die Anlage des Necrologs „um 1100" [125], die Niederschrift der Verbrüderungsverträge jedoch in die Mitte des 12. Jhs. Ausschlaggebend für letztere Datierung waren inhaltliche Kriterien: Da in der Verbrüderungsliste die Nonnen des Klosters Edelstetten bei Augsburg (*Sanctimonialibus de Otelinistetten*) [126] aufgeführt sind, glaubte man den Zeitpunkt der ‚Wiederherstellung' von Edelstetten (vor 1153) [127] als Datierungskriterium nehmen zu können und kam so in die Mitte des 12. Jhs.[128]

Die Datierung des Necrologfragments und des von gleicher Hand geschriebenen Verbrüderungsverzeichnisses in das erste Viertel des 12. Jhs. steht dazu im Widerspruch. Es muß deshalb zu Bedenken gegeben werden, ob das geistliche Leben des Stiftes Edelstetten, über dessen Frühgeschichte wir nur geringe Kenntnisse besitzen,[129] vor dem Abbatiat Mechtilds (1153/5-1160) wirklich auf einen solchen Tiefstand gesunken war, wie dies die Vita der Äbtissin glauben machen

[124] MGH Necr. 1, S. 327-329.

[125] Vgl. oben Anm. 117.

[126] Cod. Vindob. 9, f. IVr; MGH Necr. 1, S. 328.

[127] Germania Pontificia II/1, S. 86.

[128] Wollasch, Muri und St. Blasien S. 429: „Aus der spätesten in jenem Verzeichnis enthaltenen Klostergründung ergeben sich für die Abfassung als terminus ante quem (!) die Jahre 1150-1154."; Jakobs, Adel, S. 147 Anm. 1: „Als terminus post quem gilt die Wiederherstellung von Edelstetten."; Ott, Art. St. Blasien, S. 149: „um 1150".

[129] Wie Anm. 127; J. Zeller, Stift Edelstetten. Beiträge zu seiner Geschichte und Verfassung im Mittelalter, in: Archiv für die Geschichte des Hochstifts Augsburg 4 (1912-1915), S. 369-450. — Die Anfänge des Klosters Edelstetten liegen im Dunkeln. Die Vita der Äbtissin Mechtild (Mathilde), einer Tochter des Grafen Berthold II. von Diessen-Andechs, berichtet von einem Niedergang des Stifts, der durch die Wahl Mechtilds zur Äbtissin aufgehalten worden sei (Vita b. Mathildis abbatissae auctore Engelhardo Ord. Cist., AA SS Mai VII, S. 434-450). Mechtild war vorher magistra des Frauenklosters in Diessen. Aus einem Breve des Papstes Anastasius IV. vom 22. Nov. 1153/4 (JL 9801) wissen wir, daß Mechtild sich anfangs trotz Drängens des Bischofs von Augsburg und weltlicher Großer weigerte, die Wahl anzunehmen. Erst nachdem der Papst sie aufgefordert hatte, dem Bischof Gehorsam zu leisten, ließ sie sich zur Äbtissin weihen und reformierte — trotz heftiger Widerstände — das geistliche Leben des Klosters (Vita b. Mathildis cap. 14, a.a.O. S. 447). Die Reform scheint jedoch nach ihrem Tode (1160) keinen längeren Bestand gehabt zu haben (vgl. Zeller, a.a.O. S. 419).

will. Es scheint nicht ausgeschlossen, daß die düstere Schilderung der Zustände in Edelstetten vor der Wahl Mechtilds die Funktion hat, die Verdienste der Heiligen in um so hellerem Lichte erscheinen zu lassen. Diese Frage muß jedoch offen bleiben, solange keine umfassende Untersuchung der Frühgeschichte des Klosters Edelstetten vorliegt. Zweifel an der Haltbarkeit der bisherigen Versuche, lediglich mit Hilfe des Breves Anastasius' IV. von 1153/4 den „Zeitpunkt der Wiederherstellung" Edelstettens und den terminus post quem für die Abfassung des Verbrüderungsverzeichnisses festzulegen, scheinen allerdings angebracht. Die Verbrüderungsvereinbarungen wurden nämlich von der gleichen Hand, und wohl unmittelbar im Anschluß an die Anlage des Necrologs, die in das erste Viertel des 12. Jhs. datiert werden konnte, eingetragen.

Literatur

Büdinger, Necrologii Sanblasiani fragmentum (1858/59).
Mooyer, Über das Bruchstück (1860/61).
Mone, Quellensammlung Bd. 3 (1863), S. 609-619.
Baumann, Ueber Todtenbücher (1883).
— (Ed.) Fragmenta necrologii et annales necrologici monasterii S. Blasii in nigra silva, in: MGH Necr. 1 (Berlin 1888), S. 323-333.
Hermann, Handschriften S. 48.
A. Beccaria, I codici di medicina del periodo presalernitano (secolo IX, X e XI) (Storia e letteratura 53, Rom 1956), S. 104.
Wollasch, Muri und St. Blasien (1961), S. 427.
Jakobs, Adel (1968), S. 147 ff.
Wollasch, Mönchtum (1973), S. 88-92.
Ott, Art. St. Blasien (1975), S. 149.
Geuenich, Verbrüderungsverträge (1977), S. 22 ff.
J. Wollasch, Neue Methoden der Erforschung des Mönchtums im Mittelalter, in: HZ 225 (1977), S. 529-571, ebda. S. 550 Anm. 97.

Inhalt

Fol. I enthält necrologische Einträge zu den Tagen vom 16. 10 bis 27. 10., fol. II zum 28. 10. bis 8. 11., fol. III zum 27. 12. bis 31. 12. sowie anschließend Verbrüderungsverträge, welche sich auf fol. IV fortsetzen. Daraus geht hervor, daß die Blätter I und II, sowie III und IV ursprünglich zusammengehörten (vgl. Skizze 1). Die Anlage des Necrologs scheint nach einer gewissen Ordnung vorgenommen worden zu sein,[130] welche jedoch nicht immer konsequent eingehalten wurde. Für jeden Tag des Jahres waren vier Zeilen vorgesehen, auf die eine Leerzeile folgte.[131] So fanden auf einer Seite von 30-31 Zeilen sechs Tage Platz. Die Tagesangabe wurde, ebenso wie der ihr vorangestellte Sonntagsbuchstabe, mit rot hervorgehoben. Die erste der vier für einen Tag vorgesehenen Zeilen war vermutlich für die St. Blasianer fratres, sowie diesen im Totengedenken gleichgestellte Personen vorgesehen; ihre Namen wurden mit einem darübergestellten *f(rater)* versehen. Die geistlichen Würdenträger finden sich meist in der zweiten Zeile, die weltlichen Großen sind an verschiedenen Stellen eingetragen. In der vierten Zeile wurden wohl Mitglieder verbrüderter Konvente [132] und Laien, darunter zahlreiche Frauen, eingetragen. Am Ende der Zeilen sind oft einzelne, mit einem darübergesetzten *c* gekennzeichnete Personen eingeschrieben; es handelt sich wohl um Konversen (*conversi*, bzw. *conversae*). Über manche Namen setzte der Schreiber die Abkürzung *D. P.*, was wohl mit *Datur Praebenda* aufzulösen ist. Über einigen Namen stehen drei Punkte (.·.), eine Art Verweisungszeichen, das am Rand erläutert wird: *De istius anniversario fiat maior commemoracio et signa sonentur ad VII psalmos.* (f. I^r^) Es ist nicht immer klar zu entscheiden, ob die Zusätze *f*, *c*, *D. P.* und .·. von der anlegenden Hand vorgenommen wurden oder nachträglich von späteren Händen hinzugefügt sind. Zur Verdeutlichung des Aufbaus des St. Blasianer Necrologs seien die ersten sechs Zeilen von f. I^v^ wiedergegeben: [133]

			F
(1)		[22. 10.] *A · XI · kl*	*Adelbertus abbas fructuariensis*
			DP
(2)	NA De istius anni-		*Heirradus epc* Volcho
	T versar(io) fiat		de Zurz (?) C
(3)	maior commemo-		Otto pbr Chonradus Heinricus Chonra Hermannus
(4)	ratio et signa		*Anselmus Vincentius Walfredus Martinus Otto Otto* Wilielm
	sonentur ad I.ps(almum)		
(5)			
			F C C .·. .·.
(6)		[23. 10.] *B · X · kl*	*Immo* Regenfridus David Caritas Adelheit Rilint

[130] Ansätze zu einer Analyse des Aufbaus des St. Blasianer Totenbuchs bei Wollasch, Mönchtum, S. 88-92.

[131] Vgl. das Beispiel auf dieser Seite unten

[132] So die Vermutung von Wollasch, Mönchtum, S. 88 ff.

[133] Die kursiv gedruckten Namen stammen von der anlegenden Hand, die restlichen sind spätere Nachträge.

Nachdem die Grundzüge der Struktur des St. Blasianer Totenbuchs erkannt sind, kann aus den vier erhaltenen Blättern der codicologische Aufbau des Necrologs erschlossen werden. Es bestand wohl aus vier Quaternionen, von denen nur der letzte fragmentarisch erhalten ist (s. Skizze 1). Möglicherweise war dieses, aus vier Quaternionen bestehende Totenbuch Teil eines umfangreicheren liturgischen Codex.

Edition

Die Edition Baumanns in den MGH Necrologia (s. o.) wird dem heutigen Stand der Forschung nicht mehr gerecht; vgl. dazu Wollasch, Neue Methoden S. 550 Anm. 97. Eine Facsimileausgabe mit Einleitung und lemmatisiertem Namenregister wird demnächst erscheinen (vgl. unten S. 159 mit Anm. 328).

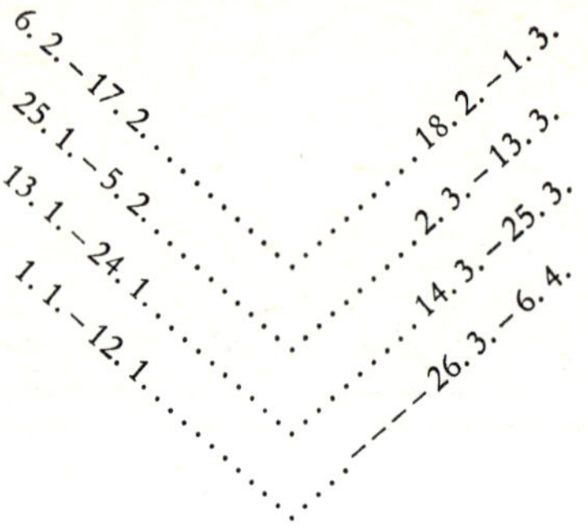

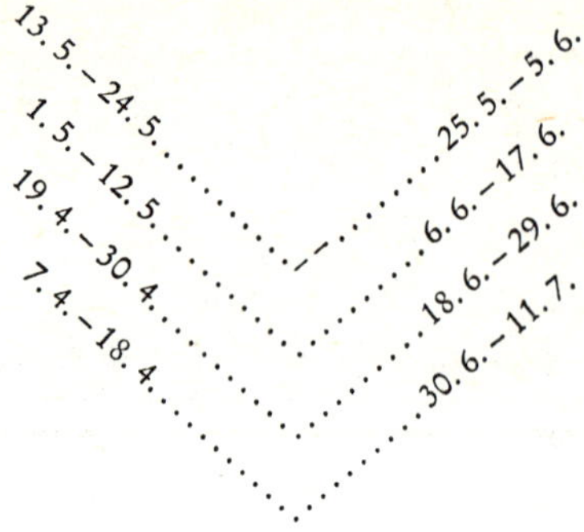

1. IV

2. IV

(Wülberz, Anal. I, p. 170)

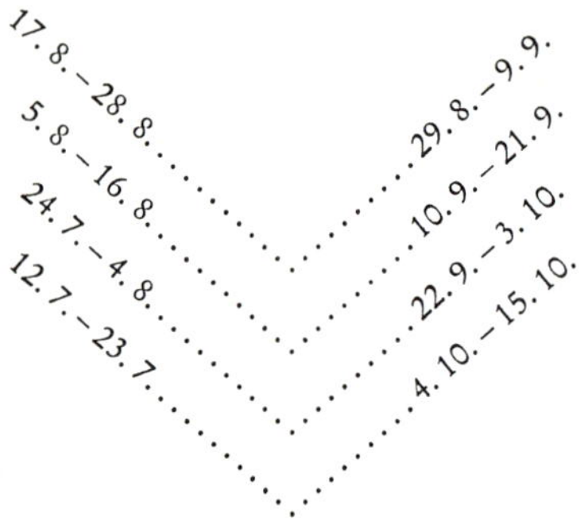

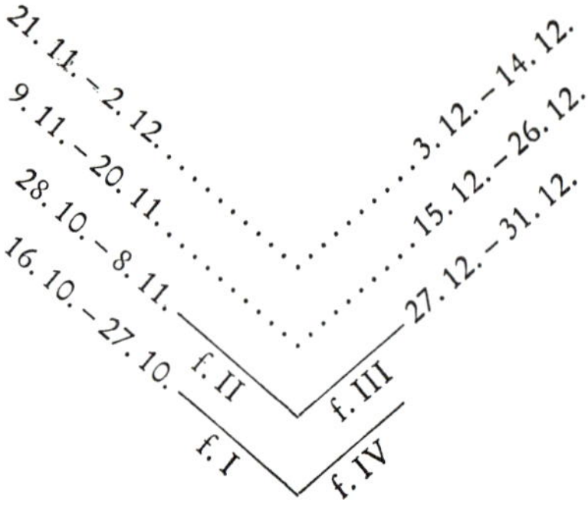

3. IV

4. IV

(Hs. Wien, ÖNB Cod. lat. 9, fol. I-IV)

Skizze 1: *Codicologische Rekonstruktion des Necrologs von St. Blasien*

....	verlorene Teile
------	abschriftlich erhaltene Teile
————	original erhaltene Teile

c) *Hs. St. Paul 60/1 (25. 3. 17): Das sogenannte ‚Bernauer Missale'*

Sammelhandschrift, Missale.[134]

Perg.; 266 Bl. (hinteres Spiegelbl. als f. 267 gezählt); 30,2-30,5 x 22,1-22,5 cm (f. 2-5: 27,5 x 18,8 cm); 1. Viertel 12. Jh. (1108-1125) mit Nachträgen und Zusätzen.

C o d e x

Lagenformel: $1^1 + II^5 + 32\ IV^{261} + II^{265} + I^{267}$; keine Lagenbezeichnungen; f. 1 im 15. Jh. hinzugefügt; f. 2-5 nachträglich vorgebunden (vor dem 15. Jh.); zwischen f. 105 und 106 kleines Perg.bl. (10,3 x 15,5 cm) des 14. Jhs. eingefügt; rotviolette Blattweiser auf f. 52, 54, 55, 56, 57, 99, 100, 107, 249; ganze Hs. mit arabischen Ziffern durchfoliiert, f. 2-43 vorher mit arabischen Ziffern durchpaginiert (f. 2 = p. 1 usw.); Schriftraum: 23,0 x 15,8 cm; 28 Zeilen.

S c h r i f t

Späte karolingische, schrägovale Minuskel des 12. Jhs. von mehreren Händen (?), hoher Stil [135]; auf am Rand nachgetragene, bei der ersten Niederschrift ausgelassene Worte wird durch zwei hochgestellte Punkte (.·), auf Sätze und Satzteile durch drei Punkte (.·.) oder *h* verwiesen; Auszeichnungsschrift in roter und dunkelbrauner Ziermajuskel; f. 54^r ganz in abwechselnd roten und braunen, mehrere Zeilen hohen vergrößerten Anfangsbuchstaben (*Per omnia saecula saeculorum. Amen. Dominus vobiscum . . . Dignum et iustum est.*); zahlreiche vergrößerte Anfangsbuchstaben am Beginn von Abschnitten (s. Taf. 5).

B u c h s c h m u c k

Mit roter und brauner Tinte federgezeichnete, nicht ausgemalte Ranken-Initialen:

[134] Vgl. V. Fiala - W. Irtenkauf, Versuch einer liturgischen Nomenklatur, in: Zs. für Bibliothekswesen und Bibliographie. Sonderheft (Frankfurt/M. 1963), S. 105-137, ebda. S. 116.

[135] Zu den Stilhöhen vgl. oben S. 7 mit Anm. 28. — Bei der Analyse der einzelnen Teile des Missales war mir Herr Dr. Winfried Hagenmaier (Freiburg) behilflich.

f. 6^{v}: A, sechszeilig, rot und dunkelbraun.

f. 54^{v}: Praefationszeichen, halbseitig, rot (verkleinerte Abb. bei Eisler Fig. 52, S. 98).

f. 57^{r}: D, sechszeilig, dunkelbraun (s. Taf. 5).

f. 57^{v}: C, sechszeilig, dunkelbraun (verkleinerte Abb. bei Holter, St. Paul Abb. 519, S. 369 mit falscher Seitenangabe: „f. 55^{r}"!).

Miniatur

F. 55^{r}: mit roter, dunkelbrauner und blauer Tinte federgezeichnetes, fast ganzseitiges Kanonbild (Abb. bei Eisler Fig. 51, S. 97; Bober, Pl. XXIVb [reprod. nach Eisler]; Holter, St. Paul Abb. 512, S. 368 [stark verkleinert, falsche Seitenangabe: „f. 6^{r}"!]; Gutbrod Abb. 24, S. 63, ebda. S. 62-65 ausführliche Beschreibung der Miniatur).

Einband

Ähnlicher brauner Lederband des 15. Jhs. mit Blindstempeln wie Hs. St. Paul 18/1, die gleichen Einzelstempel (Abb. bei Holter, St. Paul Abb. 689, S. 435), fünf erhabene Bünde; zwei Schließen, eine beschädigt, eine fehlt; Vorderspiegel erstes Blatt eines Binio, von dessen zweitem Blatt nur eine obere Ecke erhalten ist; hinterer Spiegel zweites Blatt eines noch erhaltenen Binio (Bl. 1 = f. 266), wohl aus derselben Hs. stammend wie der Vorderspiegel. Auf f. 1^{r} unten rechts runder Stempel des Archivs von St. Paul.

Geschichte

Die Hs. St. Paul 60/1 wurde unter Abt Rusten (1108-1125) in St. Blasien für die Kirche des Nachbarortes Bernau angefertigt. Fol. 6^{r} oben: *Domnus Roͦsteinus abbas patravit vel fieri iussit istum librum ex decimis beatissimi Johannis baptistę, in cuius honore locus iste consecratus est. Qui etiam hoc decrevit et firmiter observandum constituit, ut nullus hunc librum de servicio eiusdem sancti auferre vel ex hoc loco abalienare praesumat, ne offensam dei et sancti Johannis incurrat.* (von einer Hand des 12. Jhs. wohl nicht lange nach Fertigstellung des Missales; s. Taf. 5). Im 15. Jh. erhielt die Hs. vermutlich in St. Blasien den jetzigen Einband. Bei einer Kirchenvisitation im Jahre 1687 wurde der Codex in der Bernauer Kirche angetroffen und seines hohen Alters wegen in die Bibliothek von St. Blasien gebracht. Fol. 1r unten: *Anno 1687, die 20. Octobr.: Visitantibus ecclesiam filialem S. Johannis Baptiste in Bernauw admodum R. R. P. Beringero Foyt Priore et R. P. Johanne Baptiste Eiselin translatus est hic liber ex Bernauw et antiquitatis causa repositus ad Bibliothecam ipsius Monasterii S. Blasii. Ecclesie Vicarius tunc temporis fuit R. R. P. Menradus Steigentesch.* (von einer Hand des 17. Jhs., wohl bei oder kurz nach der Visitation bzw. Überführung der Hs. nach St. Blasien eingetragen).

Literatur

In der Literatur gilt der Codex irrigerweise als Missale des „Klosters" Bernau. In Bernau existierte jedoch nie ein Kloster, sondern lediglich eine Filialkirche von St. Blasien. Der Irrtum geht auf Eisler zurück, der die Handschrift unter der Überschrift „Missale des Klosters Bernau im Schwarzwald" behandelte.[136] Seitdem wurde diese Irrmeinung von mehreren Forschern übernommen.[137]

Inhalt

Vorderspiegel: liturg. Fragment, 12. Jh., aus einem Evangelistar? (Joh. 15,5-11; Eccl. 14,22 und 15,3-4).

1r	(später vorgebunden) *De corpore Christi oratio Cibavit eos ex adipe frumenti alleluja et de petra melle saturavit eos . . . 1479* darunter Visitationsnotiz von 1687 (s. o.).
1v	Leer.
2r - 5v	(später dazugebunden, 12. Jh., kleineres Format, teilweise spätere Zusätze). Verschiedene Votivmessen (5v

136 Eisler, Handschriften Nr. 52, S. 96; Eisler druckte zwar die Visitationsnotiz auf f. 1r ab, übersah aber offensichtlich den wichtigen Eintrag auf f. 6r (s. o.).

137 Bober, St. Blasien Psalter, S. 23; J. Gutbrod, Die Initiale in Handschriften des achten bis dreizehnten Jahrhunderts (Stuttgart 1965), S. 62 ff.; Holter, St. Paul S. 376; ders., Die Buchmalerei, in: Katalog der Ausstellung 1000 Jahre Babenberger in Österreich. Stift Lilienfeld 15. Mai - 31. Oktober 1976 (Kataloge des Niederösterreichischen Landesmuseums NF. 66, Wien 1976), S. 567-579, ebda. S. 572: „Missale aus dem Benediktinerkloster Bernau im Schwarzwald".

	In natale unius virginis; 6^{r} *De sancta Maria; In kathedra sancti Petri apostoli*).
6^{r}	(wohl ursprünglich leer). Oben: *Domnus Rősteinus abbas . . .* (s. o.). Zusätze zum Graduale mit Neumen.
6^{v} - 38^{v}	Graduale de tempore et de sanctis gemischt (1. Adventssonntag bis 24. Sonntag nach Trinitatis) mit Neumen.
38^{v} - 40^{r}	Graduale de communi sanctorum mit Neumen.
40^{r} - 41^{v}	Kyriale mit Neumen.
41^{v} - 50^{r}	Hymnar de tempore et de sanctis gemischt (Weihnachten bis Nicolaus und Dedicatio ecclesiae) mit Neumen.
50^{r} - 52^{v}	Hymnar de communi sanctorum mit Neumen. 52^{v}-53^{v} (Nachträge, 12. Jh.) Credo, Meßvorbereitungsgebete des Priesters (52^{v}-53^{r}); Hymnus de S. Maria Magdalena (53^{r}); Sakramentarzusatz: *In natale XI milium virginum ac martyrum* (53^{rv}); Missa de sancta Maria mit Neumen (53^{v}).
54^{r} - 56^{v}	Kanon (Praefatio bis Agnus dei).
57^{r} - 99^{r}	Sakramentar de tempore et de sanctis gemischt (Weihnachtsvigil bis 4. Adventssonntag, Dedicatio ecclesiae [98^{v}] und Dedicatio altaris [99^{r}]).
99^{r} - 108^{r}	Sakramentar: Votivmessen; zwischen 105^{v} und 106^{r} eingefügter Pergamentzettel (14. Jh.): Orationen.
108^{r} - 117^{v}	Missale: Votivmessen mit Neumen. 117^{v}-118^{r} (Nachträge, 12. Jh.): Lesungen mit Cantica und Orationen (Karsamstag und Samstag vor Pfingsten [117^{v}-118^{r}]); Sakramentarzusatz (*In vigilia S. Mathei apostoli* [118^{r}]).
118^{v} - 237^{r}	Lektionar de tempore (Weihnachtsvigil bis 4. Adventssonntag und Weihnachtsoktav).
237^{r} - 250^{r}	Lektionar de communi sanctorum (endet mit Dedicatio altaris).

250r - 265r Lektionar de sanctis (von Paulus Eremita bis Thomas — vor Paulus Erem. Silvester nachgetragen, 12. Jh. —, teilweise nur Initien).
265v (Nachträge, 12. Jh.) Lektionaranhang ohne Rubriken.
266rv (zum Spiegelblatt 267r gehörig) liturg. Fragment, 12. Jh. (s. o. Codex).

d) *St. Blasianer Nachträge und Zusätze im sog. ‚Sakramentar von St. Paul': Hs. St. Paul 20/1 (XXIX/2, Kasette 2)*

Spuren St. Blasianer Schreibtätigkeit finden sich in einer wohl um die Jahrtausendwende auf der Reichenau entstandenen Prachthandschrift, dem sog. ‚Sakramentar von St. Paul'.[138] Wie der Codex nach St. Blasien kam, ist unbekannt. Auf jeden Fall wurde er dort im 12. Jahrhundert benutzt, wie die nachgetragenen Meßtexte für das Fest des hl. Blasius (f. 269v-270r) zeigen. Auf sie wird am Rand von f. 37r verwiesen: *De sancto Blasio quęre in fine libri.* Auf f. 269v beginnt unter der in roten Ziermajuskeln hervorgehobenen Überschrift *III. Non. Febr. nat. beati Blasii archiepiscopi et martyris* der Text mit einer roten, federgezeichneten, vierzeiligen Ranken-Initiale (D) (s. Taf. 6). Eine ähnliche, etwas kleinere D-Initiale findet sich auf f. 270r zu Beginn des in roter Minuskelschrift überschriebenen Textes *In anniversario dedicationis ęcclesię,* welcher bis zum Ende von f. 270v reicht. Die folgenden Blätter (f. 271-278) sind wohl erst später hinzugebunden worden (f. 271r-278r, 10./11. Jh., vermutlich reichenauisch; f. 278rv, 13./14. Jh.).[139]

Die Schrift der St. Blasianer Nachträge (f. 269v-270v) wurde kürzlich in die erste Hälfte des 12. Jahrhunderts datiert.[140] Ein Vergleich mit der Schrift des dem Sakramentar von St. Paul in der Stilhöhe

[138] Vgl. A. v. Euw, Das Sakramentar von St. Paul, in: Die Abtei Reichenau, hg. v. H. Maurer (Sigmaringen 1974) S. 363-387 mit der dort verzeichneten älteren Literatur.

[139] Zum Inhalt vgl. v. Euw, Sakramentar, S. 369.

[140] Ebda. S. 365: „Nur anhand des Schriftbildes der auf fol. 269v nachgetragenen Meßtexte für den hl. Blasius, . . ., läßt es sich erschließen, daß die Handschrift bereits vor 1150 in St. Blasien gewesen sein muß und dort offensichtlich in Gebrauch war."

entsprechenden Bernauer Missale (Hs. St. Paul 60/1) erweist diese Datierung als zutreffend. Das nur gelegentliche Vorkommen des runden s, zumeist in Abkürzungen oder hochgestellt am Wortende in Verbindung mit i und v, sowie der Gesamteindruck der Schrift lassen eine Entstehung im ersten Viertel des 12. Jahrhunderts als durchaus möglich erscheinen.

Ob auf f. 270^{r} mit Beginn des Textes zur Kirchweihfeier eine neue Hand einsetzt, wie man zunächst aufgrund der etwas kleineren und dünneren Schrift vermuten könnte, ist fraglich. Die Unterschiede in einzelnen Buchstabenformen, Ligaturen oder Abkürzungen sind nicht markant; vielleicht benutzte der Schreiber des vorhergehenden Textes nur eine andere, etwas spitzere Feder. Es ist nicht ausgeschlossen, daß auch der auf f. 1^{r} im 12. Jahrhundert nachgetragene Text (*In assumptione S. Mariae* und *Benedictio mense lectoris*) ebenfalls in St. Blasien eingetragen wurde. Das gleiche gilt für die auf f. 14^{r} auf Rasur mit dunkelbrauner Tinte geschriebenen Zeilen (*Memento etiam domine et eorum, qui nos processerunt cum signo fidei . . .*), sowie den am Rand von f. 64^{v} hinzugefügten Satz: *Gloria in excels⟨is⟩ ab episcopo cante⟨tur⟩ tantum ubi cri⟨s⟩ma consecratur.* Der Textverlust geht auf eine spätere Beschneidung der Handschrift zurück. Weitere kleinere, vermutlich St. Blasianer Nachträge finden sich auf f. 11^{r}, 13^{v} und 192^{r}. Die erwähnten Eintragungen zeigen, daß das Sakramentar in der ersten Hälfte, vielleicht bereits im ersten Viertel des 12. Jahrhunderts in St. Blasien benutzt wurde.

2. Kaum oder sicher nicht in St. Blasien entstandene Codices der St. Blasianer Klosterbibliothek

Im Unterschied zu den bisher untersuchten Handschriften, welche ganz oder teilweise als Produkte des St. Blasianer Skriptoriums nachgewiesen werden konnten, muß die Zuschreibung der Wiener Plinius-Handschrift, aus der das St. Blasianer Necrologfragment herausgelöst wurde, sowie eines Karlsruher Missalfragments offen bleiben. Wenn auch eine gewisse Wahrscheinlichkeit für eine Entstehung im Schwarzwaldkloster spricht, so soll doch dieses für St. Blasien nicht genügend gesicherte Material gesondert behandelt werden.

Neben den sicher oder möglicherweise in St. Blasien selber geschriebenen Handschriften sind überdies auch jene Codices von Interesse, welche von auswärts in die St. Blasianer Klosterbibliothek gelangten. Geben sie doch unter Umständen Hinweise auf geistige Interessen in St. Blasien oder Beziehungen der Schwarzwaldabtei zu anderen Klöstern.

Bei der Untersuchung des Fremdgutes in der St. Blasianer Bibliothek stellt sich die Frage des Zeitpunktes der Erwerbung. Sie ist jedoch oft nicht mit Sicherheit zu beantworten. Daher werden im folgenden die nicht in St. Blasien geschriebenen Handschriften der dortigen Klosterbibliothek in drei Gruppen eingeteilt, je nachdem, ob sie sicher oder möglicherweise im Mittelalter erworben wurden, oder ob sie erst später nach St. Blasien kamen.

a) *Möglicherweise in St. Blasien geschriebene Handschriften*

Hs. Wien, ÖNB Cod. lat. 9-10

Plinius, Historia naturalis und kleinere medizinische Texte.

Perg.; 344 Bl. (Cod. 9: f. 1-189; Cod. 10: f. 190-344); 38,0 (Cod. 10: 38,8) x 27,6 cm; 12. Jh.[2]

Codex

Beschreibung bei Hermann, Handschriften S. 47.

Schrift

Übergangsschrift zwischen später karolingischer und früher gotischer Minuskel aus der zweiten Hälfte oder dem Ende des 12. Jhs.: Rundes s kommt häufig am Wortende vor, gelegentlich am Wortanfang. Das oft verwendete runde d hat nur sehr kurze Oberlängen, die manchmal so stark nach links geneigt sind, daß der ganze Buchstabe kaum höher ist als Buchstaben ohne Oberlänge wie e oder o. Beim geraden d beträgt das Verhältnis des mittleren Buchstabenteils zur Oberlänge etwa 3 : 4. Die Oberlängen sind im allgemeinen relativ kurz und oft gegabelt. OR-Ligatur findet sich auch im Wortinnern. Die Buchstaben rücken innerhalb der Worte eng zusammen: die mittleren Buchstabenteile zweier nebeneinanderstehender p gehen oft fast ineinander über, z. B. bei p(ro)prius (Bogenverbindungen)[141]. Über Doppel-i stehen i-Striche, das zweite i beim Doppel-i geht stets deutlich unter die Zeile und endet in einem Abstrich nach links. Neben der charakterisierten Haupthand arbeiteten am Codex noch eine oder mehrere Hände mit, welche geringere oder kaum gotische Einflüsse zeigen: zwei nebeneinandergestellte p sind deutlich voneinander getrennt, OR-Ligatur kommt nicht im Wortinnern vor; rundes s und rundes d werden nur selten verwendet; i-Striche fehlen. — Die Zeichnungen und Initialen (genaue Beschreibung und Abbildungen bei Hermann) wurden von Hermann in den Beginn des 12. Jhs. datiert. Bober datierte die Hs. auf Grund der Miniaturen „about 1170-1180";[142] Stöckli wies auf mögliche Verbindungen mit dem Engelberger Skriptorium um 1200 hin.[143]

Geschichte

Der Entstehungsort der Hs. ist nicht mit Sicherheit zu bestimmen. Wahrscheinlich war es St. Blasien, von wo der Codex im Jahre 1278 an den Bischof Rudolf von Konstanz ausgeliehen wurde. Fol. 1^{r}: *Iste liber est monasterii sancti Blasii Nigre Silve et fuit aconmodatus reverendo in Christo Růdolpho dei gratia Constantiensi episcopo anno domini M° CC° LXX° VIII° indictione VI^{a} in octava beatorum apostolorum Philippi et Jacobi.* Vermutlich gelangte die Hs. durch den Konstanzer Bischof Rudolf von Habsburg in Habsburger Familienbesitz und später in die Wiener Hofbibliothek. Für diese Vermutung „spricht wohl die von einer Hand des XV. Jahrhunderts auf f. 231 eingetragene Devise Friedrichs III. A E I O (das V fehlt)."[144] Der genaue Zeitpunkt der Eingliederung in die Wiener Hofbibliothek ist nicht bekannt. In dem 1576 von Hugo Blotius angefertigten Hand-

[141] Vgl. dazu Bischoff, Paläographie, Sp. 46.

[142] Bober, St. Blasien Psalter, S. 13.

[143] K. Stöckli, Codex Engelbergensis 14 und das Engelberger Skriptorium um 1200, in: Aachener Kunstblätter 47 (1976/77), S. 15-80, ebda. S. 69 (mit Abb. 60, 62, 115). — Ebda. S. 68 macht Stöckli die angebliche Tatsache, daß Abt Heinrich I. von Engelberg (1197-1223) außer im Engelberger Necrolog nur noch im Totenbuch des Klosters Petershausen (bei Konstanz) eingetragen sei, zum Ausgangspunkt der Vermutung von Zusammenhängen zwischen der Engelberger und Petershauser Buchkunst. Der am 29. 12. gestorbene Abt ist aber nicht nur in Engelberg und Petershausen, sondern auch in St. Blasien im Necrolog eingetragen worden.

[144] Hermann, Handschriften, S. 47.

schriftenverzeichnis [145] fehlt sie. Bei der Signierung der Wiener Handschriften durch den Hofbibliothekar Sebastian Tengnagel (1609/10) erhielt sie die Signatur Nr. 2, welche von seinem Nachfolger Peter Lambeck (1663-1680) auf f. 1^r (rechts oben) wiederholt wurde.[146] Unter Gentilotti (1705-1723) bekam die Hs. die Signatur *Cod. Ms. Med. lat. VI,* später meist kurz als *Med. 6* zitiert.[147] Gentilotti fertigte eine ausführliche Beschreibung der Hs. an (Hs. Wien, ÖNB Cod. lat. Ser. n. 2213, f. 5^r-14^r), welche wichtige, bisher unbekannte Informationen über die Geschichte des der Hs. vorgebundenen Necrologfragments enthält. Zur Zeit Gentilottis bestand die Hs. aus einem einzigen Band (a.a.O. f. 5^r: *VI. olim Hist. 2. Membranaceus foliorum 344*). Die Aufteilung in zwei Bände (Cod. Vindob. 9-10) scheint beim Neubinden im Jahre 1753 vorgenommen worden zu sein.[148]

Literatur

Hermann, Handschriften (1926), S. 47-52.

Abendländische Buchmalerei. Ausstellungskatalog der ÖNB (Wien 1952), Nr. 30, S. 22.

Beccaria, I codici (1956), S. 104-106.

F. Unterkircher, Inventar der illuminierten Handschriften, Inkunabeln und Frühdrucke der ÖNB. Teil 1: Die abendländischen Handschriften (Wien 1959), S. 1.

Bober, St. Blasien Psalter (1963), S. 23.

R. Bergmann, Verzeichnis der althochdeutschen und altsächsischen Glossenhandschriften (Berlin-New York 1973), Nr. 887, S. 104 f.

Stöckli, Engelberg (1976/77), S. 69.

[145] H. Menhardt, Das älteste Handschriftenverzeichnis der Wieder Hofbibliothek von Hugo Blotius 1576. Kritische Ausgabe ... (Wien 1957); Hermann, Handschriften S. 47, vermutete, die „älteste Signatur des Hugo Blotius" sei bei der Erneuerung des Einbandes 1753 verloren gegangen.

[146] Zu Tengnagel und Lambeck vgl. H. Menhardt, Verzeichnis der altdeutschen literarischen Handschriften der ÖNB (Veröffentlichungen des Instituts für deutsche Sprache und Literatur der deutschen Akad. d. Wiss. zu Berlin 13, 1, Berlin 1960), Einleitung bes. S. 13-17.

[147] Zu Gentilotti vgl. ebda. S. 17.

[148] Beschreibung des Einbandes bei Hermann a.a.O., S. 47. — Die Hs. wurde im 20. Jh. restauriert: auf dem Papiervorsatzblatt des Cod. 9 mit Blei: *Restauriert im Mai 1931;* in Cod. 10 auf dem ersten Papiervorsatzblatt mit Tinte: *Quaterniones male laxati denuo revincti sunt mense Febr. a. 1913. Kraelitus. Beer.,* ebda. mit Blei: *Restauriert im Juni 1932.*

I n h a l t

Plinius, Historia naturalis und kleinere medizinische Texte (vgl. Hermann und Beccaria a.a.O.).

Falls die Handschrift tatsächlich in St. Blasien geschrieben worden ist, hätten wir einen Hinweis auf gotische Einflüsse im St. Blasianer Schriftwesen des 12. Jahrhunderts.[149] Neuere kunsthistorische Forschungen sehen in der Handschrift einen Hinweis auf eine mögliche „Verbundenheit St. Blasiens mit der Buchkunst Engelbergs (und Rheinaus) der Zeit um 1200." [150]

Hs. Karlsruhe, Bad. Landesbibliothek St. Blasien 120

Missalfragment.
Perg.; 2 Bl.; 22,6 x 25,4 und 24,2 x 25,4 cm (Fragm.); 12. Jh.

C o d e x

Zwei einzelne Pergamentblätter, deren oberes Drittel abgeschnitten ist. Sie dienten wohl zeitweise als Hülle eines Zinsrodels, wie Faltspuren, ein in f. 2 eingeflochtener Faden und die auf f. 2^r auf Rasur geschriebene Aufschrift zeigen (*Zinßrodell in die herschafft Blůmnegkh de Anno 1563*).

S c h r i f t

Späte karolingische, schrägovale Minuskel des 12. Jhs.; rundes s taucht gelegentlich am Wortende auf, ct ist nur gelegentlich ligiert; dem Schriftniveau nach gehört die Hs. ebenso wie das ‚Bernauer Missale' (s. o.) zum hohen Stil.

L i t e r a t u r

—

[149] Zum Vordringen der gotischen Schrift von Westen nach Osten vgl. Bischoff, Paläographie Sp. 41, 44 ff.
[150] Stöckli, Engelberg, S. 69.

G e s c h i c h t e

Über die Geschichte des Stückes ist nichts bekannt. Es kam wohl nach der Säkularisation St. Blasiens nach Karlsruhe.[151] Ob das Missale, aus dem die beiden Blätter stammen, in St. Blasien entstanden ist, ist unsicher.

I n h a l t

1^{r} Teile des Evangeliums des 3. Sonntags nach Epiphanie (Matth. 8,1-11).

1^{v} Secret, Postcommunio, Epistel und Beginn des Evangeliums (Marc. 3,1-3).

2^{r} Lectio (Act. ap. 1,15-24).

2^{v} Oratio zum Fest des hl. Matthias (24. 2.); *In nativitate sancti Gregorii pape* (12. 3.) mit Neumen.

b) *Fremderwerbungen*

α) Sicher alter Fremdbestand

Zur ältesten St. Blasianer Klosterbibliothek gehörten auch zwei nicht im Skriptorium des Schwarzwaldklosters entstandene liturgische Prachthandschriften, ein Sakramentar (Hs. St. Paul 20/1) und ein Evangelistar (Hs. St. Paul 21/1).

[151] Bei Ettlinger, Handschriften ist das Fragment nicht aufgeführt. — Eine andere, von Ettlinger beschriebene St. Blasianer Hs. des 18. Jhs. (Hs. Karlsruhe, Bad. Landesbibl. St. Blasien 33) enthält angeblich als p. 149 ein „Pergamentblatt s. XI" mit „Nomina fratrum de monasterio Rinaua" und auf der Rückseite weitere Namen (Ettlinger a.a.O., S. 28). Eine Einsicht der Hs. zeigte, daß es sich nicht um ein mittelalterliches Stück handelt, sondern um eine Nachzeichnung des 18. Jhs.: Der St. Blasianer P. Hugo Schmidfeld hat auf dem Perg.bl. der erwähnten Hs. die Seite 28 des St. Galler Verbrüderungsbuches (St. Gallen, Stiftsarchiv C 3 B 55) nachgemalt. Das charakteristische runde d der Hand Schmidfelds findet sich gelegentlich auch in der Nachzeichnung auf p. 149 der Karlsruher Hs. St. Blasien 33. Zu Schmidfeld vgl. demnächst: J. Autenrieth, Beschreibung des Codex, in: Das Verbrüderungsbuch der Abtei Reichenau (Zentralbibliothek Zürich, Hs. Rh. hist. 27), hg. v. J. Autenrieth, D. Geuenich und K. Schmid (MGH Libri Memoriales et Necrologia, Nova Series 1, Hannover 1979) (im Druck).

Das oben schon anläßlich der Nachträge behandelte sog. ‚Sakramentar von St. Paul', *Hs. St. Paul 20/1* (*XXIX/2, Kasette 2*), zählt zu den in der kunsthistorischen Forschung vieldiskutierten Handschriften. Die von Eisler für möglich gehaltene Entstehung des Codex in St. Blasien [152] wurde allgemein kaum in Betracht gezogen. Die Diskussion kreiste vielmehr um die Frage, ob die Handschrift dem Reichenauer Skriptorium und seiner Malschule zugewiesen werden könne.[153] Neuere Forschungen zum ‚Sakramentar von St. Paul' kommen zu dem Ergebnis, „daß es ... als Reichenauer Handschrift gelten muß, die ihren Schmuck wenn nicht Ruodprecht selbst, so doch einem gleichbegabten Mitbruder der Reichenauer Miniatorenwerkstatt vor dem Jahr Tausend verdankt." [154]

Wie die auf f. 269^{v}-270^{r} nachgetragenen Meßtexte für das Fest des hl. Blasius zeigen, wurde die Handschrift bereits in der ersten Hälfte des 12. Jahrhunderts in St. Blasien benutzt.[155] Auf welchem Weg sie in das Schwarzwaldkloster gelangte, ist unbekannt. Auf Grund „kunstgeschichtlicher Indizien" wurde vermutet, der Codex sei vielleicht „von San-Blasianer Mönchen aus Einsiedeln mitgebracht" worden — „doch führen solche Überlegungen bekanntlich nicht zurück zum Ursprung." [156] Es muß also offen bleiben, ob das Sakrament direkt oder auf dem Umweg über ein anderes Kloster von der Reichenau nach St. Blasien kam.

Ebenfalls zum alten Fremdbestand der St. Blasianer Klosterbibliothek gehört eine zweite kostbare liturgische Handschrift: Das Evangelistar *Hs. St. Paul 21/1 (25. 2. 32)*, welches im 11. Jahrhundert in Südwestdeutschland entstanden ist, wurde wohl kaum in St. Blasien geschrieben, wie die ältere Forschung vermutete.[157] Die Handschrift gelangte allerdings bereits früh in die Bibliothek des Schwarzwaldklosters.[158]

[152] Eisler, Handschriften Nr. 89, S. 113-120 mit Fig. 67-75, ebda. S. 114: „Ausgeschlossen ist keinesfalls ... St. Blasien ..."

[153] Vgl. Holter, St. Paul, S. 361: „Reichenau, 10./11. Jh. (?)" und 364 mit der dort angegebenen älteren Literatur.

[154] v. Euw, Sakramentar (mit zahlreichen Abb.), S. 387.

[155] Vgl. oben S. 43 f.

[156] v. Euw, Sakramentar, S. 365 mit Anm. 9.

[157] Eisler, Handschriften Nr. 48, S. 94.

[158] Holter, St. Paul, S. 364; Abbildungen: ebda. S. 365 Abb. 505 (= f. 1^{v}), S. 375 Abb. 535 (= Initiale von f. 2^{r}).

β) Möglicherweise alter Fremdbestand

Bei einigen mittelalterlichen Codices der St. Blasianer Klosterbibliothek ist nicht mehr feststellbar, ob sie bereits im Mittelalter der Bibliothek des Schwarzwaldklosters angehörten oder später erworben wurden.

Zu diesen Büchern zählt die *Hs. St. Paul 22/1 (25. 2. 18)*, welche die ‚Panormia' des Ivo von Chartres, eine im Mittelalter weitverbreitete kirchenrechtliche Sammlung, enthält.[159] Wenn diese, vielleicht um die Wende vom 11. zum 12. Jahrhundert in Frankreich geschriebene Handschrift bereits im hohen Mittelalter nach St. Blasien gelangt wäre — was aber nicht erwiesen ist —, so hätten wir ein bemerkenswertes Zeugnis für kirchenrechtliche Interessen in St. Blasien. Es liegt nahe, an die kanonistischen Bemühungen Bernolds von Konstanz zu denken, der sich gegen Ende des 11. Jahrhunderts (1085-ca. 1091) mehrere Jahre in St. Blasien aufhielt.[160] Man muß sich jedoch vor vorschnellen Schlüssen hüten, solange nicht sicher ist, wann die Hs. St. Paul 22/1 nach St. Blasien kam, und eine neuzeitliche Erwerbung nicht ausgeschlossen werden kann.

Da die Hs. St. Paul 22/1 bisher so gut wie unbekannt ist und daher von der Kanonistik unbeachtet blieb, soll sie im folgenden eingehender behandelt werden als die übrigen nicht in St. Blasien geschriebenen Handschriften. Auf der oberen Hälfte des wohl ursprünglich leeren (Vorsatz-)Blattes f. 1^{r} wurde von einer der Haupthand des Codex nahestehenden Hand der Brief Papst Gregors VII. vom März 1075 an den Erzbischof Siegfried von Mainz (JL 4931) eingetragen. In diesem Brief teilt Gregor die Beschlüsse der römischen Fastensynode des Jahres 1075 mit, nach denen simonistische oder unzüchtige Priester weder Messen feiern noch kirchliche Ämter bekleiden dürfen. Die zweite Hälfte des Briefes (ab *tibi scribendum fore arbitrati sumus nos iuxta auctoritatem sanctorum patrum in nostra synodo sententiam*

[159] P. Brommer, Unbekannte Fragmente von Kanonessamlungen im Staatsarchiv Marburg, in: Hess. Jb. für Landesgeschichte 24 (1974), S. 228-233 gibt ebda. S. 232 Anm. 16 eine „auf der Durchsicht der gängigen Handschriftenkataloge" beruhende „vorläufige Liste" der erhaltenen mittelalterlichen Panormia-Hss. (ohne Erwähnung der St. Pauler Hs.).

[160] Zu Bernold vgl. unten S. 65 f.; zu kanonistischen Aktivitäten in Südwestdeutschland vgl. J. Autenrieth - R. Kottje, Kirchenrechtliche Texte im Bodenseegebiet. Mittelalterliche Überlieferung in Konstanz, auf der Reichenau und in St. Gallen (Vorträge und Forschungen, Sonderbd. 18, Sigmaringen 1975).

dedisse, ut hi qui per symoniacam heresim ...) stimmt fast wörtlich mit dem Brief Gregors VII. an Bischof Otto von Konstanz überein (JL 4933), den Bernold in seine Schrift ‚Apologeticus' cap. 1 einfügt.[161] Unter diesem teilweise kaum noch lesbaren und später mit schwarzer Tinte nachgezeichneten Text finden sich noch kleinere Stücke kanonistischen Inhalts (ebenso auf f. 1^{v}).

Den Hauptteil des Codex (f. 7^{v}-83^{v}) bildet die ‚Panormia' des Ivo v. Chartres (PL 161, 1045-1338). Vorangestellt (f. 2^{r}-6^{r}) ist der Prolog zum ‚Dekret' (PL 161, 47-60), eine Inhaltsübersicht über die ‚Panormia' (f. 6^{rv}; PL 161, 1043-1046) und eine im Unterschied zum sonst einspaltig geschriebenen Text zweispaltig geschriebene capitulatio (f. 6^{v}-7^{v}). Am Ende der Hs. findet sich ein größerer Text (f. 84^{r}-89^{v}), dessen Beginn mit dem bei Migne, PL 96, 1375-1380 unter der Überschrift „Commonitorium cuiusque episcopi ad sacerdotes ..." eines „Anonymi saec. VIII." abgedruckten Textes übereinstimmt (f. 84^{r}: *Fratres sacerdotes domini cooperatores nostri ordinis estis ...* — f. 84^{v}: *... id est epactas concurrentes, regulares, terminos, martyrologium, penitentialem unusquisque habet*). In der Hs. St. Paul 22/1 endet der Text jedoch nicht mit der zitierten Stelle, sondern geht weiter: *Sicut sacrificium offere non debet nisi episcopus aut presbyter quibus claves cęlestis regni* ... bis f. 87^{r}, wo nach den Worten *... superesticio a paganis ad inventa longe debet esse a religione christiana* ein Absatz zu sein scheint. Der neue Abschnitt beginnt: *Non debent christiani secundum traditionem gentilium venerari solem et lunam, nec observare cursum stellarum* ... und endet auf der letzten Seite der Hs. (f. 89^{v}): ...; *similiter causa in muliere servabitur, si eam vir eius adulterat.* Es folgen kleinere, nicht sehr viel später nachgetragene Texte u. a. aus Hraban und Johannes Chrysostomus.

Ebenso unklar wie bei der behandelten Ivo-Handschrift St. Paul 22/1 ist der Zeitpunkt der Erwerbung für die St. Blasianer Bibliothek beim Legendar *Hs. St. Paul 23/1 (25. 4. 9b)*, welches der Schrift nach aus dem 12. Jahrhundert stammt.[162] Außer der negativen Aussage, daß

[161] Libelli Bernaldi presbyteri et monachi, MGH Libelli de lite 2, S. 60 f.; zu den drei Gregor-Briefen JL 4931-4933 vom März 1075 vgl. E. Caspar (Hg.), Das Register Gregors VII. (MGH Epistolae selectae in us. schol. II, Berlin ²1955), S. 183 Anm. 4 mit der dort angegebenen älteren Literatur.

[162] Vgl. Eisler, Handschriften, S. 102 und Holter, St. Paul, S. 364 mit Abb. 531 (= Initiale von f. 1^{r}), wo die Hs. unkorrekt „Martyrolog" genannt wird; zur Terminologie vgl. Fiala - Irtenkauf, Nomenklatur, S. 124.

nichts für eine Entstehung in St. Blasien spricht, kann nichts über die Herkunft dieses Codex ausgesagt werden.[163]

Ähnlich verhält es sich mit dem Psalterium *Hs. St. Paul 26/1 (25. 2. 31a)*, für das in der älteren Forschung noch eine Entstehung in St. Blasien in Betracht gezogen wurde.[164] Die Untersuchung der Litanei zeigte jedoch, daß diese Hs. auf keinen Fall in St. Blasien entstanden sein kann.[165] Da sie in gotischer Schrift geschrieben ist, liegt sie auch außerhalb des von uns behandelten Zeitraums.

Die *Hs. St. Paul 30/1 (25. 3. 48)*, welche den Ecclesiastes-Kommentar des Hugo von St. Victor enthält, wurde in Engelberg zur Zeit des Abtes Frowin (1147-1178) hergestellt.[166] Paul Lehmann vermutete, dieser Codex sei „von vorneherein für St. Blasien bestimmt gewesen." [167] Die Hs. scheint auf jeden Fall vor dem großen Klosterbrand von 1768 in St. Blasien gewesen zu sein.[168]

γ) Neuzeitliche Erwerbungen mittelalterlicher Codices für die Bibliothek von St. Blasien

Neben den zuletzt behandelten Handschriften, bei denen eine Zugehörigkeit zur mittelalterlichen Bibliothek von St. Blasien nicht auszuschließen ist, sind noch mehrere mittelalterliche Codices zu erwähnen, welche mit ziemlicher Sicherheit erst in der Neuzeit für St. Blasien erworben wurden.

Die *Hs. St. Paul 14/1 (25. 2. 25)*, ein Missale des 11. Jahrhunderts, wurde von Robert Eisler für möglicherweise sankt-blasianisch gehal-

[163] Zu diesem Ergebnis kam auch Herr Dr. Wolfgang Irtenkauf (Stuttgart) (briefl. Mitteilung vom 19. 5. 1978), den ich um eine Analyse der Heiligen des Legendars bat.

[164] Eisler, Handschriften, S. 92 mit Fig. 47-48 (= f. 61^{v}, 62^{r}).

[165] Irtenkauf, Über die Herkunft, S. 37 Anm. 57: „die Heiligen weisen auf eine andere Provenienz"; ohne Kenntnis dieser Ausführungen: Holter, St. Paul, S. 364: „St. Blasien (?), 12./13. Jh."

[166] Bruckner, Engelberg, S. 130; Holter, St. Paul, S. 366.

[167] P. Lehmann (Bearb.), Mittelalterliche Bibliothekskataloge Deutschlands und der Schweiz. Bd. 1: Die Bistümer Konstanz und Chur (München 1918; Nachdr. 1969), S. 29.

[168] T. Neugart, Episcopatus Constantiensis Alemannicus ... I/2 (Freiburg i. Br. 1862), S. 165: „In bibliotheca S. Blasii ante incendium a. 1768 unicus exstitit codex membranaceus manu B. Frowini scriptus (!), Hugonis commentarium in ecclesiasten, et Rogerii Grimwaldi controversias cum Berengario continens."

ten.[169] Ernest T. DeWald konnte jedoch zeigen, daß die Heiligen des Kalendars, die *dedicatio ecclesiae* zum 13. Oktober (fol. 92^v), sowie die Hervorhebung des hl. Mauritius, eines Hauptpatrons des Klosters Einsiedeln, eindeutig auf diese Abtei hindeuten, und daß das St. Pauler Missale eng mit vergleichbaren Erzeugnissen des Einsiedler Skriptoriums verwandt ist.[170] Die in der 2. Hälfte des 11. Jahrhunderts entstandene Hs. St. Paul 14/1 wurde also erst später für die St. Blasianer Klosterbibliothek erworben.[171]

Der Zeitpunkt des Erwerbs ist unbekannt. Falls der spätmittelalterliche Nachtrag des hl. Findan in das Kalendar (fol. 94^r, zum 17. Nov.) in St. Blasien vorgenommen wurde,[172] könnte die Hs. bereits im Mittelalter in das Schwarzwaldkloster gelangt sein.[173] Es ist jedoch möglich, daß der Codex erst im 18. Jahrhundert von St. Blasien erworben wurde.[174] Für eine solche Annahme scheinen die drei, heute in St. Paul aufbewahrten, neuzeitlichen St. Blasianer Handschriftenkataloge zu sprechen.[175] Das erste der drei handschriftlichen Verzeichnisse, welches wohl unmittelbar nach dem Klosterbrand von 1768 angefertigt wurde, erwähnt das Missale nicht. Im zweiten, wohl ebenfalls noch im 18. Jahrhundert verfaßten Katalog ist die Hs. als Nr. 11 aufgeführt.[176] Der dritte der drei Handschriftenkataloge, welcher von P. Trudpert Neugart zu Beginn des 19. Jahrhunderts nach Übersiedlung der St. Blasianer nach St. Paul erstellt wurde, führt den Codex als gekauft an.[176] Das Missale wurde also vermutlich nach 1768, vielleicht unter Martin Gerbert (1764-1793), für die St. Blasianer Bibliothek erworben.

169 Eisler, Handschriften Nr. 43 S. 89 f. mit Fig. 44 (= Initiale auf f. 169^r) und 45 (= Initiale auf f. 254^r): „vielleicht in St. Blasien im Stile der Reichenauer Schule geschrieben".

170 E. T. DeWald, The Art of the Scriptorium of Einsiedeln, in: The Art Bulletin 7 (1925), S. 78-90 mit folgenden Abb. aus der Hs. St. Paul 14/1: Plate LVI Fig. 1: stark verkleinerte Abb. von fol. 92^v (ebda. irrig: „91^v"), Fig. 2: stark verkleinerte Abb. von fol. 168^r, Fig. 3: Ausschnitt (D-Initiale) von fol. 170^v, Fig. 4: Ausschnitt (A-Initiale) von fol. 228^r.

171 Unberücksichtigt blieben diese Erkenntnisse bei Holter, St. Paul, S. 361: „Bodenseegebiet (wohl kaum St. Blasien)".

172 So die Vermutung von DeWald a.a.O., S. 81.

173 Tüchle, Dedicationes, S. 108: „Der Kult war immer lokal beschränkt."

174 Die beiden necrologischen Einträge zum 27. 1. (*Gv̊tta l. ob.*; fol. 83^v) und zum 13. 5. (*Bvrckhardus l. ob.*; f. 87^r), welche ihrer Schrift nach etwa dem 14. Jh. angehören, konnten bisher nicht lokalisiert werden.

175 Preisendanz, Bibliotheksgeschichte, S. 72 f.

176 Ebda. S. 130.

Neuzeitliche Erwerbungen sind wohl auch die *Hss. St. Paul 17/1 (25. 3. 20)* und *24/1 (25. 2. 27)*. Die Hs. St. Paul 17/1 enthält die ‚Passio et miracula S. Fidis' (BHL 2928, 2942) und gehört ihrer Schrift nach in die zweite Hälfte des 12. Jahrhunderts. Sie ist in einen braunen Lederband des 18. Jahrhunderts eingebunden, auf dessen vorderem Papier-Spiegelblatt zu lesen ist: *Bibl. S. Blasii. A° 1722.*[177] Die Hs. ist unvollständig: f. 4-6 wurden im 17. oder 18. Jahrhundert ergänzt; zwischen f. 17 und 18 fehlen, wie die Lagenbezeichnungen zeigen, zwei, zwischen f. 25 und 26 fünf, am Ende ca. zwei Quaternionen.

Den hauptsächlichen Inhalt der Hs. St. Paul 24/1, welche einen ähnlichen Einband wie 17/1 trägt, bilden Streitschriften Bernolds von Konstanz (f. 1^r-29^v).[178] Der in der zweiten Hälfte des 12. Jahrhunderts geschriebene Codex ist unvollständig. Aus den Lagenbezeichnungen geht hervor, daß zwischen fol. 16 und 17 ein Quaternio verloren ist. Unmittelbar nach dem Ende der Bernold-Texte (f. 29^v) trug dieselbe Hand, die die vorhergehenden Seiten schrieb, einen Brief des Petrus Damiani ein (PL 145, 191). In einer der Haupthand sehr ähnlichen Schrift wurden auf f. 29^v-30^v kleinere kanonistische Texte nachgetragen.

Unbekannt ist der Zeitpunkt der Erwerbung der *Hs. St. Paul 79/1 (25. 1. 10)*. Sie enthält eine ‚Vita S. Udalrici' (f. 1^v-2^v), eine Vita des Abtes Hugo von Cluny (f. 146^v-148^r; BHL 4010), sowie verschiedene Bibeltexte mit Prologen des Hieronymus.[179]

Unklar ist auch die Herkunft der Fragmente *St. Paul 905/0*, der sog. ‚St. Pauler Bruchstücke' aus der Psalmenübersetzung Notkers des Deutschen oder deren Fortsetzung.[180] Ob die drei Pergamentblätter in St. Blasien geschrieben wurden, wie die germanistische Forschung

177 Eisler, Handschriften Nr. 54, S. 98 f. mit Fig. 53 (= f. 1^r); Holter, St. Paul, S. 361; Bober, St. Blasien Psalter, S. 23 datierte die Hs. auf Grund der Zeichnung auf f. 1^r in das frühe 13. Jh.

178 Vgl. die Einleitung von Thaner in MGH Libelli de lite 2, S. 1 ff., bes. S. 4, wo die Hs. St. Paul 24/1 als Nr. 9 genannt ist.

179 Holter, St. Paul, S. 382 mit Abb. 532 (= Initiale auf f. 149^v) und 534 (= Initiale auf f. 33^v): „Oberdeutsch, 12./13. Jh." (ohne Erwähnung der Viten und der Hieronymus-Prologe).

180 H. Gröchenig - G. Hödl - E. Pascher, Handschriftenfragmente von 500-1500 (Armarium. Beiträge zur Kodikologie und zu den Historischen Hilfswissenschaften 1, St. Paul i. L. 1977) Nr. 19, S. 95-98.

annimmt,[181] ist zweifelhaft. Neuerdings wurde vermutet, die Bruchstücke seien im 12. Jahrhundert in St. Gallen entstanden.[182] Die Lokalisierung der Fragmente nach St. Gallen ist jedoch ebenso unsicher wie die Datierung ins 12. Jahrhundert.[183] Die als „frühgotische Minuskel" bezeichnete Schrift könnte ebensogut bereits dem 13. Jahrhundert angehören.[184] Wo sie geschrieben wurde, ist bisher nicht überzeugend nachgewiesen. Ebenfalls offen ist die Frage, wie und wann die Bruchstücke nach St. Blasien kamen. Es liegt jedoch nahe, einen Zusammenhang mit den liturgiegeschichtlichen Bemühungen Martin Gerberts zu vermuten.

3. Angeblich von St. Blasien in andere Bibliotheken gelangte Handschriften

Mehrere mittelalterliche Handschriften aus Klöstern, welche im Mittelalter mit St. Blasien in Verbindung standen, wurden dem Skriptorium des Schwarzwaldklosters zugeschrieben: ein Kalendarfragment und eine Handschrift mit einer Passio S. Blasii aus dem von St. Blasien aus reformierten Stift Göttweig, ferner mehrere Codices des unter dem aus St. Blasien gekommenen Abt Frowin aufblühenden Klosters Engelberg.

181 A. Holder, St. Pauler Bruchstücke aus Notkers Psalter, in: Germania 21 (1876), S. 129-134, ebda. S. 129; P. Piper, Die Schriften Notkers und seiner Schule. Bd. 2 (Freiburg i. Br.-Tübingen 1883), S. XIII; E. H. Sehrt - T. Starck (Hgg.), Notkers des Deutschen Werke III/1 (Altdeutsche Textbibliothek 40, Halle/Saale 1952), S. VII; A. L. Lloyd jr., The Manuscripts and Fragments of Notker's Psalter (Beiträge zur deutschen Philologie 17, Gießen 1958), S. 10: „originally from St. Blasien"; H. de Boor - R. Newald, Geschichte der deutschen Literatur von den Anfängen bis zur Gegenwart. Bd. 1 (München ^{7}1966), S. 118.

182 Gröchenig-Hödl-Pascher, Fragmente, S. 95.

183 Vgl. die Abb. des ersten der drei Blätter ebda. S. 96.

184 Vgl. die Abb. von St. Galler Hss. des 12. Jhs. bei A. Bruckner, Scriptoria medii aevi helvetica 3: St. Gallen II (Genf 1938), Tafel XLVII (Cod. Sangall. 344 p. 22) und Tafel L (Cod. Sangall. 361 p. 12).

a) *Göttweig*

Unter den von St. Blasien aus reformierten Klöstern nimmt das niederösterreichische Stift Göttweig eine Sonderstellung ein, da es später selber eine reformerische Ausstrahlung entwickelte. 1083 als bischöflich-passauisches Augustinerchorherrenstift gegründet, wurde es im Jahre 1094 von St. Blasien aus reformiert.[185] Der St. Blasianer Prior Hartmann — vorher Propst des Augustinerchorherrenstifts St. Nikolaus in Passau und Hofkaplan des Gegenkönigs Rudolf von Rheinfelden — wurde Abt des in ein Benediktinerstift umgewandelten Klosters in der Wachau. Nach der Vita Altmanni soll er hier eine Schreib- und Malschule gegründet haben.[186] Da Hartmann vermutlich auch Bücher aus der Bibliothek seines Mutterklosters St. Blasien mitbrachte, hat man unter den Handschriften der Göttweiger Klosterbibliothek solche St. Blasianer Ursprungs gesucht.

α) Hs. Göttweig 9, fol. 62:
Ein „Calendarfragment des Stiftes St. Blasien im Schwarzwald von 1076"?

Zu Beginn dieses Jahrhunderts (1902) edierte P. Adalbert F. Fuchs im Anhang des dritten Bandes der ‚Urkunden und Regesten zur Geschichte des Benedictinerstifts Göttweig' ein Kalendarfragment, welches er dem Kloster St. Blasien zuwies.[187] Da die Schrift des die Monate März und April umfassenden Stücks in das dritte Viertel des 11. Jahrhunderts weise, könne es wegen der „Ansetzung des Osterfestes am 27. März mit der Angabe des Sonntagsbuchstabens B" nur in den Jahren 1065 oder 1076, in denen Ostern auf den 27. März fiel,

[185] Vgl. Jakobs, Adel, S. 113 ff.

[186] Vita Altmanni episcopi Pataviensis, MGH SS 12, cap. 40, S. 241: *Hic honorem loci aedificiis, libris, picturis, palliis et religiosis viris ampliavit, . . .;* cap. 41, S. 242: *Erant sub eo et alii viri praedicandi, ingenio et artibus praediti, scriptores, pictores, sculptores, fusores, et aliis artibus praeclari.* — Zur Göttweiger Malschule vgl. G. Swarzenski, Die Salzburger Malerei von den ersten Anfängen bis zur Blütezeit des romanischen Stils (Leipzig 1913, Stuttgart ²1969). Textband S. 154.

[187] A. F. Fuchs (Hg.), Urkunden und Regesten zur Geschichte des Benedictinerstiftes Göttweig. III: 1468-1500, Anhang: Das Necrologium, der Catalogus Abbatum und die Calendarien . . . (Fontes rerum Austriacarum II, 55, Wien 1902), S. 807-873 und 939 f.

abgefaßt worden sein.[188] Das Vorkommen sowohl spezifisch italienischer als auch süddeutscher Heiligen lasse vermuten, daß einer der beiden 1068 nach Fruttuaria entsandten St. Blasianer Mönche Uto und Rusten es „wahrscheinlich noch zur Zeit seiner Anwesenheit in Fruttuaria 1076 verfaßt" habe.[189] 1094 sei das Kalendar dann bei der Reformierung Göttweigs durch St. Blasien aus dem Schwarzwaldkloster mitgebracht worden.[190]

Dieser These wird jedoch durch mehrere Beobachtungen der Boden entzogen: Zunächst weist die Schrift nicht ins 11., sondern eindeutig ins 12. Jahrhundert. Weiter ist der 27. März das in mittelalterlichen Kalendarien übliche, ‚symbolische Osterdatum' und kann nicht als Datierungskriterium verwandt werden.[191] Ferner zeigen die im Fragment genannten Heiligen, daß das Kalendar nicht in St. Blasien bzw. Fruttuaria entstanden sein kann: [192] Sie weisen vielmehr auf die Gegend zwischen Freising und Salzburg, was besonders die Gruppe vom 24. bis 27. März deutlich macht: Zum 25. 3. wird der hl. Quirinus genannt, dessen Gebeine 764 zur Gründung eines Klosters nach Tegernsee übertragen wurden, zum 26. 3. der hl. Castulus, dessen Reliquien im Mittelalter in Moosburg verehrt wurden, dann zum 27. 3. der hl. Rupert, der Apostel Bayerns.

Zusammenfassend kann festgestellt werden, daß das 34,9 x 22,5 cm große Pergamentblatt, das als fol. 62 in die verschiedene Fragmente des 6. bis 16. Jahrhunderts enthaltende Sammelhandschrift Göttweig 9 eingebunden ist, vermutlich aus einem süddeutsch-österreichischen Kalendar des 12. Jahrhunderts stammt,[193] mit Sicherheit aber nicht aus St. Blasien.

[188] Ebda. S. 872 f.

[189] Ebda. S. 871 f.

[190] Ebda. S. 873.

[191] Vgl. Fiala-Irtenkauf, Nomenklatur, S. 131.

[192] Vgl. das bei Irtenkauf, Noch einmal, S. 68-75 edierte St. Blasianer Kalendar von 1491 (Hs. St. Paul 64/1). — Laut briefl. Mitteilungen von Herrn Dr. W. Irtenkauf (Stuttgart) vom 20. 6. und 18. 7. 1977 stammt das Fragment wohl nicht aus einem benediktinischen Kalendar, da Benedikt nur mit dem Zusatz *confessor* bedacht ist (— und nicht *abbas* —) und auch der allgemeine Eindruck gegen eine Herkunft aus einem Benediktinerkloster spreche.

[193] Vielleicht helfen die fünf necrologischen Zusätze bei der Ermittlung des Herkunftsortes: 4. 3. *Uvalchûn pbr. ob.*, 5. 3. *Egino pbr. ob.* (beide mit brauner Tinte von der Kalendarhand); in roter Tinte von zeitgenössischer Hand nachgetragen: 5. 3. *Albrich ȸ*, 12. 3. *Irmingart ȸ*, 19. 3. *Benedicta ȸ*. — Im ältesten Necrologfragment von Kremsmünster (MGH Necrologia 4, S. 197; A. Altinger,

β) Hs. Göttweig 109

Auch beim Codex 109 der Stiftsbibliothek Göttweig war man der Auffassung, er sei aus St. Blasien mitgebracht worden.[194] Die 154 Blatt starke Handschrift (27,1 x 20,1 cm) enthält eine ‚Passio S. Blasii' (f. 1^r-9^v; BHL 1377), die vier Bücher der Dialoge Gregors des Großen (f. 10^r-133^v), sowie eine ‚Vita S. Basilii' (f. 133^v-154^v; BHL 1023). Am Ende des Textes auf f. 154^v schrieb eine der Texthand zeitgenössische Hand mit roter Tinte: *Iste liber est Sanctae Mariae Gothewic.* Die Schrift des Codex weist in die zweite Hälfte des 12. Jahrhunderts. Georg Swarzenski vermutete, er sei „in Göttweih selbst, nach der Mitte des 12. Jahrhunderts entstanden, etwa in der Zeit des Abtes Johannes, der 1157 aus Admont nach Göttweih berufen wurde." [195] Da die Handschrift keine Hinweise auf eine mögliche Entstehung in St. Blasien enthält, muß man wohl annehmen, daß sie in der zweiten Hälfte des 12. Jahrhunderts in Göttweig geschrieben wurde.

γ) Hs. Göttweig 53b (früher: Lambach 106)

Die Hs. Göttweig 53b befand sich bis zum Jahre 1929 als Hs. 106 in der Stiftsbibliothek zu Lambach.[196] Sie enthält die ‚Consuetudines Fructuarienses' und bildete die Grundlage für die Edition von Bruno Albers.[197] Albers vertrat die Auffassung, die Hs. stamme, ebenso wie die dieselben Consuetudines enthaltende Ochsenhauser Hs. Königswart

Die zwei ältesten Nekrologien von Kremsmünster, in: Archiv für österreichische Geschichte 84, 1898, S. 1-135, ebda. S. 20) findet sich zum 5. 3. ebenfalls ein *Egino pbr.* und ein *Albrich l.*

194 G. M. Lechner - H. Fasching, Stift Göttweig und seine Kunstschätze (St. Pölten-Wien 1977), S. 78.

195 Swarzenski, Salzburger Malerei, S. 154; K. Welker, Art. Blasius von Sebaste, in: Lexikon der christlichen Ikonographie Bd. 5 (Rom u. a. 1973), Sp. 419 datiert die Miniatur auf f. 1^r (Abb. ebda.), in der das Martyrium des hl. Blasius dargestellt wird, ohne Angabe von Gründen in das „1. Drittel 12. Jh."

196 K. Hallinger (Hg.), Corpus Consuetudinum Monasticarum Bd. 1 (Siegburg 1963), S. LXV.

197 B. Albers (Ed.), Consuetudines Fructuarienses necnon ... (Consuetudines monasticae 4, Monte Cassino 1911), S. 1-191.

20. G. 24 (= Kynžvart 58) aus St. Blasien.[198] Ursmer Berlière nahm an, die ehemalige Lambacher Hs., die er auf 11. bis 12. Jahrhundert datierte, sei eine Abschrift des verlorenen St. Blasianer Exemplars der Consuetudines.[199] Der auf f. 57^{v} mitten im Consuetudines-Text genannte *Uto abbas*, der von Albers vergeblich unter den Äbten des Klosters Fruttuaria gesucht worden war,[200] konnte von Berlière mit Abt Uto von St. Blasien identifiziert werden. Kurt Holter gab 1959 — ohne Erwähnung der Ausführungen von Albers und Berlière — Lambach als Entstehungsort des Codex an und datierte ihn ins „12./13. Jahrhundert".[201] Im allgemeinen folgte man jedoch der Auffassung von Albers und Berlière, ohne auf die Frage der Schriftheimat der Hs. näher einzugehen.[202]

Die Durchsicht des Mikrofilms der Hs. ergab keine Hinweise auf eine mögliche Entstehung in St. Blasien.[203] Die nahtlose Einfügung einer Verordnung des Abtes Uto von St. Blasien in den Consuetudines-Text läßt jedoch vermuten, daß die Göttweiger Hs. eine Abschrift einer verlorenen St. Blasianer Consuetudines Hs. bzw. deren Abschrift ist. Ob die im Rahmen des ‚Corpus Consuetudinum Monasticarum' geplante Neuedition der Fruttuarischen Mönchsgewohnheiten neue Erkenntnisse zu dieser Frage bringt, bleibt abzuwarten.

[198] Ders., Untersuchungen zu den ältesten Mönchsgewohnheiten (Veröffentlichungen aus dem Kirchenhistorischen Seminar München II/8, München 1905), S. 73, wo die Hs. als „Cod. Lambac. 309" zitiert wird.

[199] U. Berlière, Coutumiers monastiques, in: Revue Bénédictine 29 (1912), S. 357-367, ebda. S. 357 f.

[200] Albers, Consuetudines, S. 141.

[201] K. Holter, Die Handschriften und Inkunabeln, in: E. Hainisch (Bearb.), Die Kunstdenkmäler des Gerichtsbezirkes Lambach (Österreichische Kunsttopographie 34, Wien 1959), S. 213-270, ebda. S. 248.

[202] Irtenkauf, Über die Herkunft, S. 30 Anm. 32; G. Penco, Le ‚Consuetudines Fructuarienses', in: Monasteri in alta Italia dopo le invasioni Saracene e Magiare (sec. X-XII.) (Turin 1966), S. 137-155, ebda. S. 147 ff.

[203] Eine Autopsie der Hs. war mir nicht möglich, da der Codex bei meinem Besuch in Göttweig am 23. 9. 1977 nicht auffindbar war.

b) *Engelberg*

Das 1120 gegründete und von Muri aus besiedelte Kloster in der Innerschweiz wurde wenige Jahrzehnte nach seiner Gründung von St. Blasien aus reformiert.[204] Im Jahre 1147 wurde Frowin, ein Konventuale des Schwarzwaldklosters, zur „Wiederherstellung der zerrütteten Zucht zum Abt von Engelberg gemacht." [205] Unter seinem Abbatiat (ca. 1147-1178) begründete er die später nach ihm benannte Engelberger Schreib- und Malschule und führte das Kloster zu einer kulturellen Blüte.

Bruckner versuchte im Anschluß an die ältere Forschung diesen plötzlichen Aufschwung des geistigen Lebens in Engelberg damit zu erklären, daß Frowin Schreiber seines Mutterklosters St. Blasien mitgebracht und „die sanblasianische Schreib- und Malkunst nach Engelberg" verpflanzt habe.[206] Diese Auffassung gründet jedoch auf reinen Vermutungen und kann einer kritischen Überprüfung nicht standhalten.[207] Bruckner ging sicher zu weit, wenn er glaubte, die Engelberger Schriften der Frowin-Zeit könnten die Grundlage einer Erforschung der Schreibschule von St. Blasien bilden.

Auf Grund der engen Beziehungen zwischen Engelberg und St. Blasien wurde für die folgenden Engelberger Codices eine Herstellung im Skriptorium des Schwarzwaldklosters in Betracht gezogen:

Hs. Engelberg 66

Die Hs. enthält eine „Interpretatio vocabulorum sacrae scripturae ..." mit deutschen Glossen. In der germanistischen Forschung

[204] Vgl. Bruckner, Engelberg, S. 13 ff. mit der dort angegebenen älteren Literatur.

[205] Ebda. S. 19. Vgl. auch oben S. 2 Anm. 9.

[206] Ebda. S. 20; F. Güterbock, Engelbergs Gründung und erste Blüte 1120-1223 (Zürich 1948), S. 49.

[207] Eine Nachprüfung der von Bruckner (Engelberg, S. 23 Anm. 20) als „sanblasianische Schriften aus der 1. H. des 12. Jhs." bezeichneten Einträge (Hs. Einsiedeln 116 p. 2-3; Hs. Einsiedeln 149, p. 1-2; Hs. Einsiedeln 256, p. 2-4, 381-392; Hs. Einsiedeln 319, p. 39 etc.; Hs. Einsiedeln 356, p. 61 etc.) ergab keine Hinweise darauf, daß sie von St. Blasianer Schreibern stammen. Sie sind in schrägovaler karolingischer Minuskel des 12. Jhs. geschrieben und weisen keine besonderen Merkmale auf. Abb.: Bruckner, Engelberg Tafel I: Hs. Einsiedeln 116, p. 2 (Ausschnitt), Hs. Einsiedeln 149, p. 2 (Ausschnitt), Hs. Einsiedeln 256, p. 2 (Ausschnitt), Hs. Einsiedeln 319, p. 39 (Ausschnitt).

wurde sie als möglicherweise aus St. Blasien stammend angesehen.[208] Für eine solche Annahme gibt es jedoch in diesem, von Bruckner dem sog. ‚Engelberger Meister' zugewiesenen,[209] in gotischer Minuskel geschriebenen Codex keine Anhaltspunkte.

Hs. Engelberg 91

Bruckner datierte die in gotischer Schrift geschriebene Hs. mit der Summa ‚De ecclesiasticis officiis' des Johannes Beleth in das Ende des 12. Jahrhunderts und schloß eine Herkunft aus St. Blasien nicht aus. Der Codex sei zwar „ziemlich früh, vielleicht im frühen 13. Jahrhundert nach Engelberg gekommen," jedoch „nicht sicher in Engelberg schriftbeheimatet." [210] Anlaß zur Vermutung einer möglichen Entstehung in St. Blasien gab der auf f. 47^{r} „marginal zum Fest des hl. Blasius (im Text)" befindliche „Eintrag betr. den gleichen Heiligen." [211]

Bruckners Datierung der Schrift ist unzutreffend. Die in bereits voll entwickelter gotischer Minuskel geschriebene Hs. wurde nicht vor dem 13. Jahrhundert angefertigt. Der von Bruckner angeführte Marginaleintrag [212] spricht nicht gegen eine mögliche Anfertigung des Codex

[208] E. Steinmeyer - E. Sievers, Die althochdeutschen Glossen Bd. 4 (Berlin 1898), S. 427; weitere Literatur bei Bergmann, Verzeichnis Nr. 138, S. 18; R. Reiche, Ein rheinisches Schulbuch aus dem 11. Jahrhundert. Studien zur Sammelhandschrift Bonn UB S 218 (Münchener Beiträge zur Mediävistik und Renaissance-Forschung 24, München 1976), S. 397.

[209] Bruckner, Engelberg, S. 57 und 122 (Hs.beschreibung): „Interpretatio vocabulorum sacrae scripturae et s. Hieronymi et aliorum ss. Patrum scriptis collecta. — Glossatorium litteras A, B, C complectans ... vom Engelberger Meister"; kritisch zu Bruckner jetzt Stöckli, Engelberg, S. 17: „Bruckner gibt in bezug auf den ‚Engelberger Meister' vor allem im Handschriftenverzeichnis seine vorsichtige Zurückhaltung weitgehend auf; er schreibt dem Meister ... zu viele verschiedenartige Schriftdokumente und Illustrationen zu. Auch die zeitlichen Einordnungsversuche können kaum durchweg überzeugen."

[210] Bruckner, Engelberg, S. 61 Anm. 63.

[211] Ebda: „... ein Hinweis auf St. Blasien als Herkunftsort des Codex"; Abdruck dieses in zierlicher, der diplomatischen Minuskel nahestehender Schrift eingetragenen Gebets, in dem neben dem hl. Blasius auch die hl. Maria, eine Hauptpatronin Engelbergs, angerufen wird, in: Iohannis Beleth Summa de ecclesiasticis officiis, ed. H. Douteil (CC Cont. med. 41-41A, Turnhout 1976) 41, S. 76.

[212] Vgl. CC Cont. med. 41, S. 11* und 41A, S. 7*, wo die Hs. in das erste Viertel des 13. Jhs. datiert wird; ebda. 41, S. 109* f. Handschriftenbeschreibung (ohne Nennung von Bruckner!); zur Provenienz ebda. S. 110*: „wahrscheinlich ständig im Besitz des Stiftes Engelberg".

in Engelberg, da Engelbergs Liturgie stark von St. Blasien beeinflußt war.[213]

Hs. Engelberg 102

Über den Entstehungsort dieser, ein Kalendar (f. 3^{v}-11^{v}) und ein Directorium chori (f. 13^{v}-144^{r}) enthaltenden Hs. gibt es in der Forschung verschiedene Ansichten. Bruckner bezeichnete sie zwar als „unzweifelhaft aus der Frowin-Zeit" stammend und wies auf Einträge des ‚Engelberger Meisters' hin, legte sich aber nicht eindeutig auf eine Entstehung in Engelberg selbst fest.[214] Wolfgang Hafner stellte die These auf, der Codex 102 sei „nicht in Engelberg, sondern in St. Blasien geschrieben" worden.[215] Dies gehe aus den „Bestimmungen über die Psalmos familiares auf fol. 135^{v} ff." hervor, „wo mehrfach vom *festum*, resp. der *festivitas S. Blasii* die Rede ist." [216] Kürzlich zeigte jedoch Wolfgang Irtenkauf, daß das auf f. 3^{v} beginnende Kalendar der Hs. die Vermutung Bruckners hinsichtlich der Engelberger Entstehung des Codex „zur Gewißheit" verstärke.[217] Das Formular des Kalendars sei typisch sankt-blasianisch, was bei den engen Beziehungen zwischen Engelberg und dem Schwarzwaldkloster „keineswegs verwunderlich" sei.[218]

Die Handschrift enthält keinen sicheren Hinweis darauf, daß sie in St. Blasien angefertigt wurde. Die Nachträge und Zusätze zeigen, daß sie sich spätestens seit dem 13. Jahrhundert in Engelberg befand.[219]

[213] Vgl. die Ausführungen von Irtenkauf (wie unten Anm. 217) zur Hs. Engelberg 102.

[214] Bruckner, Engelberg, S. 126 f.; die Hs. enthält auf f. 3^{r} einen Frowin-Vers (vgl. ebda. S. 126); Bruckner vermerkt jedoch nicht, daß dieser Frowin-Vers nicht zeitgenössisch, sondern ein Nachtrag des 13. oder 14. Jhs. ist.

[215] W. Hafner, Der ‚Planctus Philippi regis' im Engelberger Codex 1003, in: Festschrift für Bernhard Bischoff, hgg. v. J. Autenrieth und F. Brunhölzl (Stuttgart 1971), S. 398- 405, ebda. S. 400.

[216] Ebda.

[217] W. Irtenkauf, Zum Stuttgarter Cantionarium HB I 95, in: Codices manuscripti 3 (1977), S. 22-30, ebda. S. 23.

[218] Ebda. — Die Ausführungen Hafners (wie oben Anm. 215) sind bei Irtenkauf nicht zitiert.

[219] Vgl. die ausführliche Inhaltsangabe der Hs. bei B. Gottwald, Catalogus codicum manu scriptorum qui asservantur in bibliotheca monasterii Engelbergensis (Freiburg i. Br. 1891), S. 116-119.

Hs. Engelberg 1003

Im Jahre 1963 wurde in Engelberg neben weiteren acht Handschriften ein Antiphonar des 12. Jahrhunderts wiederentdeckt, welches für ein Produkt des St. Blasianer Skriptoriums gehalten wurde. Hafner stellte die These auf, die „ganze Ausstattung" der Hs. weise nach St. Blasien, „wie Abbildungen aus St. Blasianischen Handschriften zeigen." [220] Die von Hafner zitierten, bei Durrer (verkleinert) abgebildeten „Initialen aus S. Blasianer Manuskripten in S. Paul in Kärnten" [221] sind jedoch nicht mit Sicherheit in St. Blasien entstanden. Nur zwei der bei Durrer aufgeführten Initialen stammen aus einer nachweislich in St. Blasien angefertigten Hs. (Hs. St. Paul 18/1, f. 114^{r}: P, 94^{r}: O) [222]; die übrigen sechs Anfangsbuchstaben entnahm Durrer der Hs. St. Paul 23/1 (f. 14^{v}: A, 1^{r}: E, 118^{v}: I, 227^{r}: E, 194^{r}: P, 108^{r}: H), die wohl kaum in St. Blasien hergestellt worden ist.[223] Somit ist Hafners, auf die ungeprüfte Übernahme von Durrers Angaben basierende Auffassung, die „ganze Ausstattung" der Engelberger Hs. 1003 weise nach St. Blasien, kaum noch haltbar.

Ein weiteres Argument für die Zuweisung der Hs. zu St. Blasien waren die Heiligen-Litaneien auf f. 87^{v}-89^{v}.[224] Da Blasius und Nikolaus stets „an bevorzugten Stellen" ständen und „gewiß mit Hinsicht auf Engelberg, wo Maria, Nikolaus und Leonhard als besondere Patrone verehrt werden ... in der ausführlichen Liste auf Nikolaus der Nicht-Bischof Leonhard vor dem hl. Ulrich" stehe, nahm Hafner an, „daß der Codex vom Kloster St. Blasien für Abt Frowin angefertigt wurde." [225] Diese Folgerung ist jedoch nicht überzeugend; wissen wir doch, daß liturgische Formulare aus St. Blasien auch in mit dem Schwarzwaldkloster eng verbundenen Klöstern übernommen wurden.[226]

[220] Hafner, Planctus, S. 400 Anm. 7: „... Robert Durrer, Die Maler- und Schreiberschule von Engelberg, Anzeiger für schweizerische Altertumskunde 3 (1901), 42-55, 122-176. — Abbildungen aus St. Blasianischen Handschriften s. daselbst 42, Fig. 43."

[221] Durrer, ebda. S. 42 Fig. 43. — Durrer gab nicht an, aus welchen St. Pauler Hss. die Initialen stammten.

[222] Vgl. oben S. 24 ff.

[223] Vgl. oben S. 52 f.

[224] Hafner, Planctus, S. 400.

[225] Ebda. — In der Litanei ist keiner der Heiligen graphisch besonders hervorgehoben (etwa durch Auszeichnungsschrift, rote Tinte oder einen Zusatz).

[226] Vgl. die Ausführungen von Irtenkauf zum Cod. 102 (wie oben Anm. 217), bes. S. 23.

Es ist also fraglich, ob die Engelberger Hs. 1003, ebenso wie die Hs. 102, die nach Hafner ihr „Gegenstück" darstellt,[227] in St. Blasien entstanden ist. Die Autopsie des Codex 1003 ergab keine sicheren Hinweise, die eine solche Annahme rechtfertigen. Zwar zeigen die federgezeichneten, teilweise ausgemalten Ranken-Initialen Ähnlichkeit mit denen der St. Blasianer Hs. St. Paul 18/1 und zeitgenössischen Ochsenhauser Handschriften, doch gehören solche Ranken-Initialen wohl zum Allgemeingut der schwäbischen Skriptorien dieser Zeit und reichen nicht aus, eine Herkunft aus St. Blasien wahrscheinlich zu machen.

Abschließend bleibt festzuhalten, daß die in Engelberg befindlichen Codices, welche für St. Blasien beansprucht wurden, ebenso wenig als Erzeugnisse des St. Blasianer Skriptoriums gesichert sind wie die oben behandelten Göttweiger Handschriften. Die Argumente für die Entstehung in St. Blasien erweisen sich nicht als überzeugend. Für die Engelberger Hss. 102 und 1003 ist eine Herstellung im Skriptorium des Schwarzwaldklosters zwar nicht völlig auszuschließen, andererseits gibt es aber auch keine sicheren Hinweise, die eine solche Annahme unterstützen könnten.

4. Zu den Handschriften aus dem Umkreis Bernolds von Konstanz

Einer der aktivsten Streiter der gregorianischen Partei des Investiturstreites im Südwesten Deutschlands, der Chronist und Publizist Bernold von Konstanz — auch Bernold von St. Blasien genannt —, hielt sich zwischen 1085 und ca. 1091 im Kloster St. Blasien auf.[228] Bernold wurde an der Domschule in Konstanz ausgebildet und ist dort in den 70er Jahren des 11. Jahrhunderts als Glossator nachweisbar.[229] Nach seinem Aufenthalt in St. Blasien (1085-ca.1091) ging er

[227] Hafner, Planctus, S. 400.

[228] J. Autenrieth, Art. Bernold von Konstanz, in: LThK 2 Sp. 259; I. S. Robinson, Art. Bernold von St. Blasien, in: Die deutsche Literatur des Mittelalters. Verfasserlexikon, begr. v. W. Stammler. 2. Aufl. Bd. 1 (Berlin-New York 1978), Sp. 795-798.

[229] Autenrieth, Domschule von Konstanz, S. 118 ff.

in das Kloster Allerheiligen in Schaffhausen, wo er im Jahre 1100 starb.

Bernolds persönliche Handschrift ist uns durch seine autograph überlieferte Chronik (Clm 432) bekannt.[230] Johanne Autenrieth konnte Bernolds Schriftzüge in mehreren kanonistischen Codices nachweisen und seine wissenschaftliche Arbeitsweise aufzeigen.[231]

Bei drei gegen Ende des 11. Jahrhunderts im südwestdeutschen Wirkungsbereich Bernolds entstandenen Handschriften (Hs. St. Gallen, Stiftsbibl. 676; Hs. Stuttgart HB VI 107; Hs. Engelberg, Stiftsbibl. 52) mußte die Frage offen gelassen werden, ob sie in Konstanz, St. Blasien oder Schaffhausen geschrieben wurden.[232] Zur Klärung dieses Problems [233] helfen auch die untersuchten St. Blasianer Handschriften nicht weiter. Sie stammen nämlich, bis auf eine Ausnahme (Hs. St. Paul 18/1) aus der Zeit nach dem Tode Bernolds (1100) und sind außerdem in einer anderen Stilhöhe geschrieben. Während die erwähnten Handschriften aus dem Umkreis Bernolds in oft flüchtiger und wenig sorgfältiger Gebrauchsschrift geschrieben sind, gehören die erhaltenen St. Blasianer Codices einem höheren Schriftniveau an: Die Hieronymus-Hs. St. Paul 18/1 und das Wiener Necrologfragment (Cod. Vindob. 9, fol. I-IV) sind in mittlerem Stil, das ,Bernauer

[230] Vgl. G. Tangl, Schwaben, in: W. Wattenbach - R. Holtzmann, Deutschlands Geschichtsquellen im Mittelalter. Die Zeit der Sachsen und Salier. II: Das Zeitalter des Investiturstreites (1050-1125). Neuausgabe v. F. J. Schmale (Darmstadt 1967), S. 507-539, ebda. S. 521 ff.

[231] Autenrieth, Domschule, bes. S. 118 ff.; dies., Der bisher unbekannte Schluß des Briefes Gregors VII. an Mathilde von Tuscien vom 16. Februar 1074 (Reg. I, 47), in: DA 13 (1957), S. 534-538; dies., Bernold von Konstanz und die erweiterte 74-Titelsammlung, in: DA 14 (1958), S. 375-394; dies., Die kanonistischen Handschriften der Dombibliothek Konstanz, in: dies. - R. Kottje, Kirchenrechtliche Texte, S. 5-21, bes. S. 15 ff. — Vgl. neuerdings: I. S. Robinson, Zur Arbeitsweise Bernolds von Konstanz und seines Kreises. Untersuchungen zum Schlettstädter Codex 13, in: DA 34 (1978), S. 51-122.

[232] Autenrieth, Bernold von Konstanz und die 74-Titelsammlung, S. 385 zum Cod. Sangall. 676: „zwischen 1080 und 1100 unter Mitwirkung Bernolds wahrscheinlich in St. Blasien oder Schaffhausen geschrieben"; ebda. S. 386 zur Hs. Stuttgart HB VI 107: „am Ende des 11. Jhs. in Südwestdeutschland, wahrscheinlich in Konstanz, St. Blasien oder Schaffhausen geschrieben"; ebda. zur Hs. Engelberg 52: „stammt aus dem Ende des 11. oder Anfang des 12. Jhs. und ist in Südwestdeutschland geschrieben."

[233] Zur Relevanz dieser Frage: Dies., Die kanonistischen Handschriften, S. 16: „Nun spielt die Bibliothekszugehörigkeit bei diesen Texten, die aktuelles Schrifttum enthielten, also zum Kursieren bestimmt waren, kaum eine Rolle, solange ihr Wirkungsbereich — und das ist . . . das Gebiet des Bistums Konstanz — bekannt ist."

Missale' (Hs. St. Paul 60/1) und die Nachträge im ‚Sakramentar von St. Paul' (Hs. St. Paul 20/1) in hohem Stil geschrieben, so daß ein Vergleich mit den genannten ‚Bernold-Handschriften' nicht adäquat ist.

Für ein Erzeugnis des St. Blasianer Skriptoriums hielt man die im 12. Jahrhundert geschriebenen Bernold-Texte in einer heute in Wien aufbewahrten Sammelhandschrift: Die *Hs. Wien, ÖNB Cod. lat. 1705 [Rec. 3282]*, welche in Millstatt im 15. Jahrhundert aus verschiedenen, nicht miteinander in Zusammenhang stehenden Teilen zusammengebunden wurde,[234] enthält als ersten Teil (f. 1^r-32^r) Stücke aus Schriften Bernolds von Konstanz. Es wurde vermutet, diese Texte seien „aus den nachgelassenen Pergamenten Bernolds in St. Blasien selbst abgeschrieben" worden.[235] Diese Annahme entbehrt jedoch der sicheren Grundlage. In der Hs. finden sich keine Hinweise auf eine Niederschrift des ersten Teils (f. 1-32) in St. Blasien. Somit muß auch die in der germanistischen Forschung etablierte Meinung, der auf f. 32^r Z. 19-24 niedergeschriebene deutsche Blutsegen stamme aus St. Blasien, [263] in Zweifel gezogen werden.

5. Paläographische Bemerkungen zu den St. Blasianer Urkunden und zum sogenannten ‚St. Blasien-Psalter'

a) *Zu den St. Blasianer Urkunden*

Ein günstigeres Schicksal als den Handschriften wurde den Urkunden des Klosters zuteil.[237] Durch den Brand von 1322 scheinen nur wenige Originalurkunden vernichtet worden zu sein. Auch spätere Katastrophen berührten die St. Blasianer Urkunden kaum, da sie zusammen mit dem Klosterschatz meist rechtzeitig in Sicherheit ge-

[234] H. Menhardt, Der sog. Millstädter Blutsegen aus St. Blasien, in: ZfdA 85 (1954/55), S. 197-202.
[235] Ebda. S. 202.
[236] Ders., Verzeichnis der altdeutschen literarischen Handschriften Bd. 1, S. 53.
[237] Vgl. demnächst: Ott, Urkundenbuch; vorläufig: ders., Art. St. Blasien, S. 157.

bracht wurden.[238] Heute befinden sie sich größtenteils im Generallandesarchiv in Karlsruhe.

Schreiber des Skriptoriums von St. Blasien waren vermutlich auch an der Niederschrift von Urkunden beteiligt. Dennoch bieten die Urkunden des 11. und 12. Jahrhunderts für die Erforschung des St. Blasianer Skriptoriums nur begrenzte Erkenntnishilfen. Der größte Teil der Originale ist in diplomatischer Minuskel geschrieben, einige in verlängerter und verschnörkelter Buchschrift. Durch ihre genauen Datumangaben bieten diese Urkunden zwar sichere Angaben zur Datierung ihrer Schrift. In den meisten Fällen ist es aber nicht eindeutig feststellbar, ob die betreffende Urkunde vom Aussteller oder vom Empfänger, d. h. in unserem Fall St. Blasien, geschrieben wurde.[239] Umgekehrt verhält es sich mit der kopialen Überlieferung: Es ist zwar ziemlich wahrscheinlich, daß sie zumeist in St. Blasien angefertigt wurde; in der Regel ist jedoch unbekannt, ob diese Abschriften unmittelbar nach Ausstellung bzw. Erhalt der Originale entstanden oder erst später angefertigt wurden.[240] Besonders schwierig ist die paläographische Beurteilung des weder eine Datumangabe noch einen sicheren Hinweis auf den Ort der Niederschrift enthaltenden Verbrüderungsvertrags zwischen Cluny und St. Blasien.[241] Solange keine Untersuchung über das Skriptorium von Cluny oder seine Urkunden

[238] Ebda.

[239] So z. B. die in Buchschrift geschriebene Urkunde des Bischofs Hermann von Konstanz für Abt Gunther von St. Blasien vom 4. April 1158 (GLA Karlsruhe C 37; künftig: Ott, Urkundenbuch) oder die in verlängerter Buchschrift geschriebene Urkunde des Bischofs Ulrich von Konstanz vom 19. Dezember 1114 (St. Paul i. L., Stiftsarchiv Nr. 1 St. Blasien; Ott, Urkundenbuch).

[240] So z. B. die Kopie des D L III 6 (1126 Jan. 2) auf einem einzelnen Pergamentblatt (GLA Karlsruhe Kopie A 19a). Der Schrift nach, die durchaus in die erste Hälfte des 12. Jhs. weist, scheint sie unmittelbar nach Ausstellung des Originals angefertigt worden zu sein; paläographisch problematischer sind die Abschriften einer Urkunde des Papstes Honorius II. (JL 7251; 1126 März 28), von D K II 281 (1025 Mai 14), D L III 7 (um 1125), sowie von drei weiteren Briefen (vgl. MGH DD L III 7, S. 9), welche alle von der gleichen Hand geschrieben wurden, ebenso die von anderer Hand kopierte Urkunde Heinrichs V. (Stumpf 3205; 1125 Jan. 8), welche alle auf dem einzelnen Pergamentblatt GLA Karlsruhe Kopie A 12 stehen. — Vgl. künftig: Ott, Urkundenbuch.

[241] Wollasch, Muri und St. Blasien, S. 445 f. mit Facsimile nach S. 446 datierte den Vertrag auf 1093/94; Jakobs, Adel, S. 149 Anm. 12 äußert sich skeptisch zu dieser Datierung („scheint auch nicht recht zur Schrift zu passen"), weiß aber keinen besseren Vorschlag („Im 12. Jahrhundert ergibt sich dagegen keine Überschneidung eines Abtes *H.* von Cluny mit einem *VV.* von St. Blasien. Es muß also wohl bei *Hugo* und *VVto* bleiben."); vgl. künftig: Ott, Urkundenbuch.

vorliegt, ist kaum zu entscheiden, ob die Verbrüderungsvereinbarung von einem St. Blasianer oder von einem Cluniazenser Schreiber (aus der Begleitung des Abtes Hugo von Cluny) [242] geschrieben wurde.

b) *Zum sogenannten ‚St. Blasien-Psalter'*

Unter dem Titel ‚The St. Blasien Psalter' erschien 1963 eine Monographie des Kunsthistorikers Harry Bober.[243] Sie hatte ein im Jahre 1960 in London versteigertes Psalterium aus der Sammlung Dyson Perrins zum Thema, welches damals in den Besitz der Firma H. P. Kraus in New York gelangte. Die Zuweisung der aus dem 13. Jahrhundert stammenden Prachthandschrift zu St. Blasien wurde bald von Wolfgang Irtenkauf auf Grund ausführlicher Kalendar- und Litaneivergleiche widerlegt.[244] Auf die Unhaltbarkeit des von Bober ohne eigene Handschriftenstudien auf wenigen Seiten seines Buches rekonstruierten ‚Scriptorium of St. Blasien and the Black Forest School' wurde bereits hingewiesen.[245]

Obwohl der Psalter in gotischer Schrift des 13. Jahrhunderts geschrieben ist und somit außerhalb des von uns behandelten Zeitraumes fällt, sollen kurz einige paläographischen Äußerungen Bobers korrigiert werden.[246] Bobers Versuch, die Schriftverwandtschaft des St. Blasien-Psalters mit den Psalterien Paris, Bibl. nat. ms. nouv. acq. lat. 187 und Liverpool, UB ms. 12004 nachzuweisen,[247] überzeugt nicht. Die angeführten Gemeinsamkeiten [248] sind bei ähnlichen zeitge-

[242] So die Vermutung von Ott, ebda.; ähnlich Wollasch, Muri und St. Blasien, S. 435 Anm. 39. — Zum Skriptorium von Cluny zuletzt: J. Vezin, Un martyrologe copié à Cluny à la fin de l'abbatiat de saint Hugues, in: G. Cambier (Ed.), Hommages à André Boutemy (Collection Latomus 145, Brüssel 1976), S. 404-412; M. C. Garand, Le scriptorium de Cluny, carrefour d'influences au XIe siècle: le manuscrit Paris, B. N., nouv. acq. lat. 1548, in: Journal des Savants 1977, S. 257-283; dies., Copistes de Cluny au temps de saint Majeul (948-994), in: Bibliothèque de l'Ecole des chartes 136 (1978), S. 5-36.

[243] Bober, St. Blasien Psalter.

[244] Irtenkauf, Über die Herkunft und ders., Noch einmal. Ebda. wird der Psalter dem St. Blasianer Nonnenpriorat Berau zugewiesen.

[245] Vgl. oben S. 3 f.

[246] Die inhaltlichen Irrtümer wurden von Irtenkauf, Über die Herkunft und ders., Noch einmal korrigiert.

[247] Bober, St. Blasien Psalter, S. 14 mit fig. a-c.

[248] Ebda.: „... the same general character, marked by a distinctly vertical rhythm and a light forward slant of the strokes."

nössischen Handschriften ebenfalls anzutreffen. Es sind allgemeine Charakteristika der gotischen Buchschrift des 13. Jahrhunderts.[249] Der Versuch Bobers, mit Hilfe von Buchstabenformen und ‚Ligaturen' [250] die Schrift zu lokalisieren, leuchtet daher nicht ein.

[249] So z. B. die „revealing similarities in shape and formation ... in such characteristic letters as a, b, e, and g, which are apt to betray individual peculiarities of hand and scriptorium." (ebda.).

[250] Bober, ebda. spricht von st, ta, te, tatem, gi und gu-Ligaturen. Bei den angeführten Beispielen handelt es sich jedoch nicht um Ligaturen (— Verbindung zweier Buchstaben, bei der ein Bestandteil des einen zu einem Teil des anderen wird —), sondern um gotische ‚Bogenverbindungen'.

C. ZUSAMMENFASSUNG

Die Untersuchung der St. Blasien zugeschriebenen Handschriften des 11. und 12. Jahrhunderts ergab, daß nur wenige von ihnen als Produkte des St. Blasianer Skriptoriums gesichert sind.

Nur bei einigen Schriftzeugnissen gelang es, ihre Entstehung in St. Blasien nachzuweisen: Die bisher kaum beachtete Hieronymus-Hs. St. Paul 18/1 wurde zur Zeit des Abtes Uto (1086-1100) angefertigt. In den Abbatiat seines Nachfolgers Rusten (1108-1125) fallen die Anlage des St. Blasianer Necrologs, von dem uns nur noch Fragmente überliefert sind (Hs. Wien, ÖNB Cod. lat. 9, fol. I-IV), die Herstellung eines Missales für die St. Blasianer Filialkirche im benachbarten Dorf Bernau („Bernauer Missale'; Hs. St. Paul 60/1) und vielleicht auch die Nachträge und Zusätze in einem von der Reichenau stammenden, im 12. Jahrhundert in St. Blasien benutzten Sakramentar („Sakramentar von St. Paul'; Hs. St. Paul 20/1).

Möglicherweise ebenfalls aus dem Skriptorium des Schwarzwaldklosters hervorgegangen sind eine Plinius-Hs. (Hs. Wien, ÖNB Cod. lat. 9-10) und ein Missalfragment des 12. Jahrhunderts (Hs. Karlsruhe, Bad. Landesbibl. St. Blasien 120); ihre Entstehung in St. Blasien ist aber nicht sicher nachzuweisen.

Die übrigen Handschriften des 11. und 12. Jahrhunderts St. Blasianer Provenienz in St. Paul wurden entweder bereits im Mittelalter von auswärts für St. Blasien erworben, wie die beiden prachtvollen liturgischen Codices St. Paul 20/1 (Sakramentar) und 21/1 (Evangelistar), oder erst später, in der Neuzeit, in die St. Blasianer Bibliothek eingereiht.

Ungeklärt ist der Zeitpunkt der Erwerbung einer vielleicht um 1100 in Frankreich entstandenen kanonistischen Hs. (Hs. St. Paul 22/1) mit der ‚Panormia' des Ivo von Chartres, eines Legendars des 12. Jahrhunderts (Hs. St. Paul 23/1), eines Psalteriums des 13. Jahrhunderts (Hs. St. Paul 26/1) und einer Engelberger Hs. aus der Zeit des Abtes Frowin (1147-1178) mit dem Ecclesiastes-Kommentar des Hugo von St. Victor (Hs. St. Paul 30/1).

Späte, wohl neuzeitliche Erwerbungen sind die Hss. St. Paul 14/1, ein im 11. Jahrhundert in Einsiedeln entstandenes Missale, St. Paul 17/1 (Passio et miracula S. Fidis'; 12. Jh.), St. Paul 24/1 (Streitschriften Bernolds von Konstanz; 12. Jh.), St. Paul 79/1 (,Vita S. Udalrici', ,Vita S. Hugonis', Bibeltexte mit Hieronymus-Prologen; 12. Jh.), sowie ein Fragment der Psalmenübersetzung Notkers des Deutschen bzw. deren Fortsetzung (Hs. St. Paul 905/0; 12./13. Jh.).

Als Erzeugnisse des St. Blasianer Skriptoriums galten verschiedene Handschriften aus Klöstern, welche im Mittelalter in enger Verbindung mit dem Schwarzwaldkloster standen: so Codices aus den von St. Blasien aus reformierten Abteien Göttweig und Engelberg. Die Zuweisung dieser Handschriften zu St. Blasien erwies sich jedoch als zumeist unbegründet und in keinem Falle genügend gesichert.

Auch Handschriften aus dem Wirkungsbereich Bernolds von Konstanz, der sich mehrere Jahre in St. Blasien aufhielt, konnten nicht als in St. Blasien geschrieben nachgewiesen werden. Begrenzt waren auch die Erkenntnishilfen, die die St. Blasianer Urkunden zur Erforschung des Skriptoriums des Schwarzwaldklosters lieferten.

Somit blieben nur die wenigen bereits erwähnten Zeugnisse St. Blasianer Schreibkunst des 11. und 12. Jahrhunderts (Hss. St. Paul 18/1 usw.), gäbe es nicht — wie im folgenden zu zeigen sein wird — einen größeren Bestand von Handschriften des 12. Jahrhunderts aus der Bibliothek des St. Blasianer Priorats Ochsenhausen, der ebenfalls aus dem Skriptorium von St. Blasien stammt.

TEIL II

DIE OCHSENHAUSER KLOSTERBIBLIOTHEK IM 12. JAHRHUNDERT

A. HISTORISCHER HINTERGRUND

1. Das Priorat Ochsenhausen bis zum Ende des 12. Jahrhunderts

Gegen Ende des 11. Jahrhunderts wurde vom Kloster St. Blasien aus das zwischen Memmingen und Biberach gelegene Priorat Ochsenhausen gegründet. Bernold von Konstanz berichtet zum Jahre 1093, Bischof Gebhard von Konstanz habe dem Abt Uto von St. Blasien ein Kloster geweiht, das nicht weit vom ebenfalls von St. Blasien aus errichteten Wiblingen gelegen sei.[251] Die auf 1099 datierte Stiftungsurkunde, in der eine völlige Abhängigkeit des Priorats vom Mutterkloster festgelegt ist,[252] wurde wohl im 12. Jahrhundert aus zwei echten Aufzeichnungen zusammengesetzt, so daß „von einer Fälschung im eigentlichen Sinne ... nicht mehr die Rede sein" kann.[253] Die Klostergründung war auf jeden Fall vor 1099, vermutlich sogar vor 1093 vollzogen.[254]

Das von St. Blasien abhängige Priorat wurde von welfischen Ministerialen gestiftet[255] „und blieb lange Zeit ein ... Kloster der welfischen Dynastie."[256] Die Welfen waren Inhaber der Vogtei, so zunächst Welf IV., später der mit der Welfin Wulfhild verheiratete

[251] Bernoldi chronicon, MGH SS 5, S. 456 f.: *Eodem etiam tempore idem episcopus praedicto abbati aliud monasterium non longe multum inde in honorem sancti Georgii consecravit; quem locum et quaeque ad illum pertinentia, quidam nobilis homo Chonradus et fratres eius ad Sanctum Blasium absque omni conditione tradiderunt, et praedictum abbatem, ut Dei servicium in eodem loco institueret, rogaverunt; quorum votis idem abbas annuere non cessavit.*

[252] Wirtembergisches Urkundenbuch, hg. v. dem Kgl. Staatsarchiv in Stuttgart, Bd. 1 (Stuttgart 1849), S. 321 Nr. 257 und Bd. 11 (ebda. 1913), S. 573 (Nachtrag); demnächst: Ott, Urkundenbuch.

[253] Jakobs, Adel, S. 81.

[254] Ebda. S. 80; Ott, Art. Ochsenhausen, S. 455.

[255] E. Gruber, Geschichte des Klosters Ochsenhausen. Von den Anfängen bis zum Ende des 16. Jahrhunderts. Phil. Diss. [Mschr.] Tübingen 1956, S. 10 ff.; Jakobs, Adel, S. 82.

[256] Ott, Art. Ochsenhausen, S. 459.

Graf Rudolf von Bregenz und danach Welf VI. († 1191). Nach seinem Tod erlangten die Staufer die Vogtei über das schwäbische Priorat.[257] Im zweiten Viertel des 12. Jahrhunderts wurde das Kloster in die welfisch-zähringische Auseinandersetzung dieser Zeit hineingezogen; sie veranlaßten das zähringisch orientierte Mutterkloster St. Blasien zu einer großangelegten Fälschungsaktion von Urkunden mit dem Zweck, seine Machtposition gegenüber dem im welfischen Einflußbereich gelegenen Priorat zu sichern.[258]

Über die Größe der von St. Blasien aus begründeten monastischen Niederlassung zwischen Iller und Riß ist wenig bekannt. Vermutlich bestand sie zunächst nur aus wenigen Personen. Ewald Gruber verwies darauf, daß im St. Blasianer Priorat Bürgeln „unter ähnlichen Verhältnissen vier Mönche angesiedelt wurden." [259] Nach Hugo Ott wird Ochsenhausen im Mittelalter wohl „höchstens zehn Konventualen" gehabt haben, „wozu auch — vermutlich a priori — gemäß der sanktblasianischen Reformrichtung Konversen gezählt werden können." [260] Vermutlich lebten in Ochsenhausen ursprünglich auch Nonnen.[261]

Sicher ist, daß das Priorat Ochsenhausen im 12. Jahrhundert rechtlich und wirtschaftlich von nur untergeordneter Bedeutung war, eine Tatsache, die bei der Frage nach dem Ort der Herstellung der Ochsenhauser Handschriften des 12. Jahrhunderts zu berücksichtigen sein wird.

[257] Ebda.; vgl. auch: Büttner, Staufer und Welfen, S. 342 ff.
[258] Jakobs, Adel, S. 86 ff.
[259] Gruber, Ochsenhausen, S. 21.
[260] Ott, Art. Ochsenhausen, S. 456.
[261] Skeptisch zu dieser Frage: Gruber, Ochsenhausen, S. 9; Ott, Klostergrundherrschaft, S. 12 Anm. 39, konnte jedoch einen Beleg für die Anwesenheit von Nonnen in Ochsenhausen anführen.

2. Geschichte der Bibliothek und ihrer Erforschung

Die historischen Quellen enthalten keine Nachrichten über die Einrichtung einer Klosterbibliothek in Ochsenhausen. Die Untersuchung der ältesten Ochsenhauser Handschriften wird jedoch zeigen, daß das Priorat bald nach seiner Errichtung mit einem für das religiöse Leben notwendigen Grundbestand an Büchern ausgestattet worden sein muß. Im Laufe des 12. Jahrhunderts kamen dann weitere, für den Alltag einer monastischen Gemeinschaft wichtige Schriften hinzu.[262] Auch in den folgenden Jahrhunderten wuchs die Bibliothek der seit dem Ende des 14. Jahrhunderts selbständigen Abtei Ochsenhausen an.[263]

Im Jahre 1760 besuchte der spätere St. Blasianer Fürstabt Martin Gerbert auf einer Reise durch Süddeutschland u. a. auch Ochsenhausen. Gerbert, der in Stifts- und Klosterbibliotheken nach Quellen für seine Geschichte der alemannischen Liturgie suchte, nennt in seinem 1765 erschienenen Buch ‚Iter Alemannicum' eine Reihe von mittelalterlichen Handschriften, welche er in der Ochsenhauser Bibliothek gesehen hatte.[264]

Durch die Säkularisation des Klosters (1803) gelangte auch die Bibliothek in den Besitz des Grafen von Metternich. Dessen Sohn, der österreichische Staatskanzler Fürst Clemens Wenzel von Metternich, verkaufte im Jahre 1825 das Kloster und den dazugehörigen Besitz an den König von Württemberg. Die Bibliothek blieb allerdings vom Verkauf ausgeschlossen. Die wertvollsten Handschriften und Drucke ließ Metternich in seine Bibliothek auf Schloß Königswart bei Marienbad in Böhmen bringen. Die restlichen Bücher wurden versteigert.[265]

[262] Vgl. dazu unten S. 148 ff.

[263] Vgl. die Übersicht bei F. Čáda, Rukopisy knihovny státního zámku v Kynžvartě (Prag 1965), S. 27 f. und S. 171, die sich auf die in Kynžvart erhaltenen Hss. beschränkt.

[264] M. Gerbert, Iter Alemannicum (St. Blasien 1765), S. 210-217; vgl. dazu unten S. 152 ff.

[265] Vgl. Tüchle, Ein Hildegard- und ein Bernhardbrief, S. 17; Tüchles Vermutung, die Hss. seien „wahrscheinlich alle" nach Königswart gelangt, ist dahingehend zu präzisieren: je eine Hs. des 12. Jhs. gelangte nach Straßburg und Wien (Straßburg, UB Ms. 1, 1878 von einem bayerischen Antiquar erworben; Wien, ÖNB Cod. lat. 919, im 19. Jh. erworben).

In der Metternichschen Schloßbibliothek in Königswart wurden die Bücher vom Bibliothekar Heinrich Schiel katalogisiert: 1845 erstellte er einen Autoren-Katalog, 1853 einen systematischen Katalog.[266] Unter dem Nachfolger Schiels, dem Bibliothekar Paul Rath, erhielt der Hallenser Professor Wilhelm Schum die Erlaubnis, die Handschriften der Schloßbibliothek einzusehen. Schum veröffentlichte 1880 einen Aufsatz, in dem er einige ihm interessant erscheinende Codices kurz behandelte.[267] Danach blieben die Königswarter Handschriften durch Jahrzehnte hindurch kaum beachtet.[268]

Seit 1918 gehört Königswart (Kynžvart) zum Staatsgebiet der Tschechoslowakei; 1945 ging das Schloß in Staatsbesitz über (Státní zámek Kynžvart). Die Schloßbibliothek wird seit 1954 von der Bibliothek des Nationalmuseums in Prag verwaltet.[269]

Im Jahre 1965 erschien ein im Auftrage der tschechoslowakischen Akademie der Wissenschaften von František Čáda erarbeiteter Handschriftenkatalog der Kynžvarter Schloßbibliothek.[270] Damit wurden auch die Handschriften der mittelalterlichen Ochsenhauser Klosterbibliothek der wissenschaftlichen Öffentlichkeit wieder ins Gedächtnis gerufen.[271] So erschienen wenige Jahre später mehrere Publikationen, welche sich mit Texten aus heute in Kynžvart befindlichen Ochsenhauser Handschriften des 12. Jahrhunderts befaßten.[272]

[266] Beide, je aus vier Bänden bestehenden handschriftlichen Kataloge befinden sich heute in der Bibliothek des Nationalmuseums in Prag; vgl. Čáda, S. 160.

[267] W. Schum, Mittheilungen aus der Fürstlich Metternichschen Bibliothek auf Schloß Königswart in Böhmen, in: NA 5 (1880), S. 457-465.

[268] Vgl. Čáda, S. 24.

[269] Vgl. J. Šimáková, Dvě desítiletí správy zámeckých knihovnen Knihovnou Národního muzea, in: Sboník Národního muzea v Praze (Acta musei nationalis Pragae) Ser. C 19 (1974), S. 43-48 (mit deutschem Resümee S. 48: Zwei Jahrzehnte der Verwaltung der Schloßbibliothek durch die Bibliothek des Nationalmuseums in Prag).

[270] Čáda, Rukopisy.

[271] Noch von Schums Ausführungen (s. o. Anm. 267) ausgehend befaßten sich mit Kynžvarter Hss.: B. Fischer, Bibeltext und Bibelreform unter Karl dem Großen, in: Karl d. Gr. Lebenswerk und Nachleben, Bd. 2: Das geistige Leben, hg. v. B. Bischoff (Düsseldorf 1965, [3]1967), S. 156-216, ebda. S. 204 f. [zu Hs. Kynžvart 92]; Wollasch, Mönchtum, S. 130 f. Anm. 306 [zu Hs. Kynžvart 58].

[272] Tüchle, Ein Hildegard- und ein Bernhardbrief [zu Hss. Kynžvart 40 und 69]; H. Schwarzmaier, Studien zur Ottobeurer Alexandertranslation, in: Stud. u. Mitt. OSB 79 (1968), S. 235-252 [zu Hs. Kynžvart 41]; J. Karwasińska (Ed.), S. Adelberti Pragensis episcopi et martyris vita altera auctore Brunone Querfurtensi (Monumenta Poloniae Historica Ser. nova IV, 2, Warschau 1969), S. VIII und XXXII f. [zu Hss. Kynžvart 40 und 41]; M. Coens, Un ancien témoin retrouvé de la ‚Vita Magni' d'Otloh (Ms. Kynžvart 20. D. 22/II), in: Anal. Boll.

Die Frage der Schriftheimat der Ochsenhauser Handschriften des 12. Jahrhunderts wurde von mehreren Forschern erörtert: Hermann Tüchle hielt die Entstehung der Ochsenhauser Hs. Kynžvart 69 in St. Blasien auf Grund inhaltlicher Befunde für wahrscheinlich,[273] stellte aber einschränkend fest: „Leider gibt es noch keine abschließende Untersuchung der Schreibschule von St. Blasien." [274]

Hansmartin Schwarzmaier befaßte sich mit der Alexandertranslation in der Hs. Kynžvart 41 und vermutete, die Hs. sei „in Ochsenhausen, das über ein leistungsfähiges Skriptorium verfügte," entstanden; diese Zuweisung sei „wohl nur auf dem Wege über die Erforschung der schwäbischen Skriptorien des 12. Jahrhunderts zu erhärten oder zu widerlegen." [275]

Maurice Coens nahm zu der Frage, ob die Hs. Kynžvart 41 in Ochsenhausen geschrieben worden sei, ebenfalls Stellung: Einerseits sei das Kloster im 12. Jahrhundert nur ein abhängiges Priorat gewesen und habe zweifellos über kein bedeutendes Skriptorium verfügt; andererseits seien unter den von St. Blasien nach Ochsenhausen gekommenen Mönchen sicher auch bereits ausgebildete Schreiber gewesen, die in der Bibliothek des Mutterklosters oder benachbarter Klöster Vorlagen für abzuschreibende Texte hätten finden können.[276]

Raymund Kottje entdeckte bei der Untersuchung des ersten Teils der Hs. Kynžvart 75, eines Poenitentiales, einen Hinweis „auf St. Blasien oder das sanblasianische Priorat Ochsenhausen als nicht nur Bibliotheks- sondern auch Schriftheimat." [277]

Die erwähnten Studien brachten nur vereinzelte Hinweise auf die Schriftheimat der Ochsenhauser Handschriften. Da eine umfassende Würdigung der gesamten Ochsenhauser Bibliothek des 12. Jahrhunderts bisher nicht erfolgte, werden im folgenden die Ochsenhauser Hss. des 12. Jahrhunderts in ihrer Gesamtheit untersucht. Die dabei

88 (1970), S. 129-139 [zu Hss. Kynžvart 40 und 41]; R. Kottje, Kirchenrechtliche Interessen im Bodenseeraum, in: J. Autenrieth - ders., Kirchenrechtliche Texte, S. 23-41, ebda. S. 36 f. Anm. 70 [zu Hs. Kynžvart 75].

273 Vgl. unten S. 146 f. mit Anm. 300.

274 Tüchle, Hildegardbrief, S. 21.

275 Schwarzmaier, Alexandertranslation, S. 236.

276 Coens, Un ancien témoin, S. 134 f.

277 Kottje, Interessen, S. 36 f. Anm. 70. Es handelt sich um die „zusammenhanglose Übernahme des sachlich relevanten Teils einer an Abt Uto von St. Blasien ... gerichteten bislang unbekannten Dekretale Papst Urbans II."

gemachten Beobachtungen sollen dann in den Versuch einbezogen werden, den Ort der Herstellung der Ochsenhauser Codices zu ermitteln und Aussagen über die Zusammensetzung der Ochsenhauser Klosterbibliothek dieser Zeit ermöglichen.

B. HANDSCHRIFTENSTUDIEN

Wie bereits im Abschnitt über die Geschichte der Ochsenhauser Klosterbibliothek ausgeführt, gelangte der größte Teil der Ochsenhauser Handschriften des 12. Jahrhunderts im Jahre 1825 auf das Metternichsche Schloß Königswart in Böhmen (heute: Kynžvart, ČSSR).[278] Dort wurden die Codices im 19. Jahrhundert katalogisiert und neu gebunden. Die Einbände der Kynžvarter Handschriften bestehen aus ca. 5 mm dicken, meist mit gelblich-weißem, seltener grauem Papier überzogenen Pappdeckeln; Buchrücken und -ecken sind mit gelblichem Leder verstärkt. Auf dem Rücken der Bände ist auf roten Papierzettelchen mit Golddruckbuchstaben der Inhalt angegeben.

Die meisten Kynžvarter Handschriften tragen den Metternichschen Bibliotheksstempel. Vorher waren sie in Ochsenhausen mit zwei Arten von Stempeln versehen worden: Der größere, rechteckige (3,7 x 2,2 cm) trägt die Aufschrift *OCHSENHAVSEN* und zeigt einen aus einer Kirche heraustretenden Ochsen; der kleinere, runde (Durchmesser: 1,8 cm) mit der Inschrift *OCHSENHUSAN. SIGN. BIBLIOTH.* trägt ein ähnliches Bild.[279]

[278] Vgl. oben S. 77 mit Anm. 265.

[279] Verkleinerte Abb. der drei Stempel bei Čáda, Abb. 8d (Hs. Kynžvart 73 f. 1^r).

1. Beschreibung der Handschriften

Im folgenden werden die Ochsenhauser Handschriften des 12. Jahrhunderts ausführlich beschrieben,[280] da in den meisten Fällen keine, für unsere Zwecke ausreichenden Beschreibungen existieren.[281]

Hs. Kynžvart 39 (20. D. 21)

Homiliar de tempore (Pars aestiva).
Perg.; 123 Bl.; 29,0 x 20,8 cm; 12. Jh. (Mitte bis 2. Hälfte).

C o d e x

Lagenformel: 6 IV^{48} + II^{52} + 8 IV^{116} + $(IV\text{-}1)^{123}$. Da am Ende des ersten Quaternio (f. 8^{v}) die Lagenbezeichnung *XXXI* eingetragen ist, muß nach Čáda mit dem Verlust der ersten 30 Lagen gerechnet werden. Dies würde bedeuten, daß die Hs. ursprünglich ca. 240 + 123 = 363 Bl. umfaßt hätte, was außergewöhnlich wäre: Der umfangreichste Ochsenhauser Codex des 12. Jahrhunderts (Cod. Vindob. 919) umfaßt 296 Bl. Der naheliegenden Vermutung, die Lagenbezeichnung setze diejenige des ersten Teils des Homiliars, der Pars hiemalis, fort, welche in der Hs. Wien, ÖNB Cod. lat. 919 vorliegt, widerspricht die Tatsache, daß diese Hs. 37 Lagen umfaßt. Die Lagenzählung der

[280] Der Aufbau der Handschriftenbeschreibungen orientiert sich weitgehend an den von der Deutschen Forschungsgemeinschaft für die Katalogisierung mittelalterlicher Hss. aufgestellten Richtlinien. Vgl. Richtlinien Handschriftenkatalogisierung, hg. von der Deutschen Forschungsgemeinschaft. Unterausschuß für Handschriftenkatalogisierung (Bonn-Bad Godesberg 1973), bes. S. 7-11; zu Einzelheiten vgl. die Beiträge von J. Autenrieth, V. Fiala - W. Irtenkauf und H. Köllner - S. v. Borries - H. Knaus, in: Zur Katalogisierung mittelalterlicher und neuerer Handschriften, hg. v. C. Köttelwesch (Zs. für Bibliothekswesen und Bibliographie, Sonderheft, Frankfurt/M. 1963). Im einzelnen mußte dieser für die Praxis der Erstellung von Hss.katalogen einzelner Bibliotheken bewußt eng gehaltene Rahmen überschritten werden, um den besonderen Erfordernissen einer paläographisch-skriptorienkundlichen Untersuchung zu entsprechen.

[281] Die in Straßburg befindliche Ochsenhauser Hs. (Straßburg, Bibl. nat. et univ. Ms. 1) ist nirgends ausführlich beschrieben, die von Čáda angefertigten Beschreibungen der Kynžvarter Hss. einerseits teilweise korrektur- und ergänzungsbedürftig, andererseits schwer zugänglich, da sie in tschechischer Sprache abgefaßt sind (nur die Einleitung enthält ein französisches Resümee).

Hs. Kynžvart 39 setzt aber mit *XXXI* (f. 8v) ein. — Vorderes und hinteres Vorsatzblatt liturgische Fragmente des 12. Jahrhunderts mit Neumen. Schriftraum: 22,0 x 14,5 cm; 35-36 Zeilen. Üblicher Königswarter Einband des 19. Jahrhunderts (30,2 x 21,1 cm), auf dem Rücken: *Homiliae quädam super evangelia. MS. membran. Säc. XIV.* Auf f. 1r beide Stempel der Ochsenhauser Klosterbibliothek und Stempel der Metternichschen Bibliothek in Königswart (Kynžvart).

Schrift

Späte karolingische, schrägovale Minuskel (s. Taf. 7); rundes s selten am Wortende, rundes d selten, gelegentlich w z. B. in *ewangelium;* am Beginn von Abschnitten rote, bis zu vier Zeilen hohe Anfangsbuchstaben; auf f. 119r federgezeichnete, 14-zeilige Ranken-Initiale (I); vereinzelte Marginalien, ähnlich denen der Hs. Wien, ÖNB Cod. lat. 919; dieser Hs. steht die Kynžvarter Hs. auch in Format, Ausstattung und Schrift nahe. Ob sie jedoch von gleicher Hand geschrieben ist, wie Martin Gerbert annahm, ist fraglich.

Geschichte

Wohl in St. Blasien für Ochsenhausen angefertigt,[282] 1760 von Martin Gerbert in der Ochsenhauser Klosterbibliothek gesehen.[283]

Literatur

Čáda, S. 59 f.

Inhalt

Homilien zu Episteln und Evangelien von Mai (f. 2v Hom. zum Evang. des Festes ‚*In nativitate SS. Apost. Philippi et Jacobi*' [= 1. Mai]) bis August (f. 119r-120r Hom. zum Evang. ‚*In assumptione S. Marie*' [= 15. Aug.]) teilweise von Hraban, Ps. Haimo v. Halberstadt und Beda.

[282] Vgl. unten S. 145 ff.
[283] Vgl. unten S. 153.

1[r] (in roter Minuskel:) *Dirigite viam domini sicut dixit Esaias propheta* (Joh. 1,23).
Via enim domini ad cor dirigitur cum ad praecepta dei audienda cor humiliter inclinatur. Aliter. Via domini ad cor dirigitur cum bonum quod cor intellegit manus operatur.
(in schwarzer Minuskel:) *Sed doctor quilibet in exemplo Johannis dirigit viam domini quando declinare a malo et facere bonum persuadet ...*

2[v] *... Sed cum in baptismum descendunt discedentibus peccatis filii pacis et filii dei per adoptionem descendunt.*
(Überschrift in roter Ziermajuskel:) *Incipiunt lectio et ewangelia in nataliciis sanctorum Philippi et Jacobi ad Ephesios.*
(in schwarzer Minuskel:) *Fratres. Iam non estis hospites et advene, sed estis cives sanctorum et domestici dei* (Eph. 2,19). *Et cetera.* (rot:) *Omelie.*
(erste Zeile in schwarzer Ziermajuskel, sonst in Minuskel:) *Ammonet apostolus Effesios, ut memores sint beneficiorum dei ...*

3[r] *... ut possint heredes fieri celestis habitationis.*
(rot:) *Secundum Johannem.*
(Text:) *In illo tempore dixit Jesus discipulis suis: Non turbetur cor vestrum, creditis in deum et in me credite. Et reliqua* (Joh. 14,1).
(rot:) *Omelie.*
(Text:) *Ne mortem tamquam homines timerent et ideo turbarentur consolatus est eos etiam deum se esse contestans ...*

4[v] *... Ideo petendum est, ut fiat voluntas eius in nobis* (PL 110, 198-201; Hrabanus Maurus, Homiliae in evangelia et epistolas II, hom. 30; zahlreiche Abweichungen der Hs. gegenüber dem Druck). *Continuo subiecit ut [ut] glorificetur pater in filio. Nullo modo igitur sine patre filius factus nec pater sine filio facit. Ergo pater in filio ut glorificetur in patre et facit filius in patre ut pater glorificetur in filio //*

5[r] *// quoniam unum sunt pater et filius.*
(rot:) *Secundum Johannem.*
(Text:) *In illo tempore dixit Jesus discipulis suis: Ego si exal-*

tatus fuero a terra omnia traham ad me ipsum. Et reliqua (Joh. 12,32).
(rot:) *Omelie eiusdem.*
(Text:) *Que omnia nisi ex quibus ille eicietur foras. Non autem dixit omnes sed omnia . . .*

119r . . . *In illo tempore intravit Jesus in quoddam castellum et mulier quedam Martha nomine excepit illum in domum suam. Et reliqua* (Luc. 10,38).
Hec lectio, fratres karissimi, pulcherrima ratione dilectionem dei et proximi rebus et verbis designat . . . (ähnlich PL 110, 435 f.; Hraban, Homiliae II, 150; Hs. mehr Text als der Druck).

120r . . . *habeamus in testimonio ut vitam eternam recipiamus in praemio. Prestante domino nostro Iesu Christo, cui sit laus et honor et gloria per infinita sec. sec. Amen.*
Hunc ergo, fratres karissimi, in primordiis omnium sanctorum nobis nominare, laudare et glorificare condecet eum qui cunctos condidit sanctos, per quem omnia facta sunt, per quem cuncta subsistunt elementa. Cuius maiestas . . .

123v . . . *Casus rerum indicat quia res transiens et tunc prope nihil fuit cum stare videretur. Hec igitur nobiscum agite, hec in mente sedula cogitatione versate et si adhuc hic tenemur in infirmitate corporis, tamen ad eos de quibus loquimur toto corde tendamus, ut cum ipsis postmodum in eterno saeculo gaudere mereamur per eum qui vivit et regnat in sec. sec. Amen.*

Das Homiliar konnte nicht in eine der bei H. Barré, Les homéliaires carolingiens de l'école d'Auxerre (Studi e testi 225, Città del Vaticano 1962) aufgeführten Gruppen von Homiliensammlungen eingeordnet werden.

Der erste Teil des Homiliars, die Pars hiemalis, liegt in der Hs. Wien, ÖNB Cod. lat. 919 (s. u.) vor.

Hs. Kynžvart 40 (20. D. 22/I)

Teil eines mehrbändigen Legendars (ebenso Hs. Kynžvart 41). Perg.; 167 (+ 1) Bl.; 29,0 x 19,9 cm; 12. Jh.[2]

C o d e x

Lagenformel: 1^{I} + 20 IV^{160} + I^{161} + III^{167}; Lagenzählung am Ende jeder Lage in römischen Ziffern; Schriftraum: 23,6 x 14,9 cm; 32 Zeilen. Üblicher Königswarter Einband des 19. Jahrhunderts mit dunkelgrauem Papier überzogen (30,3 x 20,9 cm), auf dem Rücken: *Legendae sanctorum. M. S. membran. Saec. XIV. Pars I.* Auf f. 1ʳ kleiner runder Ochsenhauser und Metternichscher Bibliotheksstempel.

S c h r i f t

Späte karolingische, schrägovale Minuskel von mehreren Händen; teilweise i-Striche über Doppel-i; zahlreiche federgezeichnete, selten ausgemalte, bis zu 16 Zeilen hohe Ranken-Initialen jeweils zu Legendenbeginn (f. 1ʳ, 2ᵛ, 17ʳ, 30ʳ . . .); zu Beginn von Abschnitten häufig dreizeilige, rote Anfangsbuchstaben.

G e s c h i c h t e

Wohl in St. Blasien für Ochsenhausen geschrieben, 1760 von Gerbert in Ochsenhausen gesehen.

L i t e r a t u r

Čáda, S. 60-64 mit Abb. 2 (fol. 143ʳ).
Tüchle, Hildegardbrief, S. 18.
Schwarzmaier, Alexandertranslation, S. 235 f.
Karwasińska, S. VIII, XXXII f.
Coens, Un ancien témoin, S. 129 ff.

I n h a l t

Viten, Passionen etc. (12 vom Okt., 6 vom Nov., die restlichen 11 zu anderen Monaten).

I^{r} (perg. Vorsatzbl.) Miracula de S. Nicolao episcopo (12. Jh.; nur noch teilweise lesbar).
... narrandum nobis est quoddam miraculum de sancto et beato Nicolao episcopo. Cum enim de hac luce migrasset ad dominum et a sacerdotibus clericisque aliis corpus sacratissimum praeparetur ad sepeliendum ...

I^{v} (unvollständige) Übersicht über die zum jeweiligen Tag zu lesende Vita bzw. Passio (12. Jh.; Tagesangabe in rot; teilweise kaum noch lesbar).

XVII. k. Nov.	*I.*	*Vita beati GALLI abbatis*
II. Id. Iunii	*II.*	*Passio SS. Nazarii et Celsi*
VI. N. Oct.	*III.*	*Passio S. Leudegarii archiep.*
XV. k. Nov.	*IIII.*	*Passio S. Luce evang.*
XVIII. k. Oct.	*V.*	*Vita S. Aurelii ep.*
...		
k. Febr.	*XXVIIII.*	*Passio S. Brigide virg.*

a) 1^{r} - 30^{r} *Vita S. Galli* mit Prolog in der Bearbeitung des Walahfrid Strabo.
(Überschrift in roter Minuskel) *Incipit prefatio VValefridi abbatis cenobii Augensis de vita sancti Galli confessoris.*
(Text) *Nisi me sanctarum auctoritas scripturarum* ... — (30^{r}) ... *miserationis medelam implorare digneris* (BHL 3247).
Ed.: B. Krusch, in: MGH SS rer. Merov. 4 (Hannover-Leipzig 1902), S. 280-337 (ohne Berücksichtigung der Kynžvarter Hs.).

b) 30^{r} - 38^{r} *Passio SS. Nazarii et Celsi* mit Prolog (BHL 6039).

c) 38^{r} - 42^{v} *Passio S. Leudegarii* ohne Prolog (Beginn wie BHL 4851).

d) 42^{v} - 45^{r} *Passio S. Luce* (BHL 4973).

e) 45^{r} - 48^{v} *Vita S. Aurelii ep.* (BHL 820).

f) 48^{v} - 49^{r} *Passio S. Genesii* (BHL 3316).

g) 49^{r} - 55^{r} *Vita S. Otmari* des Iso von St. Gallen ohne Prolog (BHL 6387).

Die Zweifel, die Čáda S. 61 f. an der Autorschaft Isos äußert, sind unbegründet. Vgl. J. Duft, Sankt Otmar. Die Quellen zu seinem Leben (Bibliotheca Sangall. 4, Zürich 1959), S. 15 ff. und ders., Sankt Otmar in Kult und Kunst (St. Gallen 1966), S. 14 ff. Zu den von Duft, Sankt Otmar. Die Quellen S. 83 aufgeführten Hss., welche sowohl die Gallus- als auch die Otmar-Vita enthalten und vom Editor der Vita S. Galli in den MGH, Krusch (s. o.), nicht berücksichtigt wurden, ist die Kynžvarter Hs. hinzuzufügen. Sie enthält im Unterschied etwa zum sog. ‚Stuttgarter Passionale'[284] (Hss. Stuttgart, Württ. Landesbibl. Cod. bibl. fol. 56-58) nicht die immer als Anhang bzw. Fortsetzung der Otmar-Vita auftretende ‚Relatio de miraculis S, Otmari' (vgl. Duft, Sankt Otmar. Die Quellen, S. 83).

h) 55^{r} - 60^{r} *Vita S. Odilie virg.* (BHL 6271).

i) 60^{v} - 74^{r} *Passio S. Dionysii* 60^{v}-61^{r} Epistola Hilduini ad cunctos fideles (BHL 2174), 61^{r}-74^{r} Passio S. Dionysii episcopi et martyris et sociorum eius (BHL 2175).

k) 74^{r} - 76^{v} *Passio S. Calixti papae* (BHL 1523).

l) 76^{v} - 80^{r} *Passio S. Ianuarii et sociorum eius* (nicht in BHL). *Consulatu Constantii Cesaris quinquies et Maximiani Cesaris sexies totius orbis princeps Diocletianus mundialis aule sceptrum utpote omni belua immanior iussaque contemnens sevissima tirranide mira dei patientia permittente fedavit* . . . (80^{r}) . . . *idcirco oportet nos eorum strennue deservire solemniis, ut qui eis contulit gloriam sempiternam eorum precibus nobis largiatur plenam excessuum nostrorum veniam qui vivit et regnat per omnia sec. sec. Amen.*

m) 80^{r} - 85^{v} *Passio SS. undecim milium virginum* (= Passio S. Ursulae; Anfang wie BHL 8428, Schluß anders).

[284] A. Boeckler, Das Stuttgarter Passionale (Augsburg 1923).

Regnante domino nostro Jesu Christo cum post passionem resurrectionem et ascensionem eius conversis ad deum ... (85^{v}) ... *Omnes ergo incommune sanctissima earum patrocinia humillime flagitemus, ut quia ad socialem cum ipsis gloriam nec aspirare audemus nec possumus, tamen quia in domo patris mansiones multe sunt earum meritis patrocinantibus in celesti Ierusalem vel novissime sortis municipatum capiamus, praestante domino nostro Jesu Christo, qui cum patre et spiritu sancto vivit et regnat in sec. sec. Amen.*

n) 85^{v} - 88^{r} *Passio SS. Crispini et Crispiniani* (BHL 1990).

o) 88^{r} - 93^{r} *Passio SS. Symonis et Jude* (BHL 7750) mit Anhang (93^{r}; BHL 7751).

p) 93^{v} - 95^{v} *Passio S. Quintini* (BHL 6999).

q) 95^{v} - 98^{v} *Vita et passio S. Eustachii sociorumque eius* (ähnlich BHL 2761).

r) 98^{v} - 107^{r} *Passio S. Cecilie* (BHL 1495).

s) 107^{r} - 109^{r} *Passio S. Longini* (BHL 4965).

t) 109^{r} - 110^{v} *Passio S. Saturnini.*
Tempore illo, quo post corporeum salvatoris adventum exortus in tenebris sol ipse iusticie, splendore fidei illuminare occidentalem plagam ceperat ... (110^{v})... *mortem corporis donatum est. Amicos ergo dei non neglegamus sed mortuos honoremus ut vivos, quia non dubia fide certum est, quod si eorum fideliter suffragia postulemus feliciter patrocinia sentiamus, praestante domino nostro* ...

u) 110^{v} - 116^{v} *Passio SS. Chrysanti et Darie* (BHL 1787).

v) 116^{v} - 119^{r} *Passio S. Fidis* (BHL 2929 mit Anhang).

w) 119^{r} - 128^{v} *Passio SS. septem fratrum Machabeorum* (BHL 5111).

x) 128^{v} - 132^{r} *Passio S. Juliane* (BHL 4523 mit Prolog β).

y) 132r - 134v *De miraculis S. Andree* (BHL 430).

z) 134v - 140v *Passio S. Blasii* (BHL 1379).

a') 140v - 141r *Passio S. Floriani* (BHL 3055).

b') 141r - 143r *Inventio SS. Chrysanti et Darie et aliorum plurimorum.*

(Prolog:) *Gloriosissimorum martyrum triumphos venerari pie devotionis est, quatenus et eorum suffragiis et exemplis accendi unusquisque fidelium studeat,* ... (141v) ... *mirabilia tamen domini ad laudem ipsius preconari laudabile est.*

Eo itaque tempore, quo beatus Stephanus Romane praeerat ecclesie, qui beato Petro principi apostolorum vicesimusquartus in apostolica sede successit, gravis persecutio in Christi fideles exarsit ... (142v) ... *Quorum aliquos in [in] Lateranensi palatio aliquos ad beati Petri apostolorum principis limina, aliquos apud ecclesiam* // (143r) // *quam idem ipse iam ruine proximam a fundamentis renovaverat, que ad apostolos dicitur, alios per diversos cardinales titulos condidit digna honorificentia, alios etiam circumquaque per diversa largitus est monasteria, ubi plurimis hodie coruscant miraculis ad laudem et gloriam domini dei et salvatoris Jesu Christi, cui est honor* ...

c') 143r - 156r *Passio S. Adalberti* (BHL 38).

d') 156r - 164v *Vita S. Brigidae* des Cogitosus (BHL 1457).

Der bei Čáda S. 64 unter „(ee)" aufgeführte „Legendarii epilogus" ist nichts anderes als das Ende der Vita S. Brigidae; vgl. Coens, Un ancien témoin, S. 132.

e') 164v (Nachtrag, 13. Jh.)

Brief Hildegards von Bingen *ad inclusum F. de Zuiveltun* (Zwiefalten) (nur hier überliefert).

Ed.: Tüchle, Hildegardbrief S. 18 f.; statt *huiveltum* (ebda. S. 18) ist wohl *Zuiveltun* zu lesen. Vgl. unten S. 146 f. mit Anm. 300.

f') 165r - 166v (Nachtrag, 12. Jh.; s. Taf. 7)

Bericht über die Erwerbung und Prüfung der großen St. Blasianer Hl. Kreuz-Reliquie mit Lob des hl. Kreuzes.

Ed.: unten S. 173 ff.; vgl. unten Exkurs B: Eine bisher unbekannte frühe Abschrift einer Teilquelle des St. Blasianer ‚Liber constructionis'.

g') 167r (Nachtrag, 12./13. Jh.)

Vite dator, omnifactor, deus naturę formator mundi globum subpotenti claudens volubilem palmo infactura sua splendens magnificus per evum. Ipse multos veritatem veteres nec dum sequentes, vestigando philosophię [a] *devia iusserat ire ut probabilis error rectam nobis pararet viam. Inter quos subtilis peracumen mentis claruit Phytagoras metapsichesisque* [b] *iuxta famam irorę peremptum Euphorbium saeculo rursus reddidit obscuraque rerum rite denuo vivum donat intellectu perspicaci perscrutari sensus animi. Ergo vir hic prudens die quadam ferri fabricam praeteriens pondere non ęquo sono sed diverso pulsare malleolos senserat, sicque tonorum quamlibet informem vim latere noscens forma aptata per artem pulcram primus edidit inde musicam. Ad has symphonias tres supplendas istas fecit dyatesseron, dyapente, dyapason infra quaternarium qui pleniter armoniam consonat qua sententia veri ponens solidam rithmicam inse normulam mensurarumque utilem noticiam et siderum motus iussit continere inatentethraden et nomine suo vocavit. Grammatica* [c] *Pytagoricum summotenus in duo fissum. Infer simplum genuine confert documentum. Ut simplex pur* ⟨. .⟩ *puer, ut prude*⟨*ns*⟩ *fit adultus. Qui di*⟨. .⟩*tare bonis mala scit, bivio ration*⟨*e*⟩ [c] *grecam idem imis continentem sed fissam summotenus in ramosas binas, partes vitę humane invenit ad similitudinem*

a Hs. *persophie*. b Wohl irrig statt *metempsychosisque*.

c von *Grammatica* ... bis einschließlich *ration*⟨*e*⟩ am Rand mit Auslassungszeichen ergänzt.

congruam, est nam sincera et simplex puericia que non facile noscitur virum viciis an virtuti animum subicere velit donec tandem iuventutis ętas illud auferat nobis bivium. At qui paret viciis virtuti contrariis illam latam terit ille semitam que postremis pravis plena gradibus suis prosequentibus portas inferi aperit sevissimas, ubi fremitus dentium et perpetui fletus sunt merentium pro criminis facto ubi cita mors semper optatur, frustra prohdolor inde queritur. Sed virtutum gradibus nititur qui providus per angustam vadit ille semitam, que in fine locuples leticie suis pro sequacibus eterna pandit dulcis vitę gaudia, ubi sanctorum animę claro iugiter illustrantur lumine perpetui solis ubi deitatis se conspectum semper cernere gaudent beati. Vite dator, omnifactor, deus nature reformator, illum aufer istum confer, tuis fidelibus callem ut perpetuę vitę semper participes fiamus. Amen.

Hs. Kynžvart 41 (20. D. 22/II)

Teil eines mehrbändigen Legendars (wie Hs. Kynžvart 40).
Perg.; 246 Bl.; 29,0 x 20,0 cm; 12. Jh.[2]

Codex

Lagenformel: 30 IV^{240} + III^{246} mit Lagenbezeichnungen in römischen Ziffern; erstes Vorsatzblatt aus einem Antiphonar des 16. Jahrhunderts, zweites Vorsatzblatt (28,9 x 20,3 cm) teilweise beschnittene deutsche Schuldurkunde des 15. Jahrhunderts des *Lucz Krafft, burger zu Ulme*, auf ihrer Rückseite von einer Hand des 15. Jahrhunderts Inhaltsverzeichnis der Hs.; Schriftraum: 23,6 x 14,9 cm; 32 Zeilen. Üblicher Königswarter Einband des 19. Jahrhunderts, mit grauem Papier überzogen (wie Hs. Kynžvart 40) (30,3 x 21,1 cm), auf dem Rücken: *Legendae sanctorum M. S. membran. Saec. XIV. Pars II.;* auf f. 1^r rechteckiger Ochsenhauser, auf f. 2^r runder Ochsenhauser und Metternichscher Bibliotheksstempel.

S c h r i f t

Späte karolingische, schrägovale Minuskel der 2. Hälfte des 12. Jahrhunderts (wie Hs. Kynžvart 40) (s. Taf. 8); zu Beginn der Viten etc. rote, federgezeichnete Ranken-Initialen (wie Hs. Kynžvart 40) oder mehrzeilige rote Anfangsbuchstaben.

G e s c h i c h t e

Wie die Abschrift eines singulär in einer St. Blasianer Hs. (St. Paul 18/1, f. 1^r) überlieferten Textes auf f. 207^{rv} (s. u.), sowie die wortgetreue Übernahme eines weiteren Textes aus dieser Hs. (Vita S. Hieronymi; St. Paul 18/1, f. 114^r-118^v = Hs. Kynžvart 41, f. 202^v-207^r) zeigen, wurde die Hs. in der 2. Hälfte des 12. Jahrhunderts in St. Blasien für Ochsenhausen hergestellt; 1760 sah Gerbert sie in der Ochsenhauser Klosterbibliothek.

L i t e r a t u r

Čáda, S. 64-69.
Weitere Literatur wie Hs. Kynžvart 40.
Abb. von f. 143^v bei Karwasińska Illustr. 1 (nach S. XXXII).

I n h a l t

Legendar (Sommerteil; Juli bis September).

a) 1^r - 5^v *Vita S. Willibaldi* (BHL 8933).

b) 5^v - 9^v *Passio S. Kyliani* (BHL 4661).

c) 9^v - 15^r *Passio S. Felicitatis et septem filiorum eius (BHL* 2855).

d) 15^r - 17^v *Translatio S. Alexandri* (BHL 281).
Vgl. Schwarzmaier, Alexandertranslation.

e) 17^v - 18^r *Vita S. Praxede* (BHL 6920).

f) 18^v - 20^r *Vita S. Arbogasti* (BHL 656).

g) 20^r - 22^v *Passio S. Cyrilli.*
Egregii pontificis et martyris Christi Cyrilli glorio-

sa certamina in memoriam revehit dies passionis eius memoranda . . .
Igitur sub Theodosio et Valentiniano consulibus cum iam iemps infidelitatis a quorundam cordibus videlicet in primordio ferme nascentis ecclesie . . . (22^{v}) . . . *Passus est autem sanctus Cyrillus Alexandrinus archiepiscopus XI. kal. Aug. sub Lucio tyranno nequissimo et intravit in gaudium domini sui, cui data est omnis potestas . . . Amen.*

h) 22^{v} - 27^{r} *Passio S. Apollinaris* (BHL 623).

i) 27^{v} - 28^{r} *Passio S. Felicis II. papae* (BHL 2857).

k) 28^{rv} *Passio SS. Simplicii, Faustini et Beatricis* (BHL 7790).

l) 28^{v} - 29^{r} *Passio S. Cesarii* (BHL 1515).

m) 29^{r} - 31^{v} *Passio SS. Abdonis et Sennen* (BHL 6; 30^{r}-31^{v}) mit vorangestellter *Passio S. Polychronii* (BHL 6884; 29^{r}-30^{r}).

n) 31^{v} - 34^{r} *Vita S. Alexii* (BHL 286).

o) 34^{rv} *Vita Mariae Magdalenae* (*De obitu Marię Magdalenę*; BHL 5454).

p) 34^{v} - 39^{r} *Passio S. Christinae* (BHL 1750).

q) 39^{r} - 44^{r} *Passio S. Pantaleonis* (Beginn wie BHL 6430, Ende wie BHL 6439).

r) 44^{r} - 47^{r} *Passio S. Iacobi* (BHL 4057).

s) 47^{r} - 50^{v} *Passio S. Christophori.*
Factum est autem in illis diebus imperante iniquisisimo Dagno (von zeitgenössischer Hand darübergeschrieben: *vel Decio*) *Cesare facta est persecutio Christianorum . . .* (50^{v}) . . . *Et cessavit fluvius ab ille hora et custodita est civitas illa usque in hodiernum diem. Facta sunt autem hec in civitate Pergen tempore iniquissimi Decii regis, regnante domino nostro . . . Amen.*

t) 50^{v} - 54^{r} *Sermo in festivitate, que dicitur ad vincula S. Petri* (BHL 6682).

u) 54^{r} - 56^{v} *Inventio S. Stephani prothomartiris et aliorum* (BHL 7854).

v) 56^{v} - 58^{v} *Passio S. Syxti II. papae* (BHL 7801).

w) 58^{v} - 62^{v} *Conversio et passio S. Afre* (BHL 108).

x) 62^{v} - 65^{v} *Passio S. Laurentii* (BHL 4753).

y) 65^{v} - 67^{r} *Passio S. Pelagii* (BHL 6615).

z) 67^{r} - 71^{v} *Passio S. Stephani papae* (BHL 7845).

a') 71^{v} - 78^{v} *Vita S. Oswaldi.*
(72^{r}) *Igitur rex Oswaldus sue nativitatis claram progeniem habuit quam ab utroque sanguine traxit ut providentia domini uti illi erat linea nobilitatis ita quoque postmodum foret maxima claritudo illius sancte instantie meritis* ... (78^{v}) ... *Nec mora melius habere cepit et convalescens ab infirmitate multo deinceps tempore vixit totoque ad deum corde et opere conversus omnibus ubicumque perveniebat clementiam pii conditoris et fidelis eius famuli gloriam praedicavit.*

b') 78^{v} - 82^{r} *Passio S. Donati.*
(79^{r}) *Cum per universam terram a Christianis Christi nomen celebre haberetur et multi ob hoc instigante sevitia diaboli* ... (82^{r}) ... *Tunc collecta sunt corpora videlicet sancti DONATI episcopi et confessoris ac martyris Christi nec non et sancti Heleriani monachi et sepulta sunt iuxta civitatem Aretinam in pace, regnante domino nostro* ... *Amen.* (Schluß ähnlich wie BHL 2291).

c') 82^{r} - 84^{v} *Passio S. Agapiti* (BHL 125).

d') 84^{v} - 89^{v} *Inventio capitis S. Johannis Baptiste* (BHL 4290).

e') 89^{v} - 91^{v} *Passio S. Sabine* (BHL 7407).

f') 91^{v} - 95^{v} *Passio S. Margaretae* (BHL 5303).

g') 95^{v} - 97^{r} *Sermo beati Maximi episcopi in vigilia assumptionis S. Marie.*
Cum aliquid, dilectissimi, pro amore creatoris in creatura eius dignis laudibus praedicatur aut colitur, ad eius procul dubio laudem refertur, qui auctor invenitur . . . (97^{r}) . . . *merebimini quia sociate beate MARIE thalamis Christo placebitis, funera non plangetis, quoniam sine fine gaudia sumetis. Vivit amor vester cum quo regnaturi sunt omnes sancti cum eterno patre una cum spirito sancto in sec. sec. Amen.*

h') 97^{r} - 100^{v} *Sermo in die assumptionis S. Marie.*
Ed.: PL 39, 2130-2134 (Ps. Augustinus, sermo 208 = Ambrosius Autpertus, vgl. Glorieux, S. 26).

i') 101^{r} - 104^{v} *Passio S. Bartholomei* (BHL 1002).

k') 104^{v} - 106^{v} *Passio S. Symphoriani* (BHL 7969).

l') 106^{v} - 123^{v} *Vita S. Augustini* mit praefatio und capitula (BHL 785).

m') 123^{v} - 130^{v} *Vita S. Verenae* (BHL 8541).

n') 130^{v} - 141^{v} *Vita S. Mansueti* (BHL 5209).

o') 141^{v} - 157^{r} *Vita S. Magni* (BHL 5163).
Vgl. Coens, Un ancien témoin.

p') 157^{v} - 159^{r} *Sermo in nativitate S. Marie.*
Attendite, fratres karissimi, ineffabilem divine maiestatis erga vos clementiam, adtendite redemptionis vestre mirabile mysterium et que dicuntur tota intentione mentis audite . . . (159^{r}) . . . *et in omni nostra necessitate sua subveniat pietate, constringat inimicum, aperiat paradysum, perpetue retributionis concedat nos esse participes, quia vivit et regnat in sec. sec. Amen.*

q') 159^{v} - 165^{r} *Passio S. Hadriani.*
Tempore quo Maximianus imperator Nicomediam

civitatem ingrediebatur, ut Christianos sacrificare idolis compelleret, ... (164^v) ... *signaverunt ipsum domum. Multitudo autem* ... (Schluß wie BHL 3744).

r') 165^r - 166^v *Passio SS. Felicis et Regulae* (BHL 2891).

s') 166^v - 167^v *Passio S. Cornelii pape* (BHL 1958).

t') 167^v - 168^r *Passio S. Cypriani* (BHL 2038).

u') 168^r - 171^r *Passio et miracula S. Mauricii* (168^r-170^v BHL 5738; 170^v-171^r BHL 5759; 171^r BHL 5760).

v') 171^r - 173^v *Passio S. Gorgonii* (BHL 3616).

w') 173^v - 177^v *Passio SS. Cypriani et Iustinae* (BHL 2047 und 2050).

x') 177^v - 183^r *Passio S. Matthei* (BHL 5690).

y') 183^r - 185^r *Passio S. Hippolyti* (BHL 3962).

z') 185^r - 186^r *Passio SS. Felicis et Adaucti* (BHL 2880).

a") 186^r - 188^r *Passio S. Euphemie* (BHL 2708).

b") 188^r - 190^r *De exaltatione S. Crucis* (BHL 4178).

c") 190^r - 193^r (Überschrift nachgetragen:) *Incipit relatio Petri Nicomedię urbis episcopi de icona a Iudeis passa. Apud Cesaream Capadocie urbem proximam* ... *Incipit libellus Athanasii patriarche civitatis Alexandrine de passione imaginis domini salvatoris, que crucifixa est a Iudeis in Berito civitate tempore Constantini iunioris et Hirene uxoris eius. Dilectissimi sancte ecclesie filii, aures simul cordes* ... (ähnlich wie BHL 4228).

d") 193^v - 199^r *Passio SS. Cosme et Damiani* (193^v-195^r BHL 1972; 195^r-199^r BHL 1967).

e") 199^r - 200^v *De dedicatione basilicae S. Michaelis* (BHL 5948).

f") 200^v - 202^r *Passio SS. Victoris et Ursi* (BHL 8584).

g") 202^{v} - 207^{r} *Vita S. Hieronymi* (BHL 3871).
Wortgetreue Abschrift aus der St. Blasianer Hs. St. Paul 18/1 (f. 114^{r}-118^{v}).

207^{rv} Anhang: Übersicht über die Werke des Hieronymus (wörtliche Abschrift aus Hs. St. Paul 18/1, f. 1^{r}) (s. Taf. 8).
Bei Lambert, ‚Bibliotheca Hieronymiana' sind die Kynžvarter Hss. nicht berücksichtigt.

h") 207^{v} - 227^{v} *Vita S. Remigii Remensis episcopi* (207^{v}-224^{v} BHL 7155; 224^{v}-226^{r} BHL 7156; 226^{r}: *Sepulto itaque sicut praediximus corpore beati Remigii . . . . . . sed exsiccatum brandeo rubeo;* 226^{r}-227^{v} BHL 7157-7158).

i") 228^{rv} *Passio S. Eusebii* (BHL 2740).

k") 228^{v} - 237^{r} *Passio S. Eufemie.*
Incipit de miraculis sancte Eufemie virginis et de Achatio sene.
Fuit quidam abbas Eutices nomine, qui Christum post humanam assumptionem negavit assistere de duabus naturis, sed solam in eo divinam asseruit esse naturam . . . (231^{r}) *. . . Quod annuere dignetur, qui pro ea effudit sanguinem suum dominum noster Jesus Christus, qui vivit . . . Amen.*
Incipit passio S. Eufemie virginis sociorumque eius. (231^{v}) *Tempore illo in Europa erat multitudo magna Christianorum in civitate Calcedona . . .* (ähnlich wie BHL 2708).

l") 237^{r} - 242^{r} *Passio SS. Lucie et Geminiani* (BHL 4985).

m") 242^{r} - 246^{r} *Passio S. Lamberti.*
Incipit passio S. Lamperti martiris atque pontificis. Igitur gloriosus martyr Lambertus et eterno regi sacerdos dilectissimus insigni ex prosapia Traiectensi vico extitit oriundus. Hunc fidelis Traiectensium caterva pio pastore Theodardo viduata sibi elegit episcopum . . . (264^{r}) *. . . Denique pauci ex eis expleto anno supervixertur quorum alii a demo-*

nibus vexati, alii turpissima morte et amarissima praeventi cum diabolo et angelis eius in igne eterno cruciantur. Sanctus autem Lambertus insignis martyr palma victorie coronatus, cum angelis et archangelis et cum omnibus semper exultat in secula sanctis.

246^{rv} Verschiedene Nachträge.
246^{r} (13./14. Jh.) *Quisquis amat Christum, mundum non diligit istum* (Walther I 16144).
246^{v} (13. Jh.?) *Michi vivere Christus est et mori lucrum.*
(16. Jh.) *CCLXXXIIII bleter.*
Nach Čáda, S. 69, vielleicht ein Hinweis auf die ursprüngliche Blattzahl der Hs.

Hs. Kynžvart 43 (20. E. 10)
(z. Zt.: Prag, Orientální ústav ČSAV, Hs. R III 19).

Gregor d, Gr., Homilien über Ezechiel.
Perg.; 116 Bl.; 27,6 x 19,9 cm; 12. Jh.[2]

Codex

Lagenformel: 3 IV^{24} + V^{34} + 9 IV^{100} + V^{110}; Lagenbezeichnungen von *V* bis *XVIII*, am Anfang fehlen vier Lagen; zwischen f. 105 und 106 eingeklebtes Papierstück (14. Jh.), auf dem der fehlende Text geschrieben ist. Vorderes und hinteres Vorsatzblatt aus einer liturgischen Hs. des 12. Jahrhunderts. Schriftraum: 22,4 x 15,7 cm; 33-34 Zeilen. Üblicher Königswarter Einband des 19. Jahrhunderts, gelbweiß (29,0 x 20,9 cm), auf dem Rücken: *S. Gregorii Papae homiliä super Ezechielem M. S. membran. Säc. XIV.* Auf f. 1^{r} runder Ochsenhauser und Metternichscher Bibliotheksstempel; auf f. 3^{r}, 38^{r}, 116^{v} Stempel der Bibliothek der orientalistischen Abteilung der tschechoslowakischen Akademie der Wissenschaften (*Knihovna Orientální ústav v Praze*).

S c h r i f t

Späte karolingische, schrägovale Minuskel von mehreren Händen: f. 1^r-34^v zierliche, leicht gotisch beeinflußte Hand (Ansätze zu Brechungen, häufig rundes d) (s. Taf. 8); f. 35^r-Schluß eine oder mehrere verwandte, schrägovale Hände (rundes s nur hochgestellt am Wortende: v^s); federgezeichnete, bis zu 14 Zeilen hohe Rankeninitialen; zahlreiche vergrößerte rote Anfangsbuchstaben am Beginn von Abschnitten.

G e s c h i c h t e

Wohl in St. Blasien für Ochsenhausen geschrieben, 1760 von Gerbert in der Ochsenhauser Klosterbibliothek gesehen; seit 1825 in Königswart (Kynžvart), seit ca. 1948 vorläufig im Oriental. Institut der ČSAV in Prag.

L i t e r a t u r

Čáda, S. 70 f.

I n h a l t

Gregor d. Gr., Homiliae super Ezechielem.

Zu Beginn Textverlust, der Text setzt ein mit lib. I, VIII, 3 *qui est super omnia benedictus in secula* (Rom. 9,5); in der Hs. sind die Homilien nicht auf zwei Bücher aufgeteilt, sondern von 1 bis 27 durchgezählt.

Ed.: M. Adriaen (Ed.), S. Gregorii Magni Homiliae in Hiezechielem prophetam (CC SL 142, Turnhout 1971), S. 102-398 (ohne Erwähnung der Kynžvarter Hs.).

Hs. Kynžvart 50 (20. F. 10) *

Vitae patrum.

Perg.[285]; 191 Bl.; 22,8 x 16,2 cm; 12. Jh.[2]

* Eine Autopsie des Originals war mir nicht möglich. Dem Institut de recherche et d'histoire des textes (Paris) verdanke ich eine Einsicht in den Mikrofilm der Hs., Herrn Rudolf Cenefels (Kynžvart) Angaben über die äußere Beschaffenheit des Codex.

[285] Bei Čáda S. 76 irrig: „Pap."

Codex

Lagenformel (nach Čáda): $III^{6} + V^{16} + 4\ IV^{48} + III^{54} + 12\ IV^{190} + 1^{191}$ mit Lagenbezeichnungen; auf dem vorderen Vorsatzblatt dreimal von einer Hand des 15. Jahrhunderts: *Fratres sobrii estote et vigilate, quia adversus vester diabolus tamquam leo rugiens circuit quem devoret. Cui resistite fortes in fide.* (1 Petr. 5,8-9) *Tu autem miserere nobis.* (Vgl. Vorderspiegel der Hs. Wien, ÖNB Cod. lat. 919,s . u.). Schriftraum: 18,5 x 11,5-12,5 cm; 30 Zeilen. Üblicher Königswarter Einband des 19. Jahrhunderts (24,5 x 17,0 cm), auf dem Rücken: *Vita s. Patrum in desertis. Ms. membran. säc. XIV.* Auf f. 1^{r} beide Ochsenhauser und Metternichscher Bibliotheksstempel.

Schrift

Späte karolingische, schrägovale Minuskel von mehreren Händen; vergrößerte, rote Anfangsbuchstaben am Beginn von Abschnitten.

Geschichte

Wohl in St. Blasien für Ochsenhausen geschrieben; nicht von Gerbert im ‚Iter Alemannicum' erwähnt.[286]

Literatur

Schum, Mittheilungen, S. 459 nr. 5.
Čáda, S. 76-78.
C. M. Battle, Die ‚Adhortationes sanctorum patrum' (‚Verba seniorum') im lateinischen Mittelalter (Münster i. W. 1972), S. 144.

Inhalt

Vitae patrum.
(Genaue Incipit- und Explicitangaben s. Čáda) Ed.: PL 73, 1026 u. a. m. (vgl. Čáda).

[286] Čádas Angabe (S. 76), die Hs. sei bei Gerbert, ‚Iter Alemannicum' genannt, ist unzutreffend; vgl. unten S. 152 ff.

Hs. Kynžvart 52 (20. G. 6)

Consuetudines Fructuarienses.
Perg.; 119 Bl.; 21,7 x 15,5 cm; 12. Jh.[1]

Codex

Lagenformel: 14 IV^{112} + $(IV\text{-}1)^{119}$, keine Lagenzählung; zwischen f. 40 und 41 Textverlust; auf dem vorderen und hinteren Vorsatzblatt Psalmenfragmente des 12. Jahrhunderts; Schriftraum: 16,5 x 11,2 cm; 31 Zeilen. Üblicher Königswarter Einband des 19. Jahrhunderts mit dunkelgrauem Papier überzogen (23,3 x 16,4 cm), auf dem Rücken: *Ordo de festivitatibus monasterii Fructuariensis. M. S. membr. Säc. XIV.* Auf f. 1^r beide Ochsenhauser und Metternichscher Stempel.

Schrift

Späte karolingische Minuskel aus dem frühen 12. Jahrhundert (s. Taf. 9); gelegentlich rundes, birnenförmiges d; rundes s nur in Abkürzungen; rote, ein- bis zweizeilige vergrößerte Anfangsbuchstaben, teilweise grün ausgemalt. Am Rand Bemerkungen von Fr. Romanus (17. Jh.): f. 1^r *Monasterii Ochsenhausani; Ordo de Festivitatibus Monasterii antiquissimi Fructuariensis sub. B. Wilhelmo Abbate. Leg⟨. .⟩ c. 7, 36, 50 et alia plura. Vide etiam libellum De Ordine Quotidiano* (= Hs. Kynžvart 78); f. 39^r *Incipit ordo de Oboedientiis Monasterii Fructuariensis;* f. 40^v (unten) *aliqua in hoc capitula desunt* (Textverlust, s. o.); weitere, verstreute Marginalien zum Text von der Hand des Fr. Romanus, z. B. f. 119^r (als der Text ohne ersichtlichen Grund abbricht:) . . . *cetera desunt.*

Geschichte

Wohl zu Beginn des 12. Jahrhunderts in St. Blasien für Ochsenhausen geschrieben, 1760 von Gerbert in Ochsenhausen gesehen.

Literatur

Schum, Mittheilungen, S. 458 nr. 2.
Albers, Untersuchungen, S. 73 ff.
— (Ed.) Consuetudines, S. VIII f.

Čáda, S. 78-80.
Penco, Le ‚consuetudines', S. 147.

I n h a l t

Consuetudines Fructuarienses.

1^{r} - 39^{r} Ordo de festivitatibus.

39^{r} - 119^{r} Ordo de oboedientiis.
Ed.: Albers, Consuetudines, S. 1-191; eine Neuedition wird im Rahmen des Corpus Consuetudinum Monasticarum vorbereitet.
Albers, Consuetudines S. IX vermutete auf Grund inhaltlicher Befunde (u. a.: Fehlen des Festes des hl. Blasius im Gegensatz zur Hs. Göttweig 53b [früher: Lambach 106]) die Hs. stamme aus Fruttuaria („. . . olim abbatiae Fructuariensi fuisse verosimile mihi est . . ."). Dafür gibt es jedoch keine paläographischen Anhaltspunkte. Albers' Angaben zur Provenienz und Datierung (s. XII./XIII.) sind übernommen bei Penco, Le ‚consuetudines', S. 147.

119^{r} (Nachtrag, 12./13. Jh.) Antiphonarfragment mit Neumen.

119^{v} (Nachtrag, 12./13. Jh.) Versus de nummo (= Carmina Burana Nr. 11).
Ed.: A. Hilka - O. Schumann, Carmina Burana I, 1 (Heidelberg 1930), Nr. 11 S. 15 ff.; Kommentar ebda. II, 1 (Heidelberg ^{2}1960), S. 17-20 und I, 3. Nachträge, hg. v. O. Schumann und B. Bischoff (Heidelberg 1970), S. 192-194 (ohne Erwähnung der Kynžvarter Hs.).
v. 1-18 nur kleinere Abweichungen gegenüber der Ed.: v. 6 *iudex est* statt *fit iudex*, v. 9 *egerit* statt *eregit*, v. 12 *nummus verax* statt *raro verax;* v. 19-23 = v. 40-44 der Ed.

v. 24	*Nummus securus*	*placitat q⟨. . . .⟩ habiturus.*
v. 25	*Nummus iter celi*	*claudit p⟨. . .⟩ seratque fideli.*
v. 26	*Nummus emit villas*	*struit urbes destruit illas.*
v. 27	*Nummus donatus*	*dat honorem pontificatus.*
v. 28	*Nummus perverse*	*decreta facit sita per se.*

v. 29-35 = v. 24-30 der Ed.

v. 36 = v. 32 der Ed.
v. 37 = v. 31 der Ed.
v. 38 *Nummus splendores* *dat vestibus exteriores.*
v. 39 *Nummus eos prestat* *lapides quos india gestat.*
(v. 38-39 ähnlich wie v. 33-34 der Ed.).
v. 40 = v. 35 der Ed.
v. 41 = v. 39 der Ed.
v. 42 = v. 45 der Ed. (statt *quia* Hs. *quem*).
v. 43-47 = v. 46-50 der Ed. (v. 46 = Ed. v. 49 statt *cito sit*).

Hs. Kynžvart 58 (20. G. 24)

Consuetudines Hirsaugienses.
Perg.; 142 Bl.; 21,7 x 15,3 cm; 12. Jh.[2]

Codex

Lagenformel: $(IV + 1)^{9} + 16\ IV^{137} + (II + 1)^{142}$; Lagenzählung auf f. 26r unten: *IIII* (Beginn des 4. Quaternio); Schriftraum: 17,6 x 11,7 cm; bis f. 121 einschließlich 30 Zeilen, ab f. 122 27 Zeilen. Üblicher Königswarter Einband des 19. Jahrhunderts (22,8 x 15,6 cm), auf dem Rücken: *Liber consuetudinum Regularium. MS. membran. Säc. XIV.;* auf f. 1r beide Ochsenhauser und Metternichscher Bibliotheksstempel.

Schrift

Späte karolingische Minuskel von mehreren Händen, teilweise schrägoval, teilweise bereits leicht gotisch beeinflußt, durchgehend i-Striche über Doppel-i; ein- bis fünfzeilige, rote, vergrößerte Anfangsbuchstaben am Beginn von Abschnitten; f. 1r oben von einer Hand des 17. Jahrhunderts, wohl Fr. Romanus: *Monasterii Ochsenhausani* (s. Taf. 9); von der gleichen Hand größere Marginalie auf f. 51v (Auflösung eines im Text stark abgekürzten Gebetsanfangs).

Geschichte

Wohl in St. Blasien für Ochsenhausen geschrieben, 1760 von Gerbert in Ochsenhausen gesehen.

L i t e r a t u r

Schum, Mittheilungen, S. 458 f. nr. 3.
Albers, Untersuchungen, S. 73 f. Anm. 4.
Čáda, S. 88 f.
Wollasch, Mönchtum, S. 103 Anm. 306.

I n h a l t

Consuetudines Hirsaugienses.

1r - 68r	lib. 1 (mit Prolog und capitulatio).
68r - 141r	lib. 2 (mit Prolog und capitulatio). Ed.: PL 150, 927-1146 (Hs. keine wesentlichen Abweichungen vom Druck).
141r - 142r	Anhang mit Verbrüderungsvereinbarung.
141r	Bestimmung über die Weihe von Salz und Wasser (mit Erwähnung einer *capella S. Marie*). *Maior benedictio salis et aque quolibet die post capitulum est agenda hoc ordine. Postquam in capitulo iussum fuerit, ut fiat maior benedictio salis et aque ...... De aqua benedicta aliquid infundendum est ciphis frumentum antequam ac ⟨...⟩ datur ad mensam.*
141v - 142r	Kleinere Texte mit liturgischen Anweisungen. *Sacerdos publicam missam cantans interim dum sequentia canitur stat ante sedem suam versus contra dominicum altare. Si est abbas aut stat aut sedet eodem modo. Quando fratres communiter ieiunant ex praecepto domini abbatis pro aliqua necessitate quicquid cibi vel potus superfuerit totum ad elemosinam datur. At si quis frater ...* *Quando sacerdos oblatas distribuit ...* *Ebdomedarii coquine ferias quarta et sexta quando processionem facimus ...* *Quando missam ad crucem communiter cantamus ...* *Omni sabbato extra quadragesimam postquam scilla ad vesperam pulsatur ...* *In dominicis diebus proferuntur due cruces ad processio-*

nem quarum unam qui inter tres conversos dealbatos prior est circumfert ... (142r) ... *usque ad altare sancte Crucis.*

In diversis diebus facta processione circa claustrum frater unus ...

Bemerkenswert ist die Erwähnung von Konversen und eines Hl. Kreuz-Altars (s. o.).

142r Gebetsvereinbarung mit (nachgetragener) Liste der verbrüderten Konvente (s. Taf. 10).

Sunt nonulle congregationes, que ita habent societatem nostram et fraternitatem, ut quando brevis mortui fratris eorum ad nos venerit vel nostri ad illos, si ante capitulum est in capitulo praesentatus legitur et capitulum cuius solito finitum officium ei cum pulsatione signorum et tribus luminariis canitur. Si autem post capitulum venerit, post vesperas signo ad vigiliam pulsato tabule percussione fratres convocantur et brevis recitatur et officium ei ut praedictum est et in crastino missa matutinalis canitur et praebenda una ei si est monachus in claustro, si est frater inter fratres in refectorio ea die ad elemosinam datur. Postea vero pro eo septenarius cum officiis et missis expletur. Quisque etiam presbiter ei missam cantabit, ceteri vero litterati L psalmos et illitterati totidem pater noster, nomen eius quoque scribitur in memoriale. He sunt congregationes: Bruuiningin[1], (von zeitgenössischer, der Texthand verwandter Hand nachgetragen:) *Průle,*[2] *S. Emmerammi,*[3] *Admunde,*[4] *B(am)bergensis,*[5] *Michilnuelt,*[6] *Enstorf,*[7] *Attile,*[8] *Uvezzinesbrunnen,*[9] *Aspach,*[10] *Uvihensteuen,*[11] *Madelhartesdorf,*[12] *Weltenburch,*[13] *Monasteriensis,*[14] *Chastellensis,*[15] *Salzpurch,*[16] *Bůron,*[17] (von anderer, späterer Hand:) *In Seon,*[18] (von anderer Hand:) *S. Iacobi apud Scottos,*[19] (von anderer Hand:) *Rott prope* ⟨. . .⟩,[20] ⟨. .⟩ *Attile.*[21]

1 Prüfening (bei Regensburg).
2 Prüll (in Regensburg).
3 Regensburg.
4 Admont (Österreich).
5 Bamberg.
6 Michelfeld (Oberpfalz).
7 Ensdorf (Oberpfalz).
8 Attel (Oberbayern).
9 Wessobrunn (Oberbayern).
10 Asbach (Niederbayern).
11 Weihenstephan (Oberbayern).
12 Mallersdorf (Niederbayern).

13 Weltenburg (Niederbayern).
14 Münster (Niederbayern).
15 Kastel (Oberpfalz).
16 Salzburg.
17 Benediktbeuren (Oberbayern).
18 Seeon (Oberbayern).
19 St. Jakob in Regensburg.
20 Rott am Inn (Oberbayern).
21 Attel (Oberbayern).

Albers, Untersuchungen S. 73 f. Anm. 4 glaubte auf Grund der hier aufgeführten „fast nur" in Bayern liegenden Klöster eine bayerische Herkunft der gesamten Hs. annehmen zu müssen. Dem widerspricht jedoch, daß die meisten Namen der Klöster nachgetragen sind und diese, vielleicht in Ochsenhausen vorgenommenen Nachträge nichts über den Entstehungsort der Consuetudines-Hs. aussagen.

Der Text der Gebetsvereinbarung zeigt wenig Ähnlichkeit mit den zwischen St. Blasien, Fruttuaria, Hirsau, Reichenau und Einsiedeln abgeschlossenen Gebetsvereinbarungen des späten 11. Jahrhunderts (vgl. Geuenich, Verbrüderungsverträge).

Hs. Kynžvart 69 (20. H. 39)

Sammelhandschrift mit Texten über das Hl. Land und die Kreuzzüge.

Perg.; 85 Bl.; 19,0-19,3 x 13,3 cm; 12./13. Jh.

Codex

Lagenformel: 10 IV^{80} + $(II + 1)^{85}$; Schriftraum: 15,0 x 11,0 cm; 30-31 Zeilen. Üblicher Königswarter Einband des 19. Jahrhunderts (20,4 x 13,6 cm), auf dem Rücken: *AECORTI (!) descriptio locorum sanctor⟨um⟩ et belli sacri. Manuscriptum Saec. XV.*; auf f. 1^{r} beide Ochsenhauser und Metternichscher Bibliotheksstempel. Da der runde Ochsenhauser Stempel auf die Schrift des Fr. Romanus *De loco . . .* aufgedrückt ist, muß er später als 1612/17 sein. Er ist wohl jünger als der rechteckige Ochsenhauser Stempel, der auf die Schrift Rücksicht zu nehmen scheint.

Schrift

Übergangsschrift zwischen später karolingischer und früher gotischer Minuskel, meist rundes d, OR-Ligatur auch im Wortinnern, i-Striche über Doppel-i, Doppel-p rücken eng zusammen; rote, zweibis dreizeilige vergrößerte Anfangsbuchstaben; auf f. 1r unten von der Hand des Fr. Romanus (17. Jh.): *De loco in quo Abraham immolare voluit Isaac,* von gleicher Hand Kapitelzählung des Adamnantextes; f. 23r nach Ende des Adamnantextes vermutlich von gleicher Hand: *Hic incipit alia Historia.*

Geschichte

Vermutlich gegen Ende des 12. Jahrhunderts in St. Blasien für Ochsenhausen geschrieben, wo die Hs. vielleicht durch den Cantor Trutwin „hergerichtet (gebunden?)" wurde (vgl. f. 85v *Gaudia cantori . . .*; Tüchle, S. 22); 1760 von Gerbert in Ochsenhausen gesehen.

Literatur

Schum, Mittheilungen, S. 459 n. 4.

G. A. Neumann, Description du manuscrit 20 H. 39 de la bibliothèque du prince de Metternich à Königswart (Variantes d'Arculf), in: Archives de l'Orient latin 1 (1881), S. 323-333.

P. Geyer, Adamnanus. II. Teil: Die handschriftliche Überlieferung der Schrift ‚De locis sanctis' (Progr. d. kgl. hum. Gymnasiums in Erlangen, Erlangen 1897), S. 24-26.

J. Leclerq, Études sur saint Bernard et le texte de ses écrits (Analecta Sacri Ordinis Cisterciensis 9, Rom 1953), S. 93 Anm. 5, S. 142 Anm. 6.

Čáda, S. 110-112.

Tüchle, Hildegardbrief, S. 20 ff.

Inhalt

a) 1r - 23r Adamnan, De locis sanctis.

Ed.: D. Meehan, Adamnan's De locis sanctis (Scriptores Latini Hiberniae 3, Dublin 1958); Adamnan, De locis sanctis, ed. L. Bieler, in: Itineraria et alia geographica (CC SL 175, Turnhout 1965), S. 175-234.

Zur handschriftlichen Überlieferung vgl. Geyer, Adamnanus. Ebda. S. 26 wird vermutet, der Text der Kynžvarter Hs. sei eine Abschrift aus dem Cod. Sangall. 320 (13. Jh.), was aber kaum zutreffen dürfte, da die St. Galler Hs. jünger als die Kynžvarter zu sein scheint.

b) 23^{r} - 24^{v} Brief des byzantinischen Kaisers Alexius Comnenus an Graf Robert von Flandern.

Ed.: C. Riant, Alexii Comneni Romanorum imperatoris ad Robertum Flandriae comitem epistola spuria (Genf 1879), S. 10-20 (ohne Berücksichtigung der Kynžvarter Hs.).

Der Brief (vom Jahre 1093) ist häufig in Verbindung mit der Historia hierosolymitana des Robertus Monachus [= u. c)] überliefert; vgl. C. Riant, Inventaire critique des lettres historiques des croisades, in: Archives de l'Orient latin 1 (1881), S. 1-224, Nr. XXXI ebda. S. 78-89.

c) 24^{v} - 82^{r} Historia hierosolymitana (Geschichte des 1. Kreuzzugs) des Robertus Monachus.

Ed.: Recueil des historiens des croisades. Historiens occidentaux III (Paris 1866), S. 717-882 (ohne Berücksichtigung der Kynžvarter Hs.).

d) 82^{rv} Brief des Patriarchen von Jerusalem u. a. an die abendländische Kirche (sonst nirgends überlieferter Anhang zur Hist. hierosolym.).

(H)ierosolimitanus patriarcha et episcopi tam greci quam latini universaque milicia domini et ecclesie, occidentali ecclesie consorcium celestis Hierusalem et sui laboris praemii porcionem.

Quoniam ecclesie incremento vos gaudere non ignoramus et sollicitos ad audienda tam adversa quam prospera credimus, ampliacionis prosperitatem sic notificamus. Innotescat igitur caritati vestre deum in XL civitatibus et in CC^{tis} *castris sue ecclesie triumphasse tam in Romania quam in Syria et nos adhuc habere deloricatis praeter vulgus C milia amissis tam multis in primis proeliis. Sed quid hoc? Quid unus in mille?*

Ubi nos habemus comitem hostes XL reges, ubi turmam hostes legionem, vero nos militem et illi ducem, vero peditem ipsique comitem, vero nos castrum et ipsi regnum. Nos autem non confisi in multitudine nec in viribus nec presumptione aliqua, sed clipeo Christi et iusti-

cia protecti Georio et Theodoro et Demetrio et beato Blasio militibus Christi vere nos committimus.

e) 82v - 85r Miracula facta in India (De adventu patriarchae Indorum ad urbem sub Calisto Papa II.; BHL 8145). Der gleiche Text in Hs. Kynžvart 72, f. 101r-105v, jedoch mit Abweichungen in einzelnen Formulierungen (s. u.).

f) 85r Nachtrag (12. Jh.): Brief Bernhards von Clairvaux an G(ottfried) von Staufen.

B(ernhardus) Clarevallensis vocatus abbas dilecto in Christo filio G(odefrido) der Stǒpho salutem et orationes. Karissimus filius noster, frater tuus Heinricus ad nos divertit et consilio nostro salutaris signi quod acceperat propositum non deposuit, sed longe melioravit. Pauper enim factus pro paupere Christo in domo pauperum Christi sub religionis habitu disposuit conversari. Quod tibi nec grave debet videri nec asperum, quia ipse cum Maria optimam partem elegit, quae non auferetur ab eo et faciem induit vere euntis Hierusalem non quae occidit prophetas sed eam cuius participatio in idipsum. Consolare igitur in verbis istis et memento quid inter vos novissime fueritis collocuti et sic age cum eo de omnibus ut a nobis et ab ipso gratiam et a deo misericordiam consequaris. Bene vale semper dilecte.

Ed.: fehlerhafter Abdruck bei Migne, PL 155, 654 nach Gerbert, Iter Alemannicum, S. 216 (dieser nach Hs. Kynžvart 69); Erwähnung der Hs. bei Leclerq, Études S. 93 Anm. 5 unter der irrigen Signatur „20. 4. 39" (statt 20. H. 39).

g) 85v (Nachtrag, 12./13. Jh.). Brief Bernhards von Clairvaux an die Äbte des Zisterzienserordens mit Warnung vor Teilnahme von Mönchen am (zweiten) Kreuzzug.

Tüchle, Hildegardbrief S. 20 f. druckte den Text der Kynžvarter Hs. ab. Seine Edition ist jedoch korrektur- und ergänzungsbedürftig und berücksichtigt nicht eine zweite, 1953 an zwei verschiedenen Stellen unabhängig voneinander publizierte Überlieferung dieses Bernhard-

Briefes.[287] Daher wird im folgenden der Text der Kynžvarter Hs. mit den Varianten der Hs. Wien ÖNB, Cod. lat. 388, f. 81ᵛ (Ende 12. Jh.) abgedruckt:

Reverendis dominis et dilectis fratribus universis abbatibus B(ernhardus) Clarevallensis abbas[a] *gratia dei abundare.*

Cum caritatis vestre[b] *ardor debite*[c] *religionis ad quoslibet fideles extendatur, maius tamen erga ipsos nostrum est stud⟨ium⟩, quos commune vite propositum pene fecit unum. Vestris itaque prosperitatibus gaudentes*[d] *de adversis non secus ac nostris*[e] *affligimur. Murmurationes quorundam fratrum vestrorum contra vos multorum relatu cognovimus*[f] *et ipsi ex parte audivimus, qui spreto conversationis sanctissime proposito tumultuanti seculo se infligere contendunt. Quid aliud est, quod Abiron et Datan murmurantes contra Moysen absorpti sunt a terra ⟨nisi men⟩tes talium desideriis terrenorum esse defossas? Quid tibi est cum multitudine, qui de singularitate censeris? Quid mundi gloriam requiris, qui in domo dei tui abiectus*[g] *esse elegisti? Quid ad te regionum circuitus, qui in solitudine vitam ducere professus es? Quid crucem vestibus assuis, qui hanc in*[h] *corde tuo baiolare*[i] *non cessas, si religionem conservas? Verborum itaque prolixitatem vitantes non nostra sed apostolica auctoritate generaliter dicimus: Si quis monachusve conversus*[k] *in expeditionem ierit, debite excommunicationis sententie subiacebit.*[l]

a *vocatus abbas* V. b *nostre* V. c *debito* V.
d *congaudentes* V. e oder *vestris*, Anfangsbuchstabe kaum lesbar.
f *novimus* V. g *eictus* V. h fehlt V.
i *baiulare* V. k *monachus conversusve* umgestellt V.
l zusätzlich: *Valete* V.

287 L. Grill, Ein unbekannter Brief Bernhards von Clairvaux, in: MIÖG 61 (1953), S. 383-384; Leclerq, Études, S. 142 f. Leclerq sah diesen Brief weniger in Zusammenhang mit dem zweiten Kreuzzug von 1147, sondern mit einem Slawenkreuzzug, da beide Überlieferungen des Briefes aus einem Gebiet „voisine de celle où se dirigeait cette croisade" (S. 142) stammten; gemeint ist Wien und Königswart. Diese Vermutung ist unbegründet, da erstens die heutige Bibliothekszugehörigkeit der Wiener Hs. nichts über ihren Entstehungsort aussagt, und zweitens die Königswarter Hs. nicht in Böhmen, sondern in St. Blasien entstanden ist.

h) 85ᵛ Kleinere Nachträge und Federproben (s. Taf. 10) von gleicher Hand wie der Bernhard-Brief, s. o. g):

Gaudia cantori celestia trade Geori
Trutwino librum tibi qui dedit atque patravit.

Federproben (13./14. Jh.): *verbum*
Si vere fratres divites esse.

Nachtrag (14. Jh.):
Si hat min herze in ir ban,
ich mues won sch(u)lden dulden belangen.

Hs. Kynžvart 72 (20. K. 18/I)

Sammelhandschrift: Manuale vorwiegend monastischen und homiletischen Inhalts (1. Teil).

Perg.; 215 Bl.; 16,3 x 11,1 cm; 12./13. Jh.

Codex

Lagenformel: 12 IV^{96} + $(IV + 1)^{105}$ + 2 IV^{121} + V^{131} + 3 IV^{155} + III^{161} + 3 V^{177} + 4 IV^{209} + I^{211} + III^{215}; am Beginn Verlust einer Lage, vermutlich eines Quaternio; Lagenzählung in römischen Ziffern von f. 56^v (*VIII*) bis 155^v; Schriftraum: f. 1-131: 11,6 x 8,4 cm, Begrenzung des Schriftraumes durch einfache horizontale und vertikale Linien, 25 Zeilen; f. 132-185: 12,4 x 7,6 cm, einfache horizontale, doppelte vertikale Begrenzungslinien, 23-25 Zeilen; f. 186-201: 14,3 x 9,5 cm, einfache horizontale und vertikale Begrenzungslinien, 28 Zeilen; f. 202-209: 13,7 x 10,6 cm (am Rand beschnitten), 27 Zeilen, f. 210-215: 14,1 x 8,4 cm, einfache Begrenzungslinien, 16 Zeilen. Üblicher Königswarter Einband des 19. Jahrhunderts (17,4 x 11,8 cm), auf dem Rücken: *Varia opuscula Radperti, S. Cesari et S. Cipriani. M. S. membran. Säc. XIV.* Auf f. 1^r runder Ochsenhauser und Metternichscher Stempel.

Schrift

Mehrere, teils sehr verschiedene Hände des 12.-13. Jahrhunderts; Hand 1: f. 1^r-100^r, späte, schrägovale karolingische Minuskel des 12. Jahrhunderts, rundes s nur in Abkürzungen, i-Striche über Doppel-i, kein rundes d; f. 106^r-131^v schrägovale karolingische Minuskel aus der Mitte des 12. Jahrhunderts oder etwas früher; die hinteren Teile der Hs. (f. 186-215) stammen mindestens teilweise aus dem 12. Jahrhundert, auf jeden Fall nicht ausschließlich aus dem 13. Jahrhundert, wie Čáda S. 116 angibt. Wenige, recht kunstlose, rote, federgezeichnete Initialen: f. 9^{v} neunzeilig Q, f. 106^{r} dreizehnzeilig Q, f. 161^{v} zwölfzeilig I; auf f. 88^{v} von einer Hand des 14. Jahrhunderts: *Adhuc usque ad proximum signum unus liber est et pertinet ad praedictam;* auf f. 186^{r} Ochsenhauser Einträge des 15. Jahrhunderts und Notiz von Fr. Romanus mit Datum (*A. 1612*).

Geschichte

Der Entstehungsort der einzelnen Teile der Sammelhandschrift ist nicht mit Sicherheit zu ermitteln. Sie stammt vermutlich aus St. Blasien. Im 15. Jahrhundert war sie in Ochsenhausen in Gebrauch. 1760 sah Gerbert sie in der Ochsenhauser Bibliothek.

Literatur

Čáda, S. 113-116.

Inhalt

a) 1^{r} - 34^{r} Isidor, Synonyma (sive lamentatio animae peccatricis).
Zu Beginn Textverlust: // *iudicor. Quod istud iudicium de mea sit iniusticia.* (PL 83, 836 C) . . .
Ed.: PL 83, 836-868.

b) 34^{r} - 100^{r} Paschasius Radpertus, De sacramento corporis et sanguinis Christi.
Sog. ‚1. Auflage' (vgl. Ed. S. IX).
Ed.: Pascasius Radpertus, De corpore et sanguine Domini. Cum appendice . . ., ed. B. Paulus (CC Cont. med. 16, Turnhout 1969), S. 1-130 (ohne Berücksichtigung der Kynžvarter Hs.).

c) 100^{r} (Nachtrag, 14. Jh.) Computus-Verse.
Rex furit elatus oculum claudendo beatus
Luce kaos terret hilari gentis quatit edem
Damnans nonne beatus animas karon in elisas
Primum sena quadrans duo septem quinqe tribus dans

A sex b quinque c bis bini d que terni
E duo monos in f septem discursitant in g
Eptat et f n (?) *bis quattuor plus quinque sonat uno*
G decas undecas o non ulterius salit ordo
b (?) *finit in v sed a terminat in q.*

Ed.: fehlerhafter Abdruck bei Čáda, S. 114.

Zum Text vgl. Walther I/1 16726; B. Bischoff, Ostertagtexte und Intervalltafeln, in: ders., Mittelalterliche Studien 2 (Stuttgart 1967), S. 192-225, ebda. S. 195 Anm. 20.

d) 101ʳ - 105ᵛ Miracula facta in India (BHL 8145).
Die Hs. enthält zahlreiche Varianten gegenüber der den gleichen Text enthaltenden Hs. Kynžvart 69, f. 82ᵛ-85ʳ (s. o.).

e) 106ʳ - 131ᵛ Exzerpte aus Rupert von Deutz, De meditatione mortis (lib. 1).

Libellus excerptus de libris domni Rŏperti Tuiciensis abbatis, quem paulo antequam obiret de meditatione mortis componere cepit et non perficere potuit.

Quid nunc agis, o animas? Saltim ab hinc eruditior esto . . . (131ᵛ) . . . *omnis, qui vivit et credit in me non morietur in eternum.* (Joh. 11,26) *Ipsi laus, honor et gloria et imperium a saeculo et nunc et semper in omnia sec. sec. Amen.*

Ed.: (von De meditatione mortis, lib. 1) PL 170, 357-390; die Hs. bringt mehr Text als der Druck.

M. Bernards (Rez.), Ruperti Tuitiensis commentaria . . ., in: Zs. für Kirchengesch. 84 (1973), S. 109-113, ebda. S. 110 verweist auf „einen Text der Meditatio mortis in der Staatsbibl. Olmütz (Fonds Kynžvart 20-K-18/I ff. 106a-131b; früher Abtei Ochsenhausen O. S. B., dann Bibliothek des Fürsten Metternich, Schloß Königswart)", womit wohl diese Hs. gemeint ist.

f) 132ʳ - 161ᵛ Caesarius von Arles (u. Ps. Caesarius), Collectio homiliarum decem ad monachos.
In Christi nomine incipiunt sancti Cesarii episcopi

Arelatensis Omeliae ad monachos.
hom. 1 (132^{r}-133^{v}) = sermo 4 (Ed. S. 21-25)
hom. 2 (133^{v}-136^{v}) = PL 67,1056
hom. 3 (136^{v}-140^{r}) = PL 67,1059
hom. 4 (140^{r}-144^{v}) = PL 67,1062
hom. 5 (144^{v}-145^{v}) = PL 67,1089
hom. 6 (146^{r}-148^{r}) = PL 67,1067
hom. 7 (148^{r}-152^{r}) = sermo 233 (Ed. S. 925-931)
hom. 8 (152^{r}-155^{r}) = sermo 235 (Ed. S. 936-939)
hom. 9 (155^{r}-159^{r}) = sermo 236 (Ed. S. 940-944)
hom. 10 (159^{r}-161^{v}) = sermo 234 (Er. S. 931-935)
Die Reihenfolge der Homilien ist identisch mit der Homiliensammlung M (Collectio homiliarum decem ad monachos); zur Verbreitung vgl. CC SL 103, S. XXXI-XXXIX.

Ed.: S. Caesarii Arelatensis Sermones, ed. G. Morin (CC SL 103/104, Turnhout 1953); die pseudocaesarianischen Homilien: PL 67, 1056 ff.

g) 161^{v} - 166^{v} Ps. Caesarius v. Arles, Sermo ad monachos.
Ed.: PL 50, 836-841 (Eucherius, Hom. 3).
Dieser Sermo ist in vielen Hss. als Anhang zur Collectio M (s. o.) überliefert; vgl. CC SL 104, S. 973.

h) 167^{r} - 168^{r} Ps. Columban, Instructio sive sermo V.
Ed.: G. S. M. Walker, S. Columbani opera (Script. Lat. Hiberniae 2, Dublin 1957), S. 84-86.
Zur Autorschaft vgl. Clavis 1107.

i) 168^{rv} Auszüge aus Hieronymus, Epistula Ad Rusticum monachum (ep. 125).
Epistola Ieronimi *Monachus vivat in monasterio sub unius disciplina patris consortioque multorum, ut ab alio discat humilitatem* . . . (168^{v}) . . . *et plenis sacculis moriuntur divites qui quasi pauperes vixerant.*

Ed.: S. Eusebii Hieronymi epistulae III: epp. 121-154, ed. I. Hilberg (CSEL 56, Wien-Leipzig 1918, Nachdr. New York-London 1961), S. 133-136 (ep. 125, 15-16).

k) 168^{v} - 170^{r} Ps. Hieronymus-Brief.

Ed.: PL S 3 (Paris 1963) 737-739 (nach: A. Wilmart, Les Monita de l'abbé Porcaire, in: Rev. bénéd. 26, 1909, S. 477-480).

l) 170^{r} - 180^{v} Regula monachorum Pauli et Stephani.

Ed.: PL 66, 950-958; J. E. M. Vilanova, Regula Pauli et Stephani. Edició crítica i comentari (Scripta et documenta 11, Barcelona 1959), S. 104-125 (ohne Kenntnis der Kynžvarter Hs.).

m) 180^{v} - 185^{v} S. Columbani regula monachorum (cap. 1-9).

Ed.: Walker, S. Columbani opera, S. 122-140.

P. Fleming benutzte für die Herausgabe der Regula monachorum des Columban in den ‚Collectanea sacra' (1667) eine Augsburger und eine Ochsenhauser Hs., welche beide sowohl Columbans Regula monachorum als auch seine Regula coenobialis enthielten. Die beiden Hss. sind nach Walker (s. o.) S. XLV heute verschollen. Die von Fleming benutzte Ochsenhauser Hs. enthielt die Regula monachorum in der „ten-chapter version" (vgl. Walker, S. XLIV f.). Die Hs. Kynžvart 72 enthält dagegen die „fourtain-chapter version" sowie zahlreiche Abweichungen gegenüber den bei Walker abgedruckten Varianten der von Fleming benutzten Ochsenhauser Hs. Die Überlieferung der Regula monachorum in der Hs. Kynžvart 72, welche also von der von Fleming benutzten Ochsenhauser Hs. unabhängig ist, war Walker nicht bekannt (vgl. ebda. S. XLV).

n) 186^{r} (Nachträge, 15.-17. Jh.).

Anno domini milesimo CCCC° anno secundo sub domino abbate Nicolao religioso domino nostro et priore ⟨. . . . . .⟩ et sequenti anno ⟨. . . .⟩pistrina et edificata est turris.

Darunter getilgter Text von anderer Hand des 15. Jahrhunderts.

Auf der unteren Hälfte der Seite von der Hand des Fr. Romanus: *Superiorem Scripturam pene erasam*

a nescio quo malefe⟨. .⟩abo, ita lego: Reconciliata seu reconsecrata est hac Ecclesia cum Choro cum amb . . . cum capella, a Venerabili Thoma Suffraganeo Coepiscopo Constant. Sub anno Domini MCCCC°XXVII° In die S. Bartholomei Apostoli Indictione V.
F(rater) R(omanus) A(nno) 1612.

o) 186^{v} - 201^{r} Cyprian, Octo epistolae ad Cornelium
1) 186^{v}-187^{v} = ep. 60 (Ed. S. 691-695)
2) 187^{v}-189^{v} = ep. 57 (Ed. S. 650-656)
3) 189^{v}-197^{r} = ep. 59 (Ed. S. 661-691)
4) 197^{v}-198^{v} = ep. 52 (Ed. S. 616-620)
5) 198^{v} = ep. 47 (Ed. S. 605-606)
6) 198^{v}-200^{r} = ep. 45 (Ed. S. 599-603)
7) 200^{rv} = ep. 44 (Ed. S. 597-599)
8) 200^{v}-201^{r} = ep. 51 (Ed. S. 614-616)

Ed.: S. Thasci Caecili Cypriani epistulae, ed. G. Hartel (CSEL III, 2, Wien 1871) (ohne Kenntnis der Kynžvarter Hs.).

p) 201^{v} Paraphrasierung des 1. Kap. (De signis quibus congregamur in idipsum) des 3. Buches des Liber officialis des Amalarius v. Metz.

Ed.: Amalarii episcopi opera liturgica omnia, ed. J. M. Hanssens, Bd. 2: Liber officialis (Studi e testi 139, Città del Vaticano 1948), S. 257-260.

De signis quorum sonitu fideles in unum vocantur.
Signorum usus a veteri testamento assumptus est . . .
. . . et usque in finem saeculi non cessabit.

q) 202^{r} - 207^{r} Prothemata in adventu verschiedener Personengruppen.

In adventu episcoporum et abbatum.
Vos estis sal terre. (Mt 5, 13) *Vos qui pastores estis, pensate quia dei a⟨ni⟩malia pascitis . . . . . . proficere ipsi contendunt per que iam profecisse ⟨. . .⟩imus quos veneramur. In adventu eorundem.*
(F)ili hominis, speculatorem dedi te domui Israel. (Ezech 3, 17) *Nondum quod eum quem dominus ad*

predicandum mittit ... (202^{v}) ... *et postmodum os sui corporis* ⟨. .⟩*eriat auribus plebis* ... (203^{v}).
In adventu principum.
Qui hoc mundo principis vel iudicis locum tenet, discat bonum queratque iudicium oppresso subveniat ... (204^{r}) ... *minus est ab eo qui fons est mansuetudinis implee*⟨. . .⟩. *In adventu regis.*
Princeps et iudex pius studeat iudicium et iusticiam in operibus propriis servare st⟨*u*⟩*deat* ...... *immarcescibilem gloriam praeparatam ostendit c*⟨*on*⟩*dicit. Qui sequitur iusticiam et misericordiam inveniet vitam et gloriam.*
In adventu consiliatorum principuum.
Evangelica parabola est quod quidam homo peregre
(204^{v}) *proficis*⟨*cens*⟩ // (204^{v}) // ⟨*tr*⟩*adidit servis suis talenta ad negotiandum* ...... *nostrum venturus iudex exigit* ⟨*q*⟩*uantum dedit.*
Isidorus In adventu monachorum.
⟨*A*⟩*lia praecepta sunt que dantur fidelibus communem* ...... *Qui vult inquid post me venire abne*⟨*get*⟩ *et ipsum.*
Augustinus In adventu eorundem.
(205^{r}) // (205^{r}) // *Fratres mei, quamdiu sumus corpus peregrinamur* ...... *Venientes autem venient in exultatione portantes manipulos.*
Ieronimus In adventu eorundem. Beatus qui divi-
(205^{v}) *nas scripturas legens verba* ... (205^{v}) ... *Sed et cellulam pro paradiso variarum scripturarum poma*⟨. . . . .⟩*pit.*
Effrem In adventu eorundem ...
(206^{r}) (206^{r}) *Gregorius In adventu pauperum* ...... (206^{v})
(206^{v}) *Iohannis Crisostomus In adventu pauperum* ...

r) 207^{r} - 209^{v} Abtswahl-Ordo.
Incipit ordo quomodo eligatur et consecratur abbas. Primum eligatur qui ordinandus est, abbas ab abbate et omni congreg⟨*atione*⟩ *aut certe ab una parte congregationis* ... (209^{v}) ... *domine aspirando praeveniet adiuvando prosequere.*

s) 210^{r} - 215^{v} Ps. Anselm von Canterbury, Homilia 9 (am Ende Textverlust) ... (215^{v}) ... *conferens in corde suo. Nemo ⟨umquam sicut ipsa gusta⟩vit quia suavis est dominus. ⟨Inebriabatur ab ub⟩ertate domus dei et tor //*

Ed.: PL 158, 644-649; zur Autorschaft vgl. A. Wilmart, Les hómelies attribuées à S. Anselme, in: Archives de l'histoire doctrinale et littéraire du moyen âge 2 (1927), S. 5-29.

Die Teile g), h), k), l) und m) der Kynžvarter Hs. finden sich auch in der Hs. Zürich, Zentralbibl. Rh. hist. 28, einem aus Teilen des 9.-12. Jahrhunderts zusammengesetzten Reichenauer Kapiteloffiziumsbuch, das u. a. einen Verbrüderungsvertrag zwischen Reichenau und St. Blasien enthält; vgl. L. C. Mohlberg, Mittelalterliche Hss. (Katalog der Hss. der Zentralbibliothek Zürich I, Zürich 1932-1952), S. 258-260 und Geuenich, Verbrüderungsverträge S. 22 ff.

Hs. Kynžvart 73 (20. K. 18/II)

Manuale vorwiegend monastischen und homiletischen Inhalts (2. Teil).

Perg.; 116 Bl.; 16,7 x 11,1 cm; 12. Jh.[2]

Codex

Unregelmäßig zusammengesetzt, da Verlust zahlreicher Blätter, Lagenformel: $III^{6} + 5\ IV^{46} + (IV - 1)^{53} + (II + 1)^{58} + (1 + 3\ IV)^{83} + I^{85} + III^{91} + (1 + IV)^{100} + IV^{107} + (IV + 1)^{116}$; Schriftraum: 12,7 x 7,5 cm; 28 Zeilen. Üblicher Königswarter Einband des 19. Jahrhunderts (17,8 x 11,6 cm), auf dem Rücken: *Tractatus varii theologici. S. Cesarii admonitiones M. S. membran. Säc. XIV.*; auf f. 1^{r} beide Ochsenhauser und Metternichscher Stempel (verkleinerte Abb. bei Čáda, Abb. 8d).

Schrift

Späte karolingische Minuskel von mehreren, teilweise schrägovalen

Händen, rundes s nur hochgestellt am Wortende; am Beginn von Abschnitten zweizeilige, rote Anfangsbuchstaben; vorderes und hinteres Vorsatzblatt liturgische Fragmente mit Neumen.

Geschichte

Vermutlich in St. Blasien für Ochsenhausen geschrieben.

Literatur

Čáda, S. 116 f.

Inhalt

Vorwiegend homiletische Texte (Caesarius v. Arles und Ps. Caesarius).

a) 1r - 43r (am Anfang Textverlust) Homilie (?).
// alii ex creaturis nisi soli homini concessit. Et hec est imago unitatis et trinitatis omnipotentis dei, quam anima tua habet in se. Primum quia secundum dei donum vivit ac sapit. Secundum quia ad imaginem tui creatoris conditus es. Tercium . . . (43r) . . . *quia est tibi cum eterno deo patre et spiritu sancto una dietas (!), gloria, virtus, imperium et potestas in sec. sec. Amen.*

b) 43r - 49v Praefatio des Briefs Hinkmars von Reims an Karl den Kahlen ‚De cavendis vitiis et virtutibus exercendis'.
Ed.: PL 125, 857-863.
Am Ende kein Textverlust, wie Čáda, S. 117 annimmt.

c) 50r - 116v Sammlung von Homilien des Caesarius v. Arles (u. Ps. Caesarius), der Homiliensammlung A (‚Liber sancti Caesarii') nahestehend (vgl. CC SL 103, S. XLV ff.).
1) 50r- 55v = sermo 179 (Ed. S. 724-729)
2) 55v- 59v = sermo 45 (Ed. S. 200-205)
3) 59v- 64r = sermo 36 (Ed. S. 154-161)
4) 64r- 68v = sermo 37 (Ed. S. 161-167)

5) 68^{v}- 70^{v} = sermo 40 (Ed. S. 177-179)
6) 70^{v}- 73^{v} = sermo 73 (Ed. S. 306-309)
7) 73^{v}- 76^{v} = sermo 74 (Ed. S. 309-312)
8) 76^{v}- 79^{v} = sermo 65 (Ed. S. 278-282)
9) 80^{r}- 83^{v} = sermo 5 (Ed. S. 25- 29)
10) 83^{v}- 85^{v} = sermo 32 (Ed. S. 139-142)
11) 85^{v}- 90^{v} = sermo 66 (Ed. S. 282-284)
12) 90^{v}- 93^{v} = sermo 34 (Ed. S. 147-150)
13) 93^{v}- 96^{r} = sermo 25 (Ed. S. 111-114)
14) 96^{r}- 98^{v} = sermo 79 (Ed. S. 325-328)
15) 98^{v}- 99^{v} ⟨. . .⟩*prosustendandis pauperibus. Beatus apostolus Paulus dum divites mundi huius prosustentandis Christi pauperibus admoneret . . .* (99^{v}) *. . . serve bone et fidelis intra in gaudium domini tui, praestante . . .*
16) 99^{v}-104^{r} = sermo 199 (Ed. S. 802-807)
17) 104^{r}-106^{r} = sermo 207 (Ed. S. 828-831)
18) 106^{r}-107^{r} = PL 67, 1075
19) 107^{r}-109^{r} = sermo 158A (Ed. S. 648-650)
20) 109^{r}-111^{r} = PL 67, 1078
21) 111^{r}-113^{r} = PL 67, 1094
22) 113^{r}-115^{r} = PL 38, 936; PL 110, 128
23) 115^{r}-116^{v} *De dandis ecclesie decimis. In libro Genesi ita legitur: At vero Melchisedeh rex sale proferens panem . . .* (116^{v}) *. . . sed ea, que per ipsa significantur, eterna sunt.*

Die Numerierung der Hs. ist lückenhaft:
1)-2) unnumeriert, 3) = *IV*, 4) = *V*, 5) = *V*, 6) = *VII*, 7) = *VIII*, 8) = *VIIII*, 9) = *X*, 10) = *XI*, 11) = *XII*, 12) = *XV*, 13) = *XVI*, 14) = *XVI*, 15) = *XVII*, 16) = *XVIII*, 17) = *XX*, 18) = *XXI*, 19) = *XXII*, 20) = *XIII*, 21) = *XXVI*, 22)-23) unnumeriert.

Ed.: wie Hs. Kynžvart 72, f) (s. o.).

d) 116^{v} (Nachtrag, 12. Jh., hellere Tinte).
Auszüge aus dem Concilium Romanum des Jahres 610 unter Papst Bonifatius IV. (am Ende Textverlust).
Ex concilio Bonefacii papae, qui quartus a beato

Gregorio fuit, quod liceat monachis ubi ubi (!) sacerdotali officio ministrare. Sunt nonnulli stulti dogmatis magis . . . . . . neque penitentiam aut christianitatem seu absolutionem largiri posse per sacerdotalis of //

Ed.: J. D. Mansi, Sacrorum conciliorum nova et amplissima collectio, vol. 10 (1760, Nachdr. Paris 1901, Wien 1960), S. 506 f.

Hs. Kynžvart 74 (20. K. 19)

Teile des NT (Actus apostolorum, Apocalypsis, Epistulae Catholicae) mit Prologen.

Perg.; 139 Bl.; 16,2-16,4 x 11,9-12,1 cm; 12. Jh.[1]

Codex

Lagenformel: I^{2} (wohl später vorgebunden) + 12 IV^{98} + III^{104} + 4 IV^{136} + $(1 + I)^{139}$; Lagenzählung in römischen Ziffern; Schriftraum: 11,0 x 7,3 cm; Zeilenzahl: f. 1^{r}-2^{v}: 24, f. 3^{r}-10^{v}: 17, danach 18, ab f. 120^{r}: 19, ab f. 137^{r}: 18. Üblicher Königswarter Einband des 19. Jahrhunderts (17,7 x 12,4 cm), auf dem Rücken: *Novi Testamenti Pars. M. S. membran. Säc. XIV.*; auf f. 1^{r} (später vorgebunden) Metternichscher Bibliotheksstempel, auf f. 3^{r} beide Ochsenhauser Stempel.

Schrift

Späte karolingische, schrägovale Minuskel der 1. Hälfte des 12. Jahrhunderts von mehreren Händen: rundes s nur hochgestellt am Wortende, relativ hohe Oberlängen, Verhältnis der mittleren Buchstabenelemente zu den Oberlängen etwa 1 : 2; f. 3^{r} neunzeilige, rote P-Initiale, f. 106^{r} (nach Čádas Zählung 107^{r}) mit brauner Tinte federgezeichnete, seitenhohe I-Initiale, mit Ocker grundiert, zwei in der Initiale verschlungene Vogelgestalten teilweise rot ausgemalt; am Beginn von Abschnitten zweizeilige rote Anfangsbuchstaben; zwischen f. 24 und 103 am Rand von Texthand ausgelassener Text ergänzt; am Rand von f. 71^{v} und 74^{v} gleiches spätmittelalterliches Nota-Zeichen wie in den Hss. Kynžvart 96 und 97 (s. u.); Perg. Vorsatzblatt (12. Jh.): Vorderseite conspectus, Rückseite Litaneifragment; hinteres Vorsatzblatt Antiphonarfragment mit Neumen.

Geschichte

Vermutlich in St. Blasien für Ochsenhausen geschrieben.

Literatur

Čáda, S. 117 f.

Inhalt

a) 1^r - 68^r Apostelgeschichte mit Prolog und Capitulatio (f. 1-2 wohl später vorgebunden).

1^r Prolog (Stegmüller 640)
1^r - 2^v Capitulatio
3^r - 68^r Actus apostolorum

b) 68^r - 103^v Johannes-Apocalypse mit Prolog und Capitulatio.

68^r - 69^r Prolog: *Johannes apostolus et evangelista a domino Christo electus atque dilectus in tanto amore dilectionis ab eo est habitus* . . . (69^r) . . . *querentibus laboris fructus et deo magisterii doctrina servetur* (ähnlich wie Stegmüller 624, aber nicht identisch).
69^r - 70^r Capitulatio
70^r -103^v Apocalypsis

c) 104^r - 138^v Epistulae Catholicae mit Prologen

1) Jacobus-Brief (104^r-114^r)
104^r-105^r Prolog (Stegmüller 809)
105^r zwei weitere Prologe (Stegmüller 806 u. 807)
105^{rv} Capitulatio
106^r-114^r Epistula Iacobi

2) 1. Petrus-Brief (114^r-121^v)
114^{rv} Prolog: (114^v) *Discipulus salvatoris invicti toto orbe* . . . . . . *sollicitudine exhortatur* (Anfang ähnlich wie Stegmüller 812, Schluß ähnlich wie Stegmüller 816).

114^{v}-115^{r} Capitula
115^{v}-121^{v} Epistula prima Petri

3) 2. Petrus-Brief (121^{v}-128^{r})
121^{v} Prolog (Stegmüller 818)
Capitulatio
121^{v}-128^{r} Epistula secunda Petri

4) 1. Johannes-Brief (128^{r}-134^{r})
128^{rv} Prolog (Stegmüller 822)
128^{v}129^{r} Capitulatio
129^{r}-134^{r} Epistula prima Iohannis

5) 2. Johannes-Brief (134^{r}-135^{r})
134^{r} Prolog: *Usque ad Eustochiam ad sanctam feminam scribitur . . . . . . in veritate prohibet* (ähnlich wie Stegmüller 823).
Capitulatio
134^{v}-135^{r} Epistula secunda Iohannis

6) 3. Johannes-Brief (135^{r}-136^{r})
135^{r} Prolog (Stegmüller 824)
135^{rv} Capitulatio
135^{v}-136^{r} Epistula tertia Iohannis

7) Judas-Brief (136^{r}-138^{v})
136^{r} Prolog (Stegmüller 825)
136^{rv} Capitulatio
136^{v}-138^{v} Epistula Iudae

d) 138^{v} - 139^{r} (Nachtrag, 12. Jh.) *Quibus locis singuli apostoli iaceant.*
Petrus et Paulus Rome, Iohannes evangelista Epheso, Andreas Patras . . . (139^{r}) . . . *Barnabas et Sylas Cyprocium (!) Constancia* (BHL 651).

e) 139^{v} (Nachtrag, 15. Jh.): *Anno domini M°CCCC* ⟨. . .⟩ *Octavo* ⟨. . . . .⟩ *festum sancti Viti.*
(Nachtrag, 15. Jh., von gleicher Hand ?) *Johannes scripsi.*
(Nachtrag, 17. Jh.?): *Anno domini M°CCCC Octavo* ⟨. . . .⟩*festum sancti Viti.*

Hs. Kynžvart 75 (20. K. 20)

Sammelhandschrift (Teil 1: Poenitentiale, Teil 2: metrischen Viten/ Passionen der Hll. Blasius, Georg und Alexius).

Perg.; 149 Bl.; 16,1 x 11,5 cm; Teil 1: 12. Jh.[1], Teil 2: 12. Jh.[2]

C o d e x

Hs. später aus mehreren Teilen zusammengebunden;[288] Lagenformel: 9 IV^{72} + III^{78} (= Teil 1) + $(\mathrm{V}-1)^{87}$ + IV^{95} + II^{97} + $(\mathrm{V}-1)^{106}$ + IV^{113} (f. 110 doppelt gezählt) + II^{117} + 4 IV^{149}; durchgehende Lagenzählung von f. 1-78 (78^v: *X*), sonst nur gelegentlich (f. 99^r: *III*, f. 126^r: *IIII*, f. 142^r: *III*); Schriftraum: f. 1-78: 12,4 x 8,5 cm, 26-27 Zeilen; f. 79-96: 12,8 x 9,5 cm, 22-27 Zeilen; f. 99-117: 13,0 x 7,0 cm, 19 Zeilen; f. 118-125: 12,6 x 9,3 cm, 18 Zeilen; f. 126-149: 13,1 x 9,5 cm, f. 126-141 18-19 Zeilen, f. 142-149 20-21 Zeilen. Üblicher Königswarter Einband des 19. Jahrhunderts (17,5 x 12,1 cm), auf dem Rücken: *Liber penitentialis. Vita S. Blasii, Gregorii (!), et Eufemiani (!). M. S. memb: Säc. XIV.*; auf f. 1^r runder Ochsenhauser und darunter Metternichscher Stempel, auf f. 2^r rechteckiger Ochsenhauser Bibliotheksstempel.

S c h r i f t

Teil 1 (f. 1-78) späte karolingische, schrägovale Minuskel der 1. Hälfte des 12. Jahrhunderts:[289] rundes s nur hochgestellt am Wortende, ct oft ligiert; Randbemerkungen von gleicher Hand (s. u. Inhalt); zwei siebenzeilige, rote federgezeichnete Ranken-Initialen (f. 1^v Q, f. 24^v P); zu Beginn von Abschnitten zweizeilige, rote Anfangsbuchstaben; Teil 2 (f. 79-149) von mehreren Händen: f. 79^v-96^v der ersten Hand verwandte Schrift, aber i-Striche über Doppel-i; f. 97^v Nachtrag von einer Hand aus dem Ende des 12. oder Beginn des 13. Jahrhunderts, Brechung durchgeführt, rundes d, OR-Ligatur (*dolOR*),

[288] Gerbert erwähnt in seinem Iter Alemannicum (1765), S. 216 das Poenitentiale und fährt fort: „Passio S. GEORGII M. patroni monasterii, uti in alio codice [!] passio S. BLASII rhytmice composita." Dies scheint darauf hinzuweisen, daß das Poenitentiale bei Gerberts Besuch in Ochsenhausen i. J. 1760 noch nicht mit den Passiones in einem Band vereinigt war.

[289] So auch Kottje (s. u. Lit.), S. 36 f. Anm. 70 im Gegensatz zu Čáda S. 118, der die ganze Hs. in die 2. Hälfte des 12. Jhs. datiert.

f. 98^{r} ebenfalls Nachtrag des 12./13. Jahrhunderts (gleiche Hand?); f. 99^{r}-117^{v} schrägovale, späte karolingische Minuskel der 2. Hälfte des 12. Jahrhunderts: rundes s hochgestellt am Wortende und in Abkürzungen, vereinzelt rundes d; f. 118^{r}-125^{v} zierliche, schrägovale Minuskel der 2. Hälfte des 12. Jahrhunderts: rundes s hochgestellt am Wortende und in Abkürzungen; f. 126^{r}-149^{v} den beiden vorhergehenden Händen ähnliche und etwa zeitgleiche Schrift.

Geschichte

Teil 1 (Poenitentiale) in der 1. Hälfte des 12. Jahrhunderts in St. Blasien für Ochsenhausen geschrieben, Teil 2 (Passiones) vermutlich ebenfalls dort verfaßt und niedergeschrieben (oder von einem St. Blasianer Mönch in Ochsenhausen?); 1760 von Gerbert in Ochsenhausen gesehen (vgl. oben Anm. 288).

Literatur

Čáda, S. 118-120.
Kottje, Kirchenrechtliche Interessen, S. 36 ff.

Inhalt

	1^{r}	leer
a)	1^{v}- 78^{r}	Poenitentiale *Incipit liber penitentialis ex scrinio Romane ecclesie assumptus . . .* (78^{r}) *. . . secundum ordinem canonum pro merito suo excommunicetur et reconcilietur.* Zusammengesetzt aus dem ‚Poenitentiale Ps. Romanum', Hrabans ‚Poenitentiale ad Heribaldum', Halitgars ‚liber sextus' und Auszügen aus anderen Bußbüchern; vgl. Kottje S. 36 ff. Nach Kottje ist das Poenitentiale der Hs. Kynžvart 75 mit drei Hss. der Bernold-Zeit aus dem Bodenseegebiet (Cod. Sangall. 676; Stuttgart HB VI 107; Clm 3909) verwandt (a.a.O. S. 38: „gemeinsame Sonderrezension des Hraban- und Halitger-Textes"). Am Rand Bemerkungen von der Texthand.

18^{v} Text: *Profundens aliquis calicem super altare, quando auferuntur linteamina septem diebus penitet. Si ceciderit instram sacrificium septem diebus penitet. Vomens sacrificium gravatus saturitate ventris quadraginta diebus penitet. Si in ignem proiecerit viginti diebus penitet.*
Am Rand: *Nota corpus domini nec a vermibus posse consumi, nec in cinerem verti nec alicui corruptioni vel mutationi penitus subiacere, sed hec dicuntur et permittuntur videri quantum ad sensus tantum quibus etiam videntur esse panis, cum sit verum corpus Christi.*

25^{r} Text: *IIII. In concilio Ancirano kapitulo XXII° scriptum est, de his, qui non sponte homicidium commiserunt . . .*
Am Rand: *Kapitula, que auctor libri huius etiam ex sua persona composuit, inter auctentica Mogonciacensis concilii capitula computavit et eidem concilio pro canonicis annumeravit. Verbi igitur ut praesens capitulum, item et VII., X., XXX.*

38^{r} Text: *XIIII. In decretis Celistini pape kapitulo XV. scriptum est, quod nulla ultima penitentia sit deneganda. Agnovimus enim penitentiam morientibus denegari nec illorum desideriis annui, qui obitus sui tempore anime sue cupiunt remedio subveniri. Horremus fateor tante impietatis aliquem reperiri, ut de dei pietate desperet . . .*
Am Rand: *Pelagius dogmatizavit veniam peniten(ti)bus dari non secundum gratiam dei sed secundum merita et labores eorum. Quam heresim tamen ipse in Palestina sinodo anathematizavit.*

38^{v} Text: *Cum esse in pena penituit et per unius sermonis professionem habitaculum paradysi deo promittente promeruit. Vera ergo ad deum conversio in ultinis positorum mente potius estimanda est quam tempore . . .*
Am Rand: *Ysidorus in libro de offi(cio) hi qui peni-*

tentiam gerunt capillos et barbam nutriant, ut demonstretur habundantiam criminum quibus caput peccatoris gravatur. Capilli non pro vitiis accipiuntur sicut scriptum est: Et carnibus peccatorum suorum unusquisque constringitur (Prv 5,22).

55v Text: *Si quis mathematicus fuerit soribus tempestatum VI et per invocationem demonum mentes tulerit V annis penitet II in pane et aqua. Si quis immissor tempestatum fuerit V annis penitet in pane et aqua.*
Am Rand: *Hoc dicitur secundum fidem ipsorum qui se putant talia facere et infideles sunt. Deus non solus sensus hominum et mutat elementa prout vult.*

67r Text: ... *Sed hec omnia magicis praestigiis potius fingebantur quam rerum veritate compellerentur.*
Am Rand: *magos, nigromanticos, divinos, incantatores, ariolos, aruspices, augures, auspices, matematicos, salisatores, orospicos.*

79r (ursprünglich leer; Nachtrag, 14./15. Jh.) Ars dictandi.
Dominus apostolicus cuicumque scribat, nomen suum praetermittit et omnes appellat in Christo dilectos filios exceptis patriarchis, archiepiscopis, episcopis ... ... exemplo: Sanctissimo patri et domino Honorio dei gratia sanctae universalis ecclesie summo pontifici. A. marchio talis eius ... ... reverentiam et debitum famulatum.

b) 79v - 96v Vita et passio S. Blasii.
(79v) *⟨Vi⟩ta vel passio sancti Blasii archiepiscopi versifice composita.*
(80r) *Est martyr blandus   Blasius venerandus amandus*
Nobilitas magnum   pietas hoc retinuit agnum
Stirpeque Capadocus   meritis fulsit speciosus
Urbe Sebastena   natum mens ornat amena
A teneris annis   est mansuetudine grandis
...
(96v) ...

Omnibus et praesens ero quoque rogant sibi praebens
Mox pueris iunctis iugulatur celitus unctis
Quos pius instruxit quos ad bona talia duxit
Complevit cursum tendit vestigia sursum
Ante dei vultum gaudet per secula multum.

97^r leer

97^v - 98^r Nachträge (12./13. Jh.)

(97^v) *Totus tranquille vivas per secula mille*
Henricus socius quod petit ille tuus
Ut teneas mores comptos virtutis honores
Percipe serve dei verba benigna mei.
Mundus habet florem quo multis nutrit amorem
Prohdolor vero per amorem carpant hunc sibi florem
Res varias florem cosmique vocamus amorem
Quem fronesis per amorem nitere spernere florem
Et gerito florem qui verum stillat amorem
Ut tibi donet amorem virtutum quoque florem
Si colis hunc florem cari dat odoris amorem
Ac tibi gignit amorem si celebras bene florem
Prelibata noys tua penset
Ptongo que me typana suasit
Hinc lingue volo parcere plectro
Autem vale tibi dicere large.

(98^r) *Salve flos Jesse per te datur omnibus esse*
Matres exultant Jesus et baptista resultant
Dans vite portum Christus processit adortum
Sint lies et leges dant mistica munera reges
Hic presentur sed mater purificatur
Hic baptizatur per quem baptisma sacratur
Pascitur et pascit signans quod traditor assit
Ore notat Christum Iudas tradendo magistrum
Conspuit et velat plebs hunc qui cuncta revelat
Cur sine causa cedere Christum plebs fuit ausa
Lignum portavit quia ligni damna notavit
Victima crux sanguis sanat quos leserat anguis
Christus surrexit descendit Adamque revexit

Victor Adem fortis   portas adtollite mortis
Filius ascendit   rediens qui cuncta rependit
Gaudia dat vite   domino servire venite.

98v leer

c) 99r - 117r *Passio Sancti Georgii martyris*
Inclitus et magnus   stat in arce GEORGIVS almus
Pupuree vestis   fulgor meriti[ti] sibi testis
Sanguinis et magnus   decorat super etera laurus
Purpura marturii   grate facit hunc redimiri
Preclarus renitet   roseo diademate ridet
. . .
(116v) . . .
Sed pro posse tuo   teneas in pectore puro
(C)onformis consignans factis   rebus tam forti-
ter actis
Si par in regno   iusti vis esse superno [a]
(117r) *Sis socius*//(117r)//*morum   consors eiusque laborum*
Verum dicatur   verum sit ut hoc [b] *teneatur*
Hoc insigne bonum   nobis det vita suorum.
Amen.
(Rest von f. 117 abgeschnitten)

117v leer

d) 118r - 125v Anhang zur Passio S. Georgii (?).
Ut vivas talis   sub Christi deprecor alis
Quo socieris ei   qui semper erit requiei
Si velud ignotum   me nolles ducere motum
Quem pacior traica   cuperest tibi promere carta
Hic sic longevus   sic atque per omnia sevus
. . .
(125v) . . .
Hec si conplebis   bona vera fruendo tenebis
Atque dei natus   per talia facta probatus
Ex cuius rivis   fluit omnis gratia civiis
Consors regnorum   gaudebis in arce suorum
Auctor sit vite   tibi dux et fautor ubique.

a korrigiert aus *superna.*
b ab *hoc* einschließlich von späterer Hand ergänzt.

(von späterer Hand hinzugefügt:) *Amen.* unten von neuzeitlicher Hand (18. Jh.?): *De S. Eufemiano* (bezieht sich auf den folgenden Text).

e) 126r - 149v Passio S. Alexii [290]

Civis Romanus regum par Eufemianus
Nobilis et clarus merito cunctis quoque carus
Nobilitas darum fecit pietas quoque carum
Undique famosus morum probitate decorus
Diviciis plenus nullius honoris egenus
...

(149v) ...
Praecedunt reges sancto famulamine plebes
Inponunt humeris precios aque pignora letis
Totius mundi domini sitiunt sibi subdi
In regno primi lete famulantur et illi
Et ne sint digni servire timent illi.

Unten von neuzeitlicher Hand (18. Jh.?): *De S. Udalrico* (bezieht sich vielleicht auf einen folgenden, verlorengegangenen Text).

Sämtliche Texte des 2. Teils der Hs. (f. 79-149) scheinen nur hier überliefert zu sein.

Hs. Kynžvart 78 (20. K. 24)

Ordo quotidianus (Fructuariensis).
Perg.; 54 Bl.; 15,6 x 10,6 cm; 12. Jh.[1]

Codex

Lagenformel: $I^{1} + 6\ IV^{48} + III^{54}$, ohne Lagenzählung; Schriftraum: 11,6 x 8,2 cm; 23-25 Zeilen. Üblicher Königswarter Einband des 19.

[290] Freundl. Hinweis von Herrn Prof. B de Gaiffier (Societé de Bollandistes, Brüssel; Schreiben vom 8. 3. 1977); bei Čáda, S. 120 irrig: „Vita et passio S. Eufemiani" (Eufemianus war der Vater des hl. Alexius und wird in der ersten Zeile des Textes genannt).

Jahrhunderts (16,7 x 11,2 cm), auf dem Rücken: *Ordo quotidianus pro Monasterio Fructuariensi MS. membran. Säc. XIV.*; f. 1r unten rechteckiger Ochsenhauser Bibliotheksstempel und Metternichscher Stempel, oben (von einer Hand des 17. Jhs.): *Monasterii Ochsenhausani.*

Schrift

Späte karolingische Minuskel aus der 1. Hälfte des 12. Jahrhunderts: rundes s nur hochgestellt am Wortende und in Abkürzungen, ct meist ligiert, neben geradem d auch rundes d verwendet; rote, ein- bis fünfzeilige vergrößerte Anfangsbuchstaben; auf dem später vorgebundenen Pergamentblatt f. Ir größerer Eintrag des Fr. Romanus von 1617 (s. u.).

Geschichte

Wohl in St. Blasien für Ochsenhausen hergestellt, 1617 in Ochsenhausen von Fr. Romanus benutzt.

Literatur

Čáda, S. 121 f.; (nicht erwähnt von Albers, Untersuchungen, wie Čáda S. 122 irrig angibt).

Inhalt

Ir (Nachtrag, 17. Jh.) *Ordo Quottidianus.*
Pro Monasterio Fructuariensi Ordinis Sancti Benedicti olim usurpatus sub Reverendissimo Domino Beato Wilhelmo eiusdem loci Abbate. Hec omnia probant ipsa hec opuscula. Vide cap. 1 huius libelli. Vide item c. 26 huius libelli et c. 46 libri alterius M. S. De Ordine in Festivitatibus [= Hs. Kynžvart 52], *ubi eadem verba formalia sepius repetuntur, etiam c. 36 et 50.*m *eiusdem Ordinis in Festivitatibus in quoque posteriori Monasterium Fructuariense expresse nominatum invenies. Wilhelmum etiam Abbatem virum religiosissimum passim per adnotationem invenire licebit. Hec in tuam gratiam lector. Ad sermonis stylum simplicem ne stomacheris, non* ⟨. .⟩ *tam tuo iudicio olet ignorantiamque nec veterem regularem obser-*

vantiam quam nisi consideres attentius admiratio de rebus ⟨. .⟩tollet, non ambigo risum de verbis. Vale et fruere.

F. Romanus Ochsenhausanus Monachus et pro tempore Prior. A. 1617.

1^{r} - 2^{r} Capitula

Incipiunt capitula de ordine cottidiano.

I. De matutinis.

II. Quando post matutinos ad lectos ire et quomodo se in eis collocare debeant.

III. De ternis orationibus in mane et aliis causis ante primam faciendis.

. . . (1^{v}) . . .

XXXVIII.De his qui ad generale completorium non sunt quali // (2^{r}) *// ordine idem completorium postea cantare debeant.*

Expliciunt capitula.

2^{r} - 54^{v} Ordo quotidianus

Incipit ordo cottidianus.

In primis quomodo ad matutinum surgendum sit. In primis nocturnis horis dum ad opus divinum surrexerit frater, primum sibi signum sanctae crucis imprimat per invocationem sanctae trinitatis, deinde psalmis et orationibus se deo commendans et gratias agens, interim nocturnalibus calciet se. Postea cooperto lecto provideat sibi corporee necessitatem nature . . . (54^{v}) *In dormitorium pergant capit[i]um in capite ponant et nec illis nec ceteris qui completorium audiunt licet postea ambulare in ullo loco ut capitum in capite non teneant. Omnipotens deus adiu(v)et nos implere factis que scripta sunt verbis. Amen.*

Hs. Kynžvart 92 (25. C. 5) *

Teile des AT (Oktoteuch).
Perg.; 160 Bl. (+ 2); 34,5 x 23,0 cm; Anfang 9. Jh.

Codex

Lagenformel: s. Čáda, S. 136; vorderes und hinteres Vorsatzblatt Antiphonar-Fragment des 12. Jahrhunderts; Schriftraum: 26,5 x 18,0 cm. Zum Einband (üblicher Königswarter Einband des 19. Jahrhunderts) s. Čáda, S. 136.

Schrift

Alemannische Minuskel aus dem 1. Viertel des 9. Jahrhunderts (nicht „s. IX./2.", wie Čáda S. 136 angibt), vgl. Čáda Abb. 1 (= f. 42^r).

Geschichte

Die Hs. wurde im ersten Viertel des 9. Jahrhunderts in St. Gallen geschrieben und in der Mitte des 9. Jahrhunderts dort „nach der Alkuinbibel St. Gallen korrigiert." [291] Wie sie nach Ochsenhausen kam, ist unbekannt (vermutlich über St. Blasien). 1760 sah Gerbert sie bei seinem Besuch in Ochsenhausen.

Literatur

Schum, Mittheilungen, S. 458 nr. 1.
Fischer, Bibeltext, S. 204 f.
Čáda, S. 136-138 mit Abb. 1 (fol. 42^r).
Biblia sacra iuxta Vulgatam versionem, S. XXVI.

Inhalt

Oktoteuch, „Anfang bis Lv 26 . . . verloren" [292].
Ed.: Biblia sacra, wo die Hs. unter der Sigle S aufgeführt ist (s. ebda. S. XXVI).

* Eine Einsicht des Originals war mir nicht möglich. Ich konnte jedoch einen am Vetus Latina Institut (Beuron) vorhandenen Mikrofilm der Hs. einsehen. Die codicologischen Angaben wurden von Čáda übernommen.

291 Fischer, Bibeltext, S. 204 f.

292 Fischer, Bibeltext, S. 205.

Hs. Kynžvart 93 (25. C. 7/I)

Augustinus, Homilien zum Johannes-Evangelium (Teil 1).
Perg.; 212 Bl.; 34,1 x 23,6 cm; 12. Jh.[1]

Codex

Ursprünglich wohl ganz aus Quaternionen, Lagenformel: 9 IV^{72} + 1^{73} (10. und 11. Quaternio mit Ausnahme von f. 73 verloren) + 17 IV^{209} + $(I + 1)^{212}$, mit Lagenzählung (f. 8^v *I*, f. 73^v *XI*), auf f. 85^v und 185^r alte Bleifoliierung: *100*, bzw. *200*; f. 212 unterhalb des Textendes abgeschnitten; Schriftraum: 25,8 x 17,6 cm; 37-39 Zeilen. Üblicher Königswarter Einband des 19. Jahrhunderts (35,8 x 24,9 cm), auf dem Rücken: *S. Augustini homiliä super Joannem. M. S. membran. Saec. XIV. Pars. I.*; auf f. 1^r rechteckiger Ochsenhauser Bibliotheksstempel und Metternichscher Stempel.

Schrift

Regelmäßige, schrägovale, späte karolingische Minuskel (wohl gleiche Hand wie Hs. Kynžvart 94, ähnlich wie Hs. Straßburg 1) (s. Taf. 11): rundes s meist nur hochgestellt am Wortende und in Abkürzungen, kein rundes d; am Beginn der Homilien meist ganz mit roter, selten auch teils mit brauner Tinte federgezeichnete Ranken-Initialen (6-20 Zeilen hoch), teilweise mit darin verschlungenen Tiergestalten (ähnlich wie Hs. Straßburg 1) (s. Taf. 11); f. 3^v (Textbeginn) erste Zeile in schwarzer, zweite in roter Ziermajuskel.

Geschichte

Vermutlich in St. Blasien für Ochsenhausen geschrieben, 1760 von Gerbert in Ochsenhausen gesehen.

Literatur

Čáda, S. 138 f.

Inhalt

1^r - 3^r Anfänge der Themen zu den Homilien der Hss. Kynžvart 93 und 94.

3^{v} - 212^{r} Homiliae 1-54.
Ed.: S. Aurelii Augustini in Iohannis evangelium tractatus CXXIV, ed. R. Willems (CC SL 36, Turnhout 1954), S. 1-463 (ohne Nennung der Kynžvarter Hss.).

Hs. Kynžvart 94 (25. C. 7/II)

Augustinus, Homilien zum Johannes-Evangelium (Teil 2) und De doctrina christiana libri IV.

Perg.; 190 Bl.; 34,2 x 24,5 cm; 12. Jh.[1]

Codex

Lagenformel: 15 IV^{120} + $(IV - 2)^{126}$ + 8 IV^{190} mit Lagenzählung in römischen Ziffern; zwischen f. 120 und 121 fehlen zwei Blätter (Textverlust, s. u.); Schriftraum: 26,7 x 15,9 cm; 33-38 Zeilen. Üblicher Königswarter Einband des 19. Jahrhunderts (35,9 x 24,9 cm), auf dem Rücken: *S. Augustini homiliä super Ioannem. MS. membran. saec. XIV.*; auf f. 1^{r} beide Ochsenhauser und Metternichscher Bibliotheksstempel.

Schrift

Gleiche schrägovale, späte karolingische Minuskel der 1. Hälfte des 12. Jahrhunderts wie Hs. Kynžvart 93 (s. Taf. 11); am Beginn der Homilien Initialen (wie Hs. Kynžvart 93); in Ausstattung und Größe den Handschriften Kynžvart 93 und Straßburg 1 (s. u.) nahestehend.

Geschichte

Wie Hs. Kynžvart 93 (s. o.).

Literatur

Čáda, S. 139.

Inhalt

a) 1^{r} - 129^{v} Augustinus, Homiliae in Iohannis Evangelium 55-124 (pars 2).
Ed.: CC SL 36 (s. o. zu Hs. Kynžv. 93) S. 463-688.

b) 130r - 190v Augustinus, De doctrina christiana.
Am Rand zahlreiche Stichworte zum Text.
Ed.: S. Aurelii Augustini, De doctrina christiana, De vera religione, ed. I. Martin (CC SL 32, Turnhout 1962), S. 1-167 (ohne Nennung der Kynžvarter Hs.).

Hs. Kynžvart 96 (25. C. 13)

Hieronymus, Prophetenkommentare (Daniel, Jonas, Naum, Sophonia, Aggaeus, Abdias).

Perg.; 96 Bl.; 34,1 x 23,2 cm; 12. Jh.[2]

Codex

Lagenformel: 12 IV^{96} mit Lagenzählung in römischen Ziffern; vorne und hinten je zwei leere Papier-Vorsatzblätter; Schriftraum: 26,8 x 16,7 cm; zwei Spalten, 41-42 Zeilen. Üblicher Königswarter Einband des 19. Jahrhunderts (35,4 x 24,4 cm), auf dem Rücken: *S. Ieronimi expositio in Danielem. Manuscriptum membran.*; auf f. 1r Metternichscher Bibliotheksstempel.

Schrift

Späte karolingische, schrägovale Minuskel der 2. Hälfte des 12. Jahrhunderts (s. Taf. 12): neben geradem auch rundes d, teilweise i-Striche über Doppel-i, rundes s nur hochgestellt am Wortende und in Abkürzungen; zu Beginn von Abschnitten zwei- bis fünfzeilige rote Initialen; f. 1r rote, zwölfzeilige, federgezeichnete Ranken-Initiale C; am Rand gleiche Nota-Zeichen wie in Hs. Kynžvart 97; in Schrift und Ausstattung der Hs. Kynžvart 97 nahestehend.

Geschichte

Das Fehlen von Ochsenhauser Bibliotheksstempeln und die Nichterwähnung in Gerberts ‚Iter Alemannicum' legen die Vermutung nahe, die Hs. sei möglicherweise nicht aus Ochsenhausen, sondern aus einem anderen Bestand in die Metternichsche Bibliothek auf Schloß Königswart gelangt. Für eine Ochsenhauser Provenienz spricht aber die Verwandtschaft mit der Hs. Kynžvart 97, deren Ochsenhauser Herkunft gesichert ist.

L i t e r a t u r

Čáda, S. 141 f.

I n h a l t

a) 1^r - 32^v Daniel-Kommentar
Ed.: S. Hieronymi presbyteri commentariorum in Danielem libri III ⟨IV⟩, ed. F. Glorie (CC SL 75A, Turnhout 1964), S. 771-950 (ohne Nennung der Kynžvarter Hs.).

b) 33^r - 46^r Jonas-Kommentar
Ed.: S. Hieronymi presbyteri commentarii in prophetas Osee, Ioelem, Amos, Abdiam, Ionam, Michaeam, ed. M. Adriaen (CC SL 76, Turnhout 1969), S. 377-419 (ohne Nennung der Kynžvarter Hs.).

c) 46^r - 62^v Naum-Kommentar
Ed.: S. Hieronymi presbyteri commentarii in prophetas Naum, Abacuc, Sophoniam, Aggaeum, Zachariam, Malachiam, ed. M. Adriaen (CC SL 76A, Turnhout 1970), S. 525-578 (ohne Nennung der Kynžvarter Hs.).

d) 62^v - 79^v Sophonia-Kommentar
Ed.: CC SL 76A (s. o.), S. 655-711.

e) 79^v - 90^r Aggaeus-Kommentar
Ed.: CC SL 76A (s. o.), S. 713-746.

f) 90^r - 96^v Abdias-Kommentar
Ed.: CC SL 76 (s. o.), S. 349-374.

Hs. Kynžvart 97 (25. C. 14)

Augustinus, Sermones zu den Evangelien (und Pseudo-Augustinische Sermones).

Perg.; 109 Bl.; 33,7 x 22,8 cm; 12. Jh.[2]

Codex

1^{I} + 13 IV^{104} + $(2 + I)^{108}$; Foliierung von frühneuzeitlicher Hand (16. Jh.?), von gleicher Hand auf f. I^{r}: *In Ochsenhusen pertinet liber iste*; Schriftraum: 26,4 x 17,3 cm; zweispaltig, 41-42 Zeilen (wie Hs. Kynžv. 96!). Üblicher Königswarter Einband des 19. Jahrhunderts (35,3 x 24,3 cm), auf dem Rücken: *S. Augustini sermones de verbis Domini. Manuscriptum membran.*; auf f. 1^{r} beide Ochsenhauser, auf f. I^{r} Metternichscher Bibliotheksstempel.

Schrift

Späte karolingische, schrägovale Minuskel (ähnlich wie Hs. Kynžv. 96); f. 1^{r} zehnzeilige, rote, federgezeichnete Ranken-Initiale (ähnlich wie Hs. Kynžv. 96) (s. Taf. 12); zu Beginn der Sermones drei- bis fünfzeilige Initialen; am Rand gleiche Nota-Zeichen wie in Hs. Kynžvart 96 (s. o.).

Geschichte

Der Besitzeintrag des 16. (?) Jahrhunderts (s. o.) sichert die Ochsenhauser Provenienz der Hs.; vielleicht wurde sie in St. Blasien für Ochsenhausen hergestellt.

Literatur

Čáda, S. 142 f.

Inhalt

I^{rv} Wohl unmittelbar nach Fertigstellung der Hs. von der Texthand geschriebene Übersicht über die Themen der Sermones; später, von der o. g. Hand des 16. (?) Jahrhunderts Folioangaben dazugesetzt.
Incipiunt capitula in librum beati Augustini de verbis domini.

Evangelium secundum Matheum. Agite penitentiam appropinquabit enim regnum celorum 1
Secundum Matheum. Luceat lumen . . . 2
. . .
Secundum Lucam. Qui vos spernit me spernit 44
. . .
Secundum Iohannem. In principio erat verbum 61
. . . (I^{v}) . . .
Secundum Iohannem. Amen, amen dico vobis quia venit hora et hunc 104

1^{r} - 104^{v} Sermones S. Augustini in evangelia.
Incipiunt sermones sancti Augustini episcopi de verbis
(1^{rv}) *domini secundum Matheum. Agite penitentiam, appropinquabit enim regnum celorum.* (Mt 3,2)
Evangelium audivimus et in eo dominum eos arguentem . . . (1^{v}) . . . *O quam cito in via cuncta mutasti quia tuo adversario consensisti.*
Ed.: PL 38, 636-638 (= S. Aug. Ep. serm. 109).

(1^{v} - 2^{v}) *Item eiusdem de verbis domini in ewangelio secundum Matheum. Luceat lumen coram hominibus.* (Mt 5,16)
Solet multos movere, karissimi, quod dominus noster Jesus Christus in sermone evangelico, cum prius dixisset, luceat . . . (2^{v}) . . . *et de illo coram hominibus quod immitarentur elucebat.*
Ed.: PL 37, 372-374 (= S. Aug. ep. serm. 54).

(2^{v} - 3^{v}) *Item eiusdem de verbis domini in ewangelio secundum Matheum. Qui fecerit et sic docuerit maximus vocabitur.* (Mt 5,19)
Cum nobis por (!) officio competat dicere vobis autem conveniat pro devotione audire . . . (3^{v}) . . . *in conspectu domini inveniamur, ab ipso cum omnibus sanctis in eterna sec. sec Amen.*
Ed.: PL 39, 2244-2245 (= Ps. Augustinus, serm. 268 = Syagrius, vgl. Glorieux S. 27).
. . .

(105^{r} - 108^{r}) *Item eiusdem de evangelio secundum Iohannem.*
Amen, amen dico vobis, quia venit hora et nunc est. (Joh 5,25)

Spes nostra, fratres, non de isto tempore neque de hoc mundo est neque in ea felicitate qua excecantur homines, qui obliviscuntur deum. Hoc nosse primitus et christiano corde tenere debemus ... (108^{r}) *Hoc enim quia audis et prodis iam gaudere debes, audi quod sequitur: Qui bona egerit in resurrectionem vite, qui mala egerit in resurrectionem iudicii conversi ad dominum.*
Expliciunt sermones sancti Augustini episcopi numero LXIIII de evangelicis dictis.

Hs. Straßburg, Bibl. nat. et univ. 1

Gregor d. Gr., Moralia in Iob (p. III-IV) mit mittelhochdeutschen Nachträgen (Ezzo-Lied und alem. Memento mori).

Perg.; 155 Bl.; 34,5 x 24,2 cm 12. Jh.[1]

Codex

Lagenformel: 8 IV^{64} + $(IV + 1)^{73}$ + 10 IV^{153} + I^{155}; Lagenzählung in römischen Ziffern; am Außenrand jedes Blattes, auf dem ein neues Buch der Moralia beginnt, aufgeklebte Blattweiser mit roten arabischen Ziffern (16. Jh.?); Schriftraum: 26,7-27,2 x 17,5-17,9 cm; 36-43 Zeilen. Einband: mit weißem Leder bezogene Holzdeckel (35,7 x 24,2 cm), 15. Jahrhundert, Bünde erhaben, mehrfach restauriert; auf f. 1^{r} beide Ochsenhauser Bibliotheksstempel und Stempel *Universitäts- und Landesbibliothek Strassburg* (19. Jh.).

Schrift

Späte karolingische, schrägovale Minuskel der 1. Hälfte des 12. Jahrhunderts (ähnlich wie Hss. Kynžvart 93 und 94) (s. Taf. 13); am Rand vereinzelte Stichworte zum Text, meist beim späteren Beschneiden des Pergamentes abgeschnitten; auf f. 155^{r} von frühneuzeitlicher Hand (16. Jh.?) (wie Hs. Kynžv. 97 f. I^{r}, s. o.): *Ochsenhusen*; Überschriften in roter Tinte, teils in Capitalis rustica, teils in Minuskel; zu Beginn jeden Buches rote, federgezeichnete Ranken-Initialen, ausgemalt mit blassem Weinrot und kräftigem Blau (35^{v}: S, 62^{r}: Q [s. Taf. 13], 116^{r}: Q, 133^{r}: I, 141^{r}: Q), bzw. zusätzlich noch

Ocker (1^r: Q, 14^r: N, 26^v: E, 49^v: Q, 75^r: Q, 84^r: P, 102^r: Q), ähnlich wie die Hss. St. Paul 18/1 und Kynžvart 93 und 94.

Geschichte

Wohl in St. Blasien für Ochsenhausen geschrieben, 1760 von Gerbert in Ochsenhausen gesehen; gehört zu den wenigen beim Verkauf Ochsenhausens an den König von Württemberg im Jahre 1825 nicht nach Königswart gebrachten, sondern mit den übrigen Büchern versteigerten Hss. (ebenso Hs. Wien, ÖNB, Cod. lat. 919, s. u.); 1877 von einem bayerischen Antiquar gekauft, von dem Karl August Barack die Hs. 1878 für die UB. Straßburg erwarb (Signatur des 19. Jhs. *L Germ. 278* mit Blei auf f. 74^v).

Literatur

K. A. Barack, Althochdeutsche Funde, in: ZfdA 23 (1879), S. 209-216.

— (Hg.) Ezzos Gesang von den Wundern Christi und Notkers Memento mori, in phototypischen Faksimile der Straßburger Hs. (Vier Tafeln) [= f. 74^v, 154^v, 155^r]. (Straßburg 1879).

A. Becker, Die deutschen Handschriften der kaiserlichen Universitäts- und Landesbibliothek zu Straßburg (Katalog der kaiserl. Univ. u. Landesbibl. in Straßburg 7, Straßburg 1914), S. 86.

H. Menhardt, Zur Überlieferung des Memento mori, in: ZfdA 80 (1944), S. 7-8.

R. Schützeichel, Das alemannische Memento mori. Das Gedicht und der geistig-historische Hintergrund (Tübingen 1962) [mit Abb. von f. 74^v, 154^v, 155^r].

F. Maurer, (Hg.) Die religiösen Dichtungen des 11. und 12. Jahrhunderts, Bd. 1 (Tübingen 1964), S. 249 ff. u. S. 269 ff. [mit Abb. von f. 154^v].

Inhalt

a) 1^r - 74^r Gregor, Moralia in Iob p. III (lib. 11-16).
Ed.: Grégoire le Grand, Morales zur Job. III: Livres XI XVI. Textes latin, trad. et notes par A. Bocognano (Sources chretiennes 212 und 221, Paris 1974-1975).

74^{v} (Nachtrag, 12. Jh.) Ezzo-Lied.
Ed.: Die religiösen Dichtungen des 11. und 12. Jhs., hg. v. F. Maurer, Bd. 1 (Tübingen 1964), S. 284-297.

b) 75^{r} - 154^{r} Gregor, Moralia in Iob p. IV (lib. 17-22).
Ed.: PL 76, 9-250.

154^{v} - 155^{r} (Nachtrag, 12. Jh.) alemannisches Memento mori.
Ed.: Schützeichel, Memento mori, S. 126-133.
Maurer, Dichtungen, S. 254-259.

155^{v} leer (Leimspuren, wohl ursprünglich als Spiegel verwandt).

Hs. Wien, ÖNB Cod. lat. 919 [Nov. 461]

Homiliar de tempore (Pars hiemalis).
Perg.; 294 Bl.; 34,0 x 23,0 cm; 12. Jh. (Mitte bis 2. Hälfte).

Codex

Lagenformel: 36 IV^{288} + III^{294} mit Lagenzählung in römischen Ziffern; Schriftraum: 24,5 x 16,0 cm, 35 Zeilen. Brauner, geschnittener Ledereinband des 15. Jahrhunderts (35,5 x 23,5 cm), vermutlich in Ochsenhausen hergestellt (vgl. Hermann, a.a.O.); im Innern des Vorderdeckels von einer Hand des 15. Jahrhunderts: *Fratres sobrii estote ... resistite fortes in fide.* (1 Petr 5,8-9; wie Hs. Kynžvart 50 s. o.); auf der Innenseite des Vorderdeckels kleiner Zettel mit Erwähnung Biberachs; auf f. 1^{r} rechteckiger Ochsenhauser Bibliotheksstempel (Abb. bei Hermann, a.a.O.).

Schrift

Späte karolingische, schrägovale Minuskel: selten rundes d, rundes s nur hochgestellt am Wortende (v^{s}) oder in Abkürzungen; am Beginn von Homilien bis zu sieben Zeilen hohe, rote Anfangsbuchstaben; auf f. 1^{r} federgezeichnete, 18-zeilige Ranken-Initiale A (verkleinerte Abb. bei Hermann Nr. 48, Fig. 42, S. 83); grammatische Marginalie auf f. 203^{r} (s. u.), ähnlich wie die Marginalien in Hs. Kynžvart 39 (s. o.).

G e s c h i c h t e

Wohl in St. Blasien als erster Teil eines zweibändigen Homiliars für Ochsenhausen geschrieben (zweiter Teil = Hs. Kynžvart 39, s. o.); 1760 von Gerbert in der Ochsenhauser Bibliothek gesehen; wie Hs. Straßburg 1 (s. o.) 1825 versteigert; im 19. Jahrhundert von der ÖNB Wien erworben.

L i t e r a t u r

Hermann, Handschriften Nr. 48, S. 83.
Unterkircher, Inventar, S. 29.
Barré, Les homéliaires, S. 11 Anm. 41 u. S. 63.

I n h a l t

Homilien zu Episteln und Evangelien von der Adventszeit bis zur Ostervigil, vgl. Barré, S. 63.

203r grammatische Marginalie (12. Jh.).
Text: *Sed quam filium dei secundum id quod in forma dei equalis est patri videre iniqui non possunt oportet autem ut iudicem vivorum et mortuorum cum coram iudicabuntur et iusti videant et iniqui.*
Am Rand: *Parenthesis de oportet usque iniqui.*
Text: *Nolite, inquit, hoc mirari quoniam venit hora in qua omnes, qui in monumentis sunt, audient vocem eius. Qui bona egerunt in resurrectionem vite, qui vero mala egerunt in resurrectionem iudicii.*
Am Rand mit Nota-Zeichen: *Clausulam hanc absque dictione. Et procedent que in quibusdam libris habetur posse construi sicut et istud exemplar videtur testari, ut sit sensus: Qui in monumentis sunt, audient vocem eius. Ad quid ad resurgendum scilicet in vitam vel iudicium.*

2. Wo wurden die Ochsenhauser Handschriften geschrieben?

Nach der Beschreibung der einzelnen Ochsenhauser Handschriften des 12. Jahrhunderts soll nun der Frage ihres Entstehungsortes im Zusammenhang nachgegangen werden. Bei der Analyse der ältesten Bücher der Ochsenhauser Klosterbibliothek ergaben sich bereits verschiedene Hinweise auf den Ort ihrer Herstellung:

In dem Poenitentiale aus der ersten Hälfte des 12. Jahrhunderts (Hs. Kynžvart 75, f. 1-78) fiel „die zusammenhanglose Übernahme des sachlich relevanten Teils einer an Abt Uto von St. Blasien" gerichteten, das Schwarzwaldkloster betreffenden Dekretale auf (f. 64^r), welche nur hier überliefert ist.[293]

Die gegen Ende des 12. oder Beginn des 13. Jahrhunderts geschriebene Hs. Kynžvart 69 enthält mehrere Hinweise auf eine Entstehung im Skriptorium von St. Blasien: In einem sonst nicht überlieferten Anhang zur Geschichte des 1. Kreuzzugs des Robertus Monachus wird neben den bekannten Soldatenheiligen Georg, Theodor und Demetrius auch der hl. Blasius als *miles Christi* angerufen. Der in der gleichen Handschrift auf f. 85^r abgeschriebene Brief Bernhards von Clairvaux an einen G. von Staufen wurde ebenfalls mit einleuchtenden Gründen mit St. Blasien in Verbindung gebracht.[294]

Die Untersuchung der beiden Legendar-Bände Hss. Kynžvart 40 und 41 lieferte weitere Argumente für die Annahme, die Ochsenhauser Handschriften des 12. Jahrhunderts seien im Skriptorium von St. Blasien entstanden: Die Hs. Kynžvart 40 enthält einen etwa zur Zeit der Entstehung des Codex (2. Hälfte 12. Jh.) oder wenig später eingetragenen Bericht über eine in St. Blasien aufbewahrte Hl. Kreuz-Reliquie (f. 165^r-166^v); Inhalt und einzelne Formulierungen zeigen, daß der Text auf eine in St. Blasien verfaßte Vorlage zurückgeht.[295] Während diese, später als Teilquelle des St. Blasianer ‚Liber constructionis' verwendete Vorlage verloren ist, hat sich eine solche für zwei Teile der Hs. Kynžvart 41 in einer St. Pauler Hs. erhalten: Der in St. Blasien gegen Ende des 11. Jahrhunderts entstandene Codex St. Paul 18/1 enthält u. a. eine singuläre, wohl von einem St. Blasianer

[293] Kottje, Interessen, S. 36 Anm. 70; vgl. oben S. 79.

[294] Vgl. Tüchle, Hildegardbrief, S. 21.

[295] Vgl. unten Exkurs B: Eine bisher unbekannte, frühe Abschrift einer Teilquelle des St. Blasianer ‚Liber constructionis'.

Mönch verfaßte Übersicht über die Werke des Hieronymus (f. 1^{r}), sowie eine von gleicher Hand geschriebene ‚Vita S. Hieronymi' (f. 114^{r}-118^{v}). Die wortgetreue und auch die Interpunktion der St. Pauler Hs. übernehmende Abschrift der beiden Texte in der Hs. Kynžvart 41 (f. 202^{v}-207^{v}) zeigt, daß das Legendar sehr wahrscheinlich im Skriptorium des Schwarzwaldklosters angefertigt wurde.[296]

Für die vier genannten Ochsenhauser Handschriften (Hss. Kynžvart 40, 41, 69, 75) ist also eine Entstehung in St. Blasien so gut wie sicher. Die Verwandtschaft dieser Stücke mit den übrigen Ochsenhauser Codices legt die Vermutung nahe, daß die Ochsenhauser Handschriften des 12. Jahrhunderts im Mutterkloster St. Blasien hergestellt wurden. Mit dieser Annahme stimmen auch die bereits früher angestellten Überlegungen überein, die die Existenz eines eigenen Skriptoriums in dem im 12. Jahrhundert noch recht bescheidenen Priorat wenig wahrscheinlich erscheinen ließen.[297]

Dies bedeutet aber nicht, daß nicht in Ochsenhausen einzelne, in St. Blasien ausgebildete, schreibkundige Mönche gewesen sein können. Einzelne Nachträge und Ergänzungen in den behandelten Hss. scheinen in Ochsenhausen vorgenommen worden zu sein, wie etwa der Eintrag in der Hs. Kynžvart 69 (f. 85^{v}), in dem der Ochsenhauser Hauptpatron Georg angerufen wird: *Gaudia cantori celestia trade Geori / Trutwino librum qui dedit atque patravit.*[298]

Am Ende der Hs. Kynžvart 58 aus der 2. Hälfte des 12. Jahrhunderts, welche die ‚Consuetudines Hirsaugienses' enthält, sind Vereinbarungen über Gebetsverbrüderungen eingetragen. Der Text der Haupthand endet mit *He sunt congregationes.* Die Namen der anschließend aufgeführten geistlichen Gemeinschaften, wurden von anderen, vermutlich Ochsenhauser Händen nachgetragen.[299]

Ein auf f. 164^{v} des oben erwähnten Legendars (Hs. Kynžvart 40) in der ersten Hälfte des 13. Jahrhunderts eingefügter Brief Hildegards

[296] Vgl. oben S. 98.

[297] Vgl. oben S. 76.

[298] Vgl. oben S. 108 und 112. — Auch die *versus de nummo* (= Carmina Burana Nr. 11) in der Hs. Kynžvart 52 (f. 119^{v}) sind vielleicht in Ochsenhausen geschrieben worden. Vgl. oben S. 103 f.

[299] Vgl. oben S. 106 f. — Möglicherweise in Ochsenhausen geschrieben wurde auch das sog. ‚Ochsenhauser Diplomatar' (HStA Stuttgart B 481 Urk. 199). Die von mehreren Händen des 12. Jhs. in Buchschrift geschriebenen, vier zusammengehefteten Perg.blätter enthalten Abschriften von Ochsenhausen betreffenden Rechtsakten der 1. Hälfte des 12. Jhs.; vgl. Wirtemberg. Urkundenbuch Bd. 1, S. 323 und demnächst: Ott, Urkundenbuch.

von Bingen an einen Inklusen *F. de Zuiveltun* (Zwiefalten) wurde, wie vor einigen Jahren wahrscheinlich gemacht werden konnte,[300] ebenfalls vermutlich in Ochsenhausen geschrieben.

In der ehemaligen Ochsenhauser Hs. Straßburg 1 (Gregor d. Gr., Moralia) wurden vermutlich noch in der 1. Hälfte des 12. Jahrhunderts, also kurz nach Anfertigung des Codex, zwei mittelhochdeutsche Texte eingetragen: das sog. ‚Ezzo-Lied' und das ‚alemannische Memento mori'.[301] Ob die Niederschrift dieser deutschen Texte noch in St. Blasien oder bereits in Ochsenhausen erfolgte, ist vorläufig nicht zu entscheiden.

Die untersuchten Ochsenhauser Handschriften enthalten auch spätmittelalterliche und neuzeitliche Zusätze. So schrieb eine vermutlich Ochsenhauser Hand des 15. Jahrhunderts sowohl in die Hs. Wien, ÖNB Cod. lat. 919 als auch in die Hs. Kynžvart 50 das Petrus-Wort *Fratres, sobrii estote et vigilate* ... (1 Petr 5,8). Die Hs. Kynžvart 69 enthält auf der letzten Seite (f. 85^{v}) einen deutschen Vers, der wohl im 14. Jahrhundert eingetragen wurde: *Si hat min herze in ir ban, ich mues won sch(u)lden dulden belangen.* Aus dem beginnenden 15. Jahrhundert stammen historische Notizen zur Ochsenhauser Klostergeschichte in der Hs. Kynžvart 72 (f. 186^{r}).

Die hinter solchen Nachträgen stehende Person ist nur in einem Fall bekannt: Es handelt sich um den ehemaligen Ochsenhauser Prior Frater Romanus (Hs. Kynžvart 78, f. I^{r}: *F. Romanus Ochsenhausanus monachus, pro tempore prior*). Seine teilweise mit einem Datum versehenen Notizen (Hs. Kynžvart 72, f. 186^{r}: *1612*; Hs. Kynžvart 78, f. I^{r}: *1617*) tauchen in mehreren Ochsenhauser Hss. des 12. Jahrhunderts auf und unterscheiden sich von den übrigen, mehr oder weniger zufälligen oder spontanen Einträgen. Der ehemalige Ochsenhauser Prior befaßte sich intensiv mit verschiedenen mittelalterlichen Texten, unter denen ihn solche monastischer Gewohnheiten besonders interessierten. So versah er die Hs. Kynžvart 52 (‚Consuetudines Fructuarienses') mit zahlreichen Bemerkungen und verwies auf die Zusam-

[300] Tüchle, Hildegardbrief, S. 19: „scheint aus paläographischen Gründen in die erste Hälfte des 13. Jhs. zu gehören und wegen der Nähe von Zwiefalten eher in Ochsenhausen als in St. Blasien geschrieben worden zu sein."

[301] H. Menhardt, Zur Überlieferung des Memento mori, in: ZfdA 80 (1944), S. 8 datierte die Schrift der Hs. „etwa um 1130", die „Niederschrift der beiden deutschen Texte, die wohl durch einen anderen Schreiber derselben Schule geschah, wenig später." Dieser Meinung folgte auch die neuere germanistische Forschung: vgl. R. Schützeichel, Das alemannische Memento mori (Tübingen 1962), S. 95.

menhänge mit der Hs. Kynžvart 78 (‚Ordo quotidianus Fructuariensis'). Dieser Hs. stellt er eine ausführliche Vorbemerkung voran, welche er mit seiner Unterschrift und dem Datum abschloß (f. I^r). Auch die ‚Consuetudines Hirsaugienses' (Hs. Kynžvart 58) fanden seine Aufmerksamkeit (f. 1^r Besitzeintrag, f. 51^v am Rand Auflösung eines im Text stark abgekürzten Gebetstextes von seiner Hand). Aus der Sammelhandschrift Kynžvart 69 interessierte F. Romanus besonders Adamnan ‚De locis sanctis'.[302] In der Hs. Kynžvart 72 transkribierte er eine historische Notiz des 15. Jahrhunderts, welche kaum noch lesbar war (*pene erasam a nescio*).[303]

3. Die Zusammensetzung der Ochsenhauser Klosterbibliothek

Der Bestand der Ochsenhauser Klosterbibliothek des 12. Jahrhunderts läßt sich nach verschiedenen Gesichtspunkten gliedern. Zunächst sind nach Größe und Ausstattung der Codices vier Gruppen zu erkennen.[304]

Die erste Gruppe bilden monastische und religiöse Gebrauchstexte, welche in kleinen, schmucklosen Büchern vorliegen. Die Handschriften der zweiten Gruppe haben ein etwas größeres Format, sind aber ebenfalls sehr einfach ausgestattet. Ranken-Initialen fehlen diesen monastischen Gebrauchshandschriften. Größeren Formats und mit Ranken-Initialen ausgestattet sind die meist homiletischen Bücher der dritten Gruppe. Sie werden an Größe, Sorgfalt der Ausführung und Ausschmückung durch Ranken-Initialen nur noch von den wenigen Codices der vierten Gruppe übertroffen, welche, mit Ausnahme einer alemannischen Bibelhandschrift des 9. Jahrhunderts, ebenfalls homiletische Texte enthält.

Die folgende Übersicht zeigt, daß monastische und homiletische Handschriften in der Ochsenhauser Bibliothek des 12. Jahrhunderts

[302] Vgl. oben S. 107.
[303] Vgl. oben S. 116 f.
[304] Vgl. Tabelle 1: Übersicht über die Ochsenhauser Klosterbibliothek (unten S. 149).

überwiegen. Liturgische Handschriften (Missale, Sakramentar etc.) sind nicht erhalten.[305]

Tabelle 1: Übersicht über die Ochsenhauser Klosterbibliothek des 12. Jahrhunderts

I) kleines Format und bescheidene Ausstattung

Kynžv. 78	Ordo Fructuariensis	15,6 x 10,6	(s. XII/1.)
Kynžv. 75	(p. 1) Poenitentiale	16,1 x 11,5	(s. XII/1.)
Kynžv. 74	Bibel (Teile des NT)	16,3 x 12,0	(s. XII/1.)
Kynžv. 72 }	Manuale (monastische und	16,3 x 11,1	(s. XII/2.-XIII.)
Kynžv. 73 }	homiletische Texte)	16,7 x 11,1	(s. XII/2.)

II) mittleres Format und einfache Ausstattung

Kynžv. 52	Consuetudines Fructuarienses	21,7 x 15,5	(s. XII/1.)
Kynžv. 58	Consuetudines Hirsaugienses	21,7 x 15,3	(s. XII/2.)
Kynžv. 50	Vitae patrum	22,8 x 16,2	(s. XII/2.)
Kynžv. 75	(p. 2) Heiligen-Viten (Blätter beschnitten)		(s. XII/2.)
Kynžv. 69	Sammelhs. (Hl. Land/Kreuzzüge)	19,2 x 13,3	(s. XII/XIII.)

III) größeres Format und relativ einfache Ausstattung

Kynžv. 39	Homiliar (Sommerteil)	29,0 x 20,8	(s. XII med./2.)
Wien 919	Homiliar (Winterteil)	34,0 x 29,0	(s. XII med./2.)
Kynžv. 43	Gregor, Ezechiel-Homilien	27,6 x 19,9	(s. XII/2.)
Kynžv. 40	Legendar (Okt./Nov. u. a.)	29,0 x 19,9	(s. XII/2.)
Kynžv. 41	Legendar (Juli-Sept.)	29,0 x 20,0	(s. XII/2.)
Kynžv. 97	Augustinus, Sermones	33,7 x 22,8	(s. XII/2.)
Kynžv. 96	Hieronymus, Proph.komm.	34,1 x 23,2	(s. XII/2.)

IV) größeres Format und prächtige Ausstattung (Initialen)

(Kynžv. 92	Bibel: Teile des AT	34,5 x 23,0	(s. IX. St. Gallen)
Kynžv. 93 }	Augustinus, Hom. zum Joh. Evang.	34,1 x 23,6	(s. XII/1.)
Kynžv. 94 }	und De doctrina christiana	34,2 x 24,5	(s. XII/1.)
Straßb. 1	Gregor, Moralia in Iob	34,5 x 24,2	(s. XII/1.)

(verloren: Kynžv. 34 Paterius, Komm. z. Hl. Schrift nach Gregor)

[305] Die zahlreichen Vorsatz- und Spiegelblätter aus liturg. Fragmenten des 12. Jhs. lassen vermuten, daß diese Hss. später beim Neubinden der anderen Hss. zerschnitten wurden.

Vergegenwärtigen wir uns noch einmal die Tatsache, daß Ochsenhausen in dieser Zeit nur eine kleine, von seinem Mutterkloster St. Blasien vollkommen abhängige Niederlassung war, so ist der Umfang seiner Bibliothek durchaus beachtlich. In der ersten Hälfte des 12. Jahrhunderts erhielt das St. Blasianer Priorat zunächst die für das monastische Leben wichtigsten Bücher, wie die Bibel (Hs. Kynžv. 74: Teile des NT, Hs. Kynžv. 92: Teile des AT), Mönchsgewohnheiten, die sich gemäß der monastischen Orientierung des Mutterklosters nach Fruttuaria ausrichteten (Hs. Kynžv. 52: ‚Consuetudines Fructuarienses'; Hs. Kynžv. 78: ‚Ordo quotidianus'), sowie ein Poenitentiale (Hs. Kynžv. 75 p. 1). Hinzu kamen homiletische Texte wie die Predigten des Augustinus über das Johannes-Evangelium (Hss. Kynžv. 93 und 94), seine Schrift ‚De doctrina christiana' (Hs. Kynžv. 94, f. 130^{v}-190^{v}), sowie Teile der Moralia Gregors d. Gr. (Hs. Straßburg 1). Im Laufe des 12. Jahrhunderts wurde die Bibliothek durch ein zweibändiges Homiliar (Hs. Kynžv. 39; Hs. Wien, ÖNB Cod. lat. 919), Hirsauische Mönchsgewohnheiten (Hs. Kynžv. 58), ein Legendar (Hss. Kynžvart 40 und 41), metrische Heiligenpassionen (Hs. Kynžv. 75 p. 2), Vitae patrum (Hs. Kynžv. 50), Ezechiel-Homilien Gregors d. Gr. (Hs. Kynžv. 43), Prophetenkommentare des Hieronymus (Hs. Kynžvart 96), Sermones des Augustinus zu den Evangelien (Hs. Kynžv. 97), sowie ein zweibändiges Manuale vorwiegend monastischen und homiletischen Inhalts (Hss. Kynžv. 72 und 73) erweitert. Falls die verlorene Hs. Kynžvart 34 (Paterius, Kommentar zur Hl. Schrift nach Gregor-Exzerpten) aus dem 12. Jahrhundert stammte, wäre sie hier ebenfalls zu nennen.[306]

Bemerkenswert ist eine Sammelhandschrift, die gegen Ende des 12. oder Anfang des 13. Jahrhunderts in St. Blasien für Ochsenhausen angefertigt wurde. Es handelt sich um die Hs. Kynžvart 69, welche Texte enthält, die das Hl. Land und die Kreuzzüge betreffen. Ihr Vorhandensein in einer kleinen Prioratsbibliothek, welche sich ansonsten im 12. Jahrhundert [307] auf monastische, homiletische und theologische Texte beschränkte, ist erstaunlich.

Das Fehlen von Schulautoren hingegen war in Ochsenhausen zu erwarten, da dem Priorat die notwendigen materiellen und personel-

[306] Vgl. unten Anm. 318.

[307] Im 13. Jh. kamen u. a. scholastische Texte hinzu, so Petrus Lombardus, Liber sententiarum (Hs. Kynžv. 33) und seine Glossa magistralis (Hs. Kynžv. 90); vgl. Čáda, S. 16 f., 55 f., 135 und Abb. 3 (Hs. Kynžv. 33, fol. 57^{r}).

len Voraussetzungen für einen Schulbetrieb fehlten. Die Ausbildung der Mönche geschah wohl im Mutterkloster St. Blasien, über dessen mittelalterliche Bibliothek leider kein umfassendes Bild mehr zu gewinnen ist.

Der Ochsenhauser „Klosterbibliothek und Klosterschule" war ein Abschnitt der (ungedruckten) Tübinger Dissertation von Ewald Gruber über die „Geschichte des Klosters Ochsenhausen von den Anfängen bis zum Ende des 16. Jahrhunderts" (1956) gewidmet.[308] Da dem Verfasser die Ochsenhauser Handschriften in Kynžvart unzugänglich waren, konnte er sich nur auf Gerberts Bericht über die Bibliothek von 1765 und spätere Nachrichten stützen. Gruber kam zu dem Ergebnis, daß man „auf Grund der unzulänglich bekannten Bibliothek" Ochsenhausen „nur vage in bestimmte geistesgeschichtliche Zusammenhänge einordnen" könne.[309]

Mit Hilfe eines Vergleichs der von Gerbert mitgeteilten Ochsenhauser Handschriften mit den mittelalterlichen Bibliothekskatalogen von Muri und Schaffhausen [310] stellte Gruber fest, daß im Mittelalter mehrere Handschriften gleichen Inhalts sowohl in Muri und Ochsenhausen bzw. Schaffhausen und Ochsenhausen vorhanden waren.[311] Die Übereinstimmungen sind aber nicht gravierend, sondern betreffen Texte, die in den meisten zeitgenössischen Klosterbibliotheken zu finden waren (Paschasius Radpertus, Predigten des Caesarius von Arles, Augustinus ‚De verbis domini' und ‚De doctrina christiana', Gregors ‚Moralia' und Ezechiel-Homilien).[312]

[308] Gruber, S. 292-297.

[309] Ebda. S. 294 und 294 f.: „Über etwas Selbstverständliches, daß Ochsenhausen von St. Blasien geistig abhängig war, kommen wir nicht hinaus."

[310] Lehmann, Bibliothekskataloge, S. 207-218 (Muri), 291-295 (Schaffhausen); zu Muri vgl. Bruckner wie unten Anm. 312, zu Schaffhausen ders., Scriptoria medii aevi helvetica 6: ... Allerheiligen in Schaffhausen (Genf 1952), wo der Bibl.katalog des 12. Jhs. S. 27-29 wiederabgedruckt und mit dem Schaffhauser Bestand verglichen wird.

[311] Gruber, S. 295.

[312] Ebda. behauptet Gruber, in Muri habe sich, ebenso wie in Ochsenhausen eine *gereimte* Passio S. Blasii befunden; als Beleg führt er eine Stelle des Murenser Bibliothekskatalogs des 12. Jhs. an: *Item in alio volumine sunt vita S. Blasii, Agnetis, Vincentii, ...* (Lehmann, Bibl.kataloge S. 211). Es ist lediglich von einer *Vita S. Blasii,* nicht aber von einer gereimten Passio die Rede. — A. Bruckner, Scriptoria medii aevi helvetica 7: Schreibschulen der Diözese Konstanz. Aargauische Gotteshäuser (Genf 1955) zu Muri ebda. S. 59-94; Bruckner druckte den Bibl.katalog wieder ab (ebda. S. 70-74), bringt aber nichts zu der obengenannten Viten-Handschrift, so daß sie wohl als verloren gelten muß.

Der von Gerbert erwähnte und abgedruckte Brief Bernhards von Clairvaux an einen G. von Staufen (Hs. Kynžv. 69) wird von Gruber als Hinweis für die Herkunft dieser Handschrift aus St. Blasien angeführt: „Es ist wahrscheinlich, daß das Mutterkloster sich um die Studien in seiner Zelle kümmerte, und man könnte sich gut vorstellen, daß in der Zeit der Kreuzzüge gerade dieses Buch zu Erbauung und Unterricht nach Ochsenhausen geschickt wurde." [313] Die Ochsenhauser Klosterbibliothek sei wohl „mehr oder weniger zufällig zusammengekommen" und lasse keine besonderen Erkenntnisse über die geistigen Interessen zu; „allenfalls ließe sich ein besonderes Interesse an solcher Literatur feststellen, die praktischer seelsorgerlicher Arbeit nutzen konnte. Für breitere Studien der Mönche war, soweit wir sehen, keine Gelegenheit." [314]

Die Ausführungen Grubers wurden im wesentlichen durch die Untersuchung der Kynžvarter Handschriften bestätigt. Die Annahme, in Muri sei „auch nach Vorlagen aus dem Schwarzwaldkloster ... viel abgeschrieben" worden,[314] scheint allerdings nach den Forschungen Bruckners über das Skriptorium von Muri nur noch eingeschränkt vertretbar zu sein.[315]

4. Zu Martin Gerberts Bericht über die Bibliothek im ‚Iter Alemannicum'

Bei seinem Besuch der Abtei Ochsenhausen im Jahre 1760 interessierte sich der spätere St. Blasianer Fürstabt Martin Gerbert besonders für die ältesten Handschriften der Klosterbibliothek. In seinem fünf Jahre später veröffentlichten Bericht über seine ‚alemannische Reise' erwähnt er zahlreiche Ochsenhauser Codices des 12. und 13. Jahrhunderts.

[313] Gruber S. 295 zitiert den Brief irrig als an „einen Ritter Heinrich (!) von Staufen im Breisgau" gerichtet.

[314] Ebda.

[315] Bruckner, Aargauische Gotteshäuser, S. 59-94, kam zu dem Ergebnis, daß die Blütezeit des Murenser Skriptoriums die Zeit des Einsiedler Einflusses war (vor 1081). Aus der ‚St. Blasianer Periode' (1081-1119) ist wenig überliefert; Bruckner führt für diese Zeit nur 4 Hss. an (a.a.O., S. 67).

Im folgenden soll nun die Aufstellung Gerberts mit dem tatsächlichen Bestand der erhaltenen Ochsenhauser Handschriften verglichen werden.[316] Gerbert schreibt:

> ... etiam epitome lexici, quod SALOMONI episcopo Constantiensi adscribitur, ... Codex est saec. XII. in forma Quarta non amplius uno et dimidio pollice in crassitie habens. ... [Hs. Kynžvart 57, 13. Jh.] [317] Sed ut ad bibliothecam Ochsenhusanam revertamur antiquissimum est ejus MSc. heptateuchus saec. IX. [Hs. Kynžv. 92] Accedunt aliqua saec. XI et XII. S. AUGUSTINI duo volumina in *Joannem:* de doctrina christiana, et de verbis Domini [Hss. Kynžv. 93 und 94; wohl nicht gemeint: Hs. Kynžv. 97]. S. GREGORII moralium [Hs. Straßb. 1], et in *Ezechielem* libri [Hs. Kynžv. 43]. PATERII excerpta ex S. GREGORIO [Hs. Kynžv. 34 [318]]. In psalmos catena SS. PP. cui *Petri* LOMBARDI praefixum est nomen, magistri sententiarum [Hs. Kynžv. 90, 13. Jh.]. Expositio HAYMONIS super epistolas et evangelia per circulum anni; sparsae sunt tamen etiam aliae homiliae e. g. S. AUGUSTINI, Ven. BEDAE [Hs. Wien Cod. lat. 919]. Accedit alterum volumen paulo minori forma ejusdem aetatis, et, ut videtur, ejusdem manus [Hs. Kynžv. 39]. Item duo volumina complectentia Legenda Sanctorum [Hss. Kynžv. 40 und 41]. In alio volumine post *Paschasium* RATBERTUM de Sacramento Corporis et Sanguinis Christi sequitur *Libellus excerptus de libris Tuitiensis abbatis, quem paulo antequam obiret, de meditatione mortis componere coepit, et non perficere potuit.* Inc. *Quid nunc agis o anima.* Item homiliae S. CAESARII Arelatensis ad monachos [Hs. Kynžv. 72]. In alio codice ordo de festivitatibus monasterii Fructurariensis. Quem communem nobiscum in Congregatione *S. Blasii* habuerunt, cum nos Fructuaria consuetudines monasticas sub UTTONE abbate accceperimus [Hs. Kynžv. 52]. In alio codice habentur etiam consuetudines Hirsaugienses S. WILHELMI [Hs. Kynžv. 58]. Liber poenitentialis ex scrinio

[316] Der von Čáda S. 15 angestellte Vergleich der bei Gerbert genannten Hss. mit den Kynžvarter Hss. ist fehlerhaft: die Zitate aus Gerberts ‚Iter alemannicum' sind teilweise unkorrekt, die Identifizierungen der Gerbertschen tituli mit den Kynžvarter Hss. nicht immer zutreffend.

[317] Gerbert, Iter Alemannicum, S. 213 f.

[318] Die Hs. Kynžvart 34 (20. C. 4) ist verschollen. Zur Zeit der Katalogisierung der Kynžvarter Hss. durch H. Schiel in der Mitte des 19. Jhs. war sie noch in Königswart: „Paterius, Commentarium in sacram scripturam"; vgl. Čáda, S. 56.

Romanae ecclesiae assumtus, quomodo poenitentes sint suscipiendi, judicandi sive reconciliandi. Inc. *Quotiescunque christiani ad poenitentiam accedunt, jejunia damus etc.* Sequitur in eodem codice liber poenitentialis ex canonicis institutionibus a RHABANO Ven. archiepiscopo compendiose defloratus. *Dilecto fratri Heribaldo Alcedonensi antistiti etc.* Passio S. GEORGII M. patroni monasterii, uti in alio codice [!] passio S. BLASII rhytmice composita [Hs. Kynžv. 75]. Haec ad saeculum fere duodecimum pertinent. Adhuc mentionem merentur codices duo saec. XIII. Alter de situ locorum Sanctorum ARCULPHI . In fine sequens S. BERNARDI annectitur epistola, quam frustra in editione MABILLONII quaeras: *B. Clarevall. vocatus abb. dilecto in Christo filio G. d Stopho salutem, . . . Bene vale! semper dilecte.* [Hs. Kynžv. 69] Alter codex saec. XIII. continet sermones magistri MANDUCATORIS ad sacerdotes [Hs. Kynžv. 53, 14. Jh.].[319]

Gerbert erwähnt weiterhin einen Codex des 15. Jahrhunderts (Hs. Kynžv. 148) [320] und äußert abschließend: Wenn auch die Anzahl der Ochsenhauser Handschriften gering sei, so sei doch der Bestand der Bibliothek an gedruckten Büchern größer.[321]

Die Beobachtungen Martin Gerberts zu Alter und Schrift der Codices sind bemerkenswert. Seine Datierungen zeigen eine für seine Zeit sehr gute Kenntnis alter Schriften. Gelegentlich glaubte Gerbert Ähnlichkeit bzw. Gleichheit der Schriften feststellen zu können. So schienen ihm die beiden Homiliar-Bände (Hss. Wien, ÖNB Cod. lat. 919 und Kynžv. 39) „ut videtur" von der gleichen Hand geschrieben. Vereinzelt gab er auch das Format der Handschriften an (s. o.).

Gerberts Aufzählung der von ihm in Ochsenhausen gesehenen Codices ist eine wichtige Quelle für die Ochsenhauser Bibliotheksgeschichte. Fast alle von Gerbert erwähnten Handschriften des 12. und 13. Jahrhunderts sind heute noch erhalten; lediglich der Codex mit den Gregor-Exzerpten des Paterius (Hs. Kynžv. 34) ist seit der Mitte des 19. Jahrhunderts verschollen. Daraus könnte man folgern, der

319 Gerbert, Iter alemannicum, S. 215-217.
320 Die Hs. ist verschollen; vgl. Čáda, S. 160 f.
321 Gerbert, Iter S. 217: „Quodsi exiguus sit numerus manuscriptorum in bibliotheca Ochsenhusana, amplior est impressorum optimae notae, imprimis SS. PP. ex editione San-Maurensium nostrorum."

Bestand der mittelalterlichen Handschriften der Ochsenhauser Klosterbibliothek habe seit 1760 so gut wie keine Verluste erlitten. Einschränkend ist jedoch zu bemerken, daß Gerberts Aufzählung der mittelalterlichen Ochsenhauser Codices nicht vollständig ist: Fünf der heute noch erhaltenen Ochsenhauser Hss. des 12. Jahrhunderts fehlen in seiner Aufzählung (Hss. Kynžvart 50, 73, 74, 78, 96).

Čáda erwähnt ein angeblich in Gerberts ‚Iter alemannicum' aufgeführtes Necrolog des Klosters Ochsenhausen.[322] Dies ist jedoch ein Mißverständnis. Gerbert schreibt zu den mittelalterlichen Beziehungen zwischen Ochsenhausen und St. Blasien u. a.: „In necrologio nostro Saec. XIV nomina comparent, qui vergente eo saeculo in *Ochsenhausen* ex nostris illis obierint, Priores, Praepositi, Custodes, Sacerdotes, Conversi fratres laici, ..." [323] Der spätere St. Blasianer Fürstabt äußert also, im „necrologio nostro", d. h. dem Necrolog des Klosters St. Blasien (nicht Ochsenhausen!) aus dem 14. Jahrhundert seien die Namen von am Ende dieses Jahrhunderts „ex nostris illis" in Ochsenhausen verstorbenen Personen aufgeführt. Wir wissen zwar von der Existenz eines verschollenen Necrologs von Ochsenhausen; [324] in Martin Gerberts Bericht über seinen Besuch der Ochsenhauser Klosterbibliothek im Jahre 1760 wird dieses aber nicht erwähnt.

322 Čáda, S. 161.

323 Gerbert, Iter, S. 211.

324 Vgl. Ott, Klostergrundherrschaft, S. 12 Anm. 39: „... Auswertung einer ungedruckten Klosterchronik von Hieronymus Wirth, Chronicon Benedictino-Ochsenhusanum (Mitte 18. Jh. HStA Stuttgart — ...), dem das älteste Nekrolog (heute verschollen) ... noch zugänglich war."

C. ZUSAMMENFASSUNG

Die Untersuchung der Ochsenhauser Handschriften des 12. Jahrhunderts zeigte, daß vier Codices so gut wie sicher, die anderen sehr wahrscheinlich in St. Blasien entstanden sind. In einem Falle (Hs. Kynžvart 41, f. 202^{v}-207^{v}) konnte die direkte St. Blasianer Vorlage (Hs. St. Paul 18/1, f. 114^{r}-118^{v}, 1^{r}) ausfindig gemacht werden. In Ochsenhausen selber entstanden wohl nur einzelne Nachträge und Zusätze.

Der Bestand der Ochsenhauser Klosterbibliothek erwies sich für ein kleines, vom Mutterkloster abhängiges Priorat als beachtlich. Codices monastischen und homiletischen Inhalts dominierten. Der Mangel an liturgischen Handschriften ist wohl damit zu erklären, daß diese beim späteren Neubinden der Bücher als Spiegel- und Vorsatzblätter verwendet wurden.

Ein Vergleich der untersuchten Codices mit den in Martin Gerberts Bericht über die Bibliothek im ‚Iter Alemannicum' (1765) aufgezählten ergab, daß fast alle von Gerbert 1760 gesehenen Handschriften heute noch erhalten sind. Gerberts Aufzählung der Ochsenhauser Codices des 12./13. Jahrhunderts ist zwar nicht vollständig, was die Angaben hinsichtlich des Alters der Handschriften betrifft aber zutreffender als die im 19. Jahrhundert vorgenommenen Datierungen, welche heute noch auf dem Rücken der Einbände gelesen werden können.

Mit Hilfe des recht geschlossenen Ochsenhauser Bestandes konnte die durch die fast vollständige Vernichtung der mittelalterlichen St. Blasianer Klosterbibliothek entstandene Lücke teilweise überbrückt und dem St. Blasianer Skriptorium des 12. Jahrhunderts eine beachtliche Anzahl von Handschriften zugewiesen werden.

EXKURSE

A. ST. BLASIANER NECROLOGFRAGMENTE ALS HISTORISCHE QUELLEN

Verbrüderungs- und Totenbücher (Libri memoriales und Necrologien), die als liturgische Bücher oder Teile von solchen angelegt wurden, sind in jüngster Zeit in zunehmendem Maße als wertvolle Quellen für Personen- und Sozialgeschichte, politische und Kirchengeschichte, Namenkunde und Sprachgeschichte erkannt worden.[325] Nur ein kleiner Teil dieser Quellen liegt jedoch in befriedigenden (Facsimile-) Editionen vor.[326] Auch das St. Blasianer Necrologfragment in der Hs. Wien, ÖNB Cod. lat. 9 (fol. I-IV) ist nur unzureichend ediert.[327] Neben diesem bekannten Bruchstück existieren noch zwei, bisher kaum beachtete, abschriftlich überlieferte Fragmente des Totenbuchs von St. Blasien.

Im folgenden werden die St. Blasianer Necrologfragmente als historische Quellen untersucht. Eine Facsimile-Ausgabe des Wiener Fragments mit Einleitung und lemmatisiertem Namenregister wird gesondert erscheinen.[328]

325 K. Schmid - J. Wollasch, Die Gemeinschaft der Lebenden und Verstorbenen in Zeugnissen des Mittelalters, in: FMSt 1 (1967), S. 365-405; dies., Societas et Fraternitas. Begründung eines kommentierten Quellenwerkes zur Erforschung der Personen und Personengruppen des Mittelalters (Berlin-New York 1975; auch in: FMSt 9, 1975, S. 1-48); O. G. Oexle, Memoria und Memorialüberlieferung im früheren Mittelalter, in: FMSt 10 (1976), S. 70—95; D. Geuenich, Vorbemerkungen zu einer philologischen Untersuchung frühmittelalterlicher Personennamen, in: Alemannica. Festschrift für Bruno Boesch (Alem. Jb. 1973/75, ersch. 1976), S. 118-142.

326 Vgl. Schmid-Wollasch, Societas; bes. zu den Necrologien: Wollasch, Mönchtum, S. 53 ff.

327 Zur Problematik von Necrolog-Editionen vgl. grundsätzlich: G. Althoff, Das Necrolog von Borghorst. Edition und Untersuchung (Schriften d. Hist. Kommission für Westfalen 40 = Westfälische Gedenkbücher und Nekrologien 1, Münster 1978), S. 10 ff. und 212 ff.

328 H. Houben, Das Fragment des Necrologs von St. Blasien (Hs. Wien, ÖNB Cod. lat. 9, fol. I-IV). Facsimile, Einleitung und Register, in: FMSt 15 (1981) (in Vorbereitung).

1. Das Wiener Fragment

(Hs. Wien, ÖNB Cod. lat. 9, fol. I-IV)

Das in der Wiener Handschrift ÖNB Cod. lat. 9 befindliche, vier Blätter umfassende Fragment ist das einzige original überlieferte Bruchstück des ältesten St. Blasianer Totenbuchs. Es wurde im 18. Jahrhundert vom Wiener Hofbiblothekar Gentilotti vom Deckel der Hs., welche damals noch aus einem einzigen Band bestand, abgelöst und im 19. Jahrhundert mehrfach ediert.[329]

Neuere Forschungen über St. Blasiens Anteil an der monastischen Reformbewegung des 11. Jahrhunderts zogen zwar hier und da das Fragment mit heran, ließen aber meist eine eingehende inhaltliche Auswertung des Bruchstücks vermissen.[330] In den Resten des Totenbuchs von St. Blasien haben wir jedoch ein wichtiges Zeugnis vor uns, das die Beziehungen des Schwarzwaldklosters zu seiner politischen und sozialen Umwelt widerspiegelt. Die eingetragenen Personen geben Aufschlüsse über die monastische und politische Orientierung St. Blasiens.

Unter den Namen, welche bei der Anlage des St. Blasianer Necrologs im ersten Viertel des 12. Jahrhunderts eingetragen wurden, finden sich auch diejenigen der Mitglieder des welfischen Hauses, die ebenso im Necrolog des welfischen Hausklosters Altdorf-Weingarten eingetragen sind: Zum 8. 11. ist Herzog Welf IV. (*Welf dux*), der im Jahre 1101 starb,[331] zum 1. 11. seine Mutter (*Chǒniza comitissa*), die Tochter Welfs II. und Gemahlin des Markgrafen Adalbert Azzo II. von Este,[332] verzeichnet. Von nachtragenden Händen wurden zwei weitere Welfen eingeschrieben: Zum 20. 10. Herzog Heinrich der Stolze (*Heinricus dux*), der 1139 gestorbene Sohn Herzog Heinrichs des Schwarzen,[333] und zum 29. 12. seine Mutter, die Billungerin Wulfhild (*Wlfhilt ducatrix*), Tochter des letzten Billunger-Herzogs Mag-

[329] Vgl. oben S. 32 ff. und 35.

[330] Eine Ausnahme bilden die Arbeiten von Wollasch, Muri und St. Blasien, S. 427 f. und Mönchtum, S. 88 ff.

[331] G. Meyer von Knonau, Jahrbücher des Deutschen Reiches unter Heinrich IV. und Heinrich V., Bd. 5 (1097-1106) (Berlin 1904, Nachdruck 1965), S. 142.

[332] Vgl. ebda. Bd. 2 (1070-1077) (Berlin 1894, Nachdruck 1964), S. 24 f.

[333] W. Bernhardi, Jahrbücher der Deutschen Geschichte. Konrad III. (Berlin 1883, Nachdruck 1975), S. 116 f.

nus von Sachsen.[334] Damit sind sämtliche Welfen genannt, welche an Tagen starben, die uns im St. Blasianer Necrologfragment überliefert sind.[335]

Hervorgehoben unter den weltlichen Großen ist neben dem ‚Gründer' St. Blasiens Reginbert (29. 12. *REGINBERTVS fundator loci istius*) der Gegenkönig Rudolf von Rheinfelden († 1080), dessen im Necrolog seines Hausklosters St. Blasien mit dem Titel *REX* gedacht wird (16. 10. *RŎDOLFVS REX*).[336] Die besondere Bedeutung seiner Person als Förderer und Gönner der Schwarzwaldabtei findet in der Hervorhebung im Totenbuch ihren Ausdruck.

Außer dem Gegenkönig Rudolf von Rheinfelden und dem Herzog Welf IV. sind im Wiener Fragment noch sechs weitere weltliche Große eingetragen: die Grafen *Chŏno* (16. 10.), *Wecil* (18. 10.), *Reigil* (21. 10.), *Ŏdalricus* (27. 10), *Otto* (1. 11.) und *Gerhardus* (5. 11.). Beim ersten der aufgeführten comites handelt es sich wohl um den Grafen von Achalm-Wülflingen, den 1091 gestorbenen Stifter des Klosters Zwiefalten.[337] Die beiden Grafen *Wecil* und *Reigil* konnten bisher noch nicht überzeugend identifiziert werden.[338] Der zum 27. 10. eingetragene *Ŏdalricus comes* ist wohl der 1097 gestorbene Graf Udalrich (X.) von Bregenz, ein Schwiegersohn Rudolfs von Rheinfelden.[339] Die zum 1. 11. bzw. 5. 11. genannten comites *Otto* und *Gerhardus*

334 Wie oben Anm. 123.

335 Der St. Blasianer Äbte Uto und Rusten wurde im welfischen Necrolog von Lüneburg gedacht (ed. A. C. Wedekind, Noten zu einigen Geschichtsschreibern des deutschen Mittelalters, Bd. 3, Hamburg 1832, S. 1-98, ebda. S. 70 zum 19. 9.: *Rudstenius abbas* und zum 24. 9.: *Vto abbas sancti Blasii*, ebda. S. 71). Lüneburg war die Grablege der Billunger und übernahm nach ihrem Aussterben (1106) mit dem Übergang der Herrschaft an die Welfen auch für diese das Totengedenken. Dies zeigen zahlreiche Welfen-Einträge im Lüneburger Necrolog; vgl. O. G. Oexle, Die „sächsische Welfenquelle" als Zeugnis der welfischen Hausüberlieferung, in: DA 24 (1968), S. 435-497, ebda. S. 489 ff. und 493 ff.

336 Ebenso im Necrolog von Zwiefalten (MGH Necr. 1, S. 240-268) zum 16. 10. (ebda. S. 263): *Rudolfus rex.*

337 Jbb. Heinrichs IV. und Heinrichs V. Bd. 4 (1085-1096) (Berlin 1903, Nachdruck 1965), S. 387 mit Anm. 33. — Necrolog von Zwiefalten (wie Anm. 336) zum 16. 10.: *Cuno com. fundator huius coenobii.*

338 Wollasch, Muri und St. Blasien S. 428 identifizierte Wecil ohne Angabe von Gründen, wohl Baumann, MGH Necr. 1 Register S. 787 folgend mit dem „Grafen Wecil von Zollern"; zu diesem vgl. jedoch Jbb. H. IV. u. H. V. Bd. 1 (1056-1069) (Berlin 1890, Nachdr. 1964), S. 214 mit Anm. 26.

339 Jbb. H. IV. u. H. V. Bd. 5, S. 8 mit Anm. 13: Necrolog von Mehrerau bei Bregenz zum 27. 10.: *Ulricus comes fundator huius loci;* Necrolog von Zwiefalten (wie Anm. 336) zum 26. 10.: *Uodalricus com. (de) Brigantia.*

waren möglicherweise Grafen im Albgau.[340] Ob der zum 25. 10. in der vierten Zeile und ohne einen (Titel-) Zusatz eingeschriebene *Bertholdus* mit dem „in Bayern wirkenden Grafen Berthold, der an die Bischofskirche in Augsburg schenkte und dann Mönch wurde," identisch ist,[341] ist nicht sicher. Die außerdem von anlegender Hand eingetragene Gräfin *Chŏniza* wurde bereits oben erwähnt.

Die im Wiener Fragment enthaltenen Namen weltlicher Großer repräsentieren einen Teil der zeitweise von Rudolf von Rheinfelden angeführten gregorianischen Partei des Investiturstreites. Bemerkenswert ist, daß diejenigen Vorkämpfer der gregorianischen Partei, welche in der Chronik Bernolds von Konstanz mit dem genauen Todestag genannt sind, sich — falls sie an solchen Tagen starben, deren Einträge uns im St. Blasianer Necrologfragment erhalten sind — alle dort wiederfinden: so der von Bernold als *comes praeclarissimus, in causa sancti Petri contra scismaticos propugnator ferventissimus* bezeichnete Graf Ulrich von Bregenz [342], ebenso der Gründer von Zwiefalten, Graf Cuno von Achalm-Wülflingen.[343]

Auffallend sind die Übereinstimmungen mit dem Necrolog von Zwiefalten: Rudolf von Rheinfelden, Welf IV. und die erwähnten Grafen Cuno und Ulrich sind sowohl im Zwiefalter als auch im St. Blasianer Totenbuch verzeichnet, desgleichen die beiden im St. Blasianer Necrolog nachgetragenen Herzöge Heinrich der Stolze († 20. 10. 1139) und Bolezlaus III. von Polen († 28. 10. 1138).[344]

Die im Wiener Necrologfragment verzeichneten kirchlichen Würdenträger gehören größtenteils der kirchlichen Reformbewegung der

340 Vgl. oben S. 33.

341 Wollasch, Muri und St. Blasien, S. 428 mit Anm. 24; Necrolog von Zwiefalten (wie Anm. 366) zum 25. 10. (S. 263): *Bertholt m. com.;* Liber anniversariorum ecclesiae maioris Augustensis (MGH Necr. 1, S. 55-73), ebda. S. 70 zum 25. 10.: *Berchtoldus comes ob.*

342 Bernoldi chronicon, MGH SS 5, S. 465 a. 1097: *Oudalricus comes ... cum bona confessione diem clausit extremum, et apud Brigantium, ubi ipse monasticam vitam instruxit, honorifice sepelitur 6. Kal. Novembris.*

343 Ebda. S. 454 f., a. 1092: *In Alemannia Chono comes de Wulvelingin, strenuissimus miles sancti Petri, diem clausit extremum Idibus Octobris.*

344 Zu Bolezlaus III. und seinen Beziehungen zu Zwiefalten vgl. Jbb. Ko. III. S. 140 mit Anm. 27; Necrolog von Zwiefalten (wie Anm. 336) zum 28. 10.: *Bolezlaus dux Bolaniorum. Iste multa bona contulit nobis cum uxore sua Salome.* Bolezlaus' Gemahlin Salome war die Tochter des Grafen Heinrich von Berg; vgl. Die Zwiefalter Chroniken Ortliebs und Bertholds, neu hgg., übers. und erläutert v. E. König und K. O. Müller (Schwäbische Chroniken der Stauferzeit 1, Stuttgart-Berlin 1941, [3]1977), S. 129.

zweiten Hälfte des 11. Jahrhunderts an. Die älteste Schicht des im ersten Viertel des 12. Jahrhunderts angelegten Necrologs reicht bis in die Mitte des 11. Jahrhunderts zurück, wie die Nennung des ca. 1056 gestorbenen Bischofs Dietrich von Basel zeigt.[345] Mit Bischof Herrand von Halberstadt wird in St. Blasien einer der führenden Persönlichkeiten der Reformbewegung in Sachsen gedacht.[346]

Bemerkenswert ist auch die Eintragung des Abtes Adalbert von Fruttuaria († nach 1079) [347] an einer sonst nur St. Blasianer Mönchen vorbehaltenen Stelle (Beginn der ersten Zeile) mit dem Zusatz *f(rater)*.[348] Der Abt des oberitalienischen Klosters, dessen consuetudines St. Blasien um 1070 übernahm, wurde also den Mitgliedern des eigenen Konvents im liturgischen Gedächtnis gleichgestellt.

Eine der führenden Persönlichkeiten der monastischen Reformbewegung des 11. Jahrhunderts in Schwaben, der 1096 gestorbene Abt Siegfried von Allerheiligen in Schaffhausen, ist zum 27. 10. eingetragen.[349] Am 31. 12. wurde des im gleichen Jahr gestorbenen Abtes Liutfrid von Muri, eines früheren St. Blasianer Mönchs, gedacht.[350]

Über die zumeist am Ende einer Zeile eingetragenen Konversen ist nur selten etwas bekannt. Der zum 25. 10. von der anlegenden Hand eingetragene *Bernhardus c(onversus)* ist vielleicht mit einem gewissen Bernhard von Warmbach identisch. Von ihm berichtet der St. Blasia-

[345] R. Massini, Das Bistum Basel zur Zeit des Investiturstreites (Basler Beiträge zur Geschichtswiss. 24, Basel 1946), S. 28 gibt den 29. 12. 1056 als Todestag Dietrichs an. — Irrig ist die Angabe von Büttner, St. Blasien und Basel, S. 134, daß Bischof Dietrich im St. Blasianer Necrolog ebenso wie Rudolf von Rheinfelden „in besonderer Weise hervorgehoben" sei. Büttners Irrtum wurde von Jakobs, Adel, S. 36 mit Anm. 40, S. 38 Anm. 47 übernommen und zum Ausgangspunkt weiterer Folgerungen gemacht.

[346] Vgl. oben Anm. 118 u. L. Fenske, Adelsopposition und kirchliche Reformbewegung im östlichen Sachsen (Veröffentl. d. Max-Planck Instituts für Geschichte 47, Göttingen 1977), S. 142.

[347] Vgl. Wollasch, Mönchtum, S. 89. Ebda. S. 91 mit Anm. 269 konnte wahrscheinlich gemacht werden, daß der im St. Blasianer Necrolog zum 4. 11. eingetragene *Suppo* mit dem in anderen Necrologien (Marcigny, S. Bénigne de Dijon) bezeugten, gleichnamigen Abt von Fruttuaria identisch ist.

[348] Zum Aufbau des Necrologs vgl. oben S. 36.

[349] Jbb. H. IV. u. H. V. Bd. 4, S. 524; Bernoldi chronicon, MGH SS 5, S. 464 a. 1096: *Sigifredus piae memoriae Scafhusensis abbas, vir magnae prudentiae et admirabilis benevolentiae, 5. Kal. Novembris ad Dominum migravit, omnibusque fidelibus tam laicis quam spiritalibus magnum merorem in sua discessione reliquit.*

[350] Ebda.: *Luitfredus sanctae recordationis abbas de monasterio sancti Martini, iam pene triginta annis mundo crucifixus et soli Deo vivus, in senectute bona, videlicet plenus dierum, diem clausit extremum 2. Kal. Ianuarii.*

ner ‚Liber constructionis' [351], er sei kurz vor seinem Tode in das Kloster St. Blasien eingetreten und dort *octavo calendas Novembris* (25. 10.) gestorben.[352] Bei der zum 26. 10. ebenfalls von der anlegenden Hand eingetragenen *Beatrix c(onversa)* könnte es sich um die am gleichen Tag des Jahres 1092 gestorbene, zweite Gemahlin Herzog Bertholds des Bärtigen handeln,[353] über deren conversio uns allerdings nichts bekannt ist.

Das Wiener Necrologfragment weist auf Beziehungen St. Blasiens zu den Welfen und zur kirchlichen Reformbewegung des Investiturstreits. Obwohl nur Bruchstücke des St. Blasianer Totenbuchs erhalten sind, lassen sich aus dem Wiener Fragment wichtige Erkenntnisse über das St. Blasianer Totengedenken und die sich darin widerspiegelnden monastischen und politischen Verbindungen des Schwarzwaldklosters gewinnen. Bemerkenswert ist die Weite und Vollständigkeit des St. Blasianer Totengedenkens: Sämtliche Welfen und Anhänger der gregorianischen Partei des Investiturstreites, welche an im Fragment überlieferten Todestagen starben, finden sich dort wieder.

Das laikale Element ist im St. Blasianer Necrologfragment stark vertreten: Neun von der anlegenden Hand eingetragenen weltlichen Großen stehen auf den fünf erhaltenen Seiten nur fünf geistliche Würdenträger gegenüber. Wenn man die fünf Seiten des Fragments für repräsentativ hielte, so käme man bei der für das Gesamt-Necrolog rekonstruierbaren Gesamtseitenzahl von 61 Seiten (64 S. minus 3 S. Verbrüderungsverträge) [354] auf etwa 110 weltliche und 61 geistliche Große.[355] Es ist aber nicht ausgeschlossen, daß die erhaltenen

[351] Zum ‚Liber constructionis' vgl. unten Exkurs B.

[352] Liber constructionis monasterii ad S. Blasium, ed. F. J. Mone, in: ders., Quellensammlung Bd. 4 (Karlsruhe 1867), S. 76-142, ebda. S. 102 (lib. II, 47): *Bernhardus de Warmbach iacens in extremis talibus filium suum allocutus est verbis: „quamdiu me hic retines, infirmitatis meae prolongantur labores. Mori enim non valeo, nisi in sancti Blasii monasterio." Quid plura? per filium huc allatus, statim ut de equis, qui eum portabant, depositus est, professus obedientiam, dominique corpore suscepto, in eadem die eodemque momento, quod tunc fuit octavo calendas Novembris, de huius vitae liberatus est angustiis.*

[353] Bernoldi chronicon, MGH SS 5, S. 455 a. 1092: *Beatrix, soror Friderici marchionis et uxor quondam Berthaldi ducis, tandem per diuturnam infirmitatem a Domino misericorditer castigata et examinata, felicissime diem clausit extremum 7. Kal. Novembris et in civitate Leucorum ab episcopo loci honorifice sepelitur.*

[354] Vgl. oben S. 38 Skizze 1: Codicologische Rekonstruktion des Necrologs von St. Blasien.

[355] Das Wiener Necrologfragment ergibt einen Durchschnitt von 1,8 weltlichen und 1,0 geistlichen Würdenträgern pro Seite (von anlegender Hand). Somit ergeben

Fragmente des St. Blasianer Totenbuchs zufällig eine unverhältnismäßig hohe oder niedrige Zahl von weltlichen bzw. geistlichen Würdenträgern enthalten. Somit sind genaue Angaben über die Anzahl der im St. Blasianer Necrolog eingetragenen weltlichen und geistlichen Großen nicht möglich. Die auf Grund der fünf erhaltenen Seiten für das Gesamt-Necrolog ausgerechneten Zahlen können jedoch eine ungefähre Vorstellung von der Dimension des zum größten Teil verlorenen Totenbuchs vermitteln. Sie machen deutlich, daß die auf den wenigen erhaltenen Seiten bezeugten Personen nur einen kleinen Ausschnitt aus der Gesamtheit der im St. Blasianer Totengedenken eingeschlossenen darstellen und lassen aber die Weite und Intensität des Gebetsgedenkens auch ahnen.[356]

2. Zwei im 18. Jahrhundert entdeckte Bruchstücke

Im Gegensatz zum vielbeachteten Wiener Fragment des St. Blasianer Necrologs blieben zwei weitere Bruchstücke des Totenbuchs von St. Blasien so gut wie unbeachtet.

Der Klosterarchivar von St. Blasien, P. Stanislaus Wülberz, entdeckte im Jahre 1730 im Einband eines Rechnungsbuches der Pfarrei Schönau im Wiesental ein Pergamentstück, welches er als Teil des alten St. Blasianer Necrologs erkannte. Wülberz schreibt über den Fund: *Monitum. In archivio san-Blasiano die 15. Aprilis anno 1730 cum ratiocinia plebaniae Schönaugicnsis lustrarem, ego p. Stanislaus Wůlberz, s. Blasii monachus, eiusdem necrologii Blasiani fragmentum ratiocinio cuidam agglutinatum inveni, quod ubi P. Marquardo Hergot, nunc cellerario magno ostendissem, eandem scripturam esse sta-*

sich für 61 S. ca. 110 (61 x 1,8 = 109,8) weltliche u. 61 (61 x 1,0) geistliche Würdenträger. — J. Wollasch, Ein cluniacensisches Totenbuch aus der Zeit Abt Hugos von Cluny, in: FMSt 1 (1967), S. 406-443, ebda. S. 408 Anm. 11, vermutete auf Grund der im 29 Tage umfassenden Wiener Fragment enthaltenen „ca. 400 Einträge", das St. Blasianer Totenbuch habe „mehr als 4500 Namen" umfaßt.

356 St. Blasianer Äbte sind außer im Necrolog von Lüneburg (vgl. oben Anm. 335) in den Totenbüchern von Zwiefalten (MGH Necr. 1, S. 261 zum 24. 9.: *Uto abb.*) u. Ottobeuren (MGH Necr. 1, S. 99-118, ebda. S. 114 zum 10. 10.: *Giselbertus abb.* [† 1086], S. 113 zum 24. 9.: *Uto abb.* [† 1100], ebda. zum 18. 9.: *Ruostein abb.* [† 1125] u. nachgetragen zum 27. 5., ebda. S. 108: *Ob. Wernherus abb.* [† 1179]) verzeichnet.

tim agnovit, quam in Vindobonensi codice, seu quatuor foliis superius descriptis observavit. Hinc etiam hic fragmentum istud inserendum duxi 20. Julii anno 1732.[357]

Das von Wülberz entdeckte Fragment ist seitdem verschollen.[358] Aus den vom St. Blasianer Klosterarchivar abgeschriebenen Namen läßt es sich jedoch entsprechend dem vom Wiener Fragment her bekannten Aufbau des St. Blasianer Totenbuchs [359] ungefähr rekonstruieren.[360]

[357] Analecta ad historiam San-Blasianam, collecta a Stanislao Wuelberz, tom. 1, p. 170; zitiert nach Mone, Quellensammlung Bd. 4, S. 135, wo es weiter heißt: „Am Schlusse fügte Wülberz noch bei: *adest et aliud fragmentum ejusdem necrologii, ex quo eadem die* (20. Juli 1732) *sequentia* (nämlich zum 27. und 28. Mai) *descripsi.*"

[358] Nachforschungen im Pfarrarchiv von Schönau, GLA Karlsruhe und Archiv von St. Paul i. L. blieben ohne Ergebnis.

[359] Vgl. oben S. 38.

[360] Vgl. Skizze 2: Rekonstruktion eines der beiden von Wülberz entdeckten Fragmente. — Die Rekonstruktion muß ungenau bleiben, da Wülberz zwar angibt, welche Namen zu welchem Tage eingetragen waren, nicht aber in welcher Zeile sie jeweils standen, noch ob sie von der anlegenden Hand oder späteren Händen geschrieben wurden; vgl. Mone, Bd. 4 S. 136 f., wo die von Wülberz abgeschriebenen Namen abgedruckt sind.

(recto)

(26. 3.)	A VII · kl	Ŏdalricus[F] epc. Adilbero Waltherus Chŏnradus Tietericus Chŏnradus Alhret Arnoldus Chŏnradus Chunigunt[C] Gisela Hemma	de istius [anniversario fiat commemoratio ad V psalmos] de istius anniversario fiat commemoratio ad V psalmos
(27. 3.)	B VI · kl	Frowinus[F] abb. Fridericus .. Arnoldus G ..... Willehelmus ..... Hiltirich Adilbertus Ŏdalricus ... Ch[ŏnradus] Mahthilt[C] Ita Eberhardus[p. n.]	
(28. 3.)	C V · kl	Egelinus[F] .....[C]	
(29. 3.)	(D IIII kl)		
(30. 3.)	(E III kl)		
(31. 3.)	(F II kl)		

(verso)

(1. 4.)	G kł Apr	Folcmarus[F] Willibertus[C] Rikart Wernherus Mahtilt[C] Hacicha Bertha Berta Hermannus[f. p.]
(2. 4.)	A IIII · Non	Luttoldus Wicman Nankerus Gunth[erus][C] .....a
(3. 4.)	B III · Non	Gerhardus[F]
(4. 4.)	(C II Non)	
(5. 4.)	(D Non)	
(6. 4.)	(E VIII Id)	

Skizze 2: Rekonstruktion des einen der beiden von Wülberz entdeckten Fragmente

Aus einem weiteren, kleineren Stück teilt Wülberz zwei Einträge mit:[361]

G. 6. kal. [Junii] (27. Mai) *Wernherus abbas obiit.*
A. 5. kal. [Junii] (28. Mai) *Bernhardus presbyter et monachus.*[362]

Da die von Wülberz entdeckten Fragmente nur abschriftlich überliefert sind, ist eine Scheidung der von der anlegenden Hand geschriebenen Einträge und der Nachträge auf Grund paläographischer Beobachtungen nicht möglich. Einige Namen können aber durch die Identifizierung der hinter ihnen stehenden Personen als Nachträge erkannt werden: Der zum 26. 3. (*VII. kal. Apr.*) eingetragene *Ůdalricus f. epc.* ist wohl identisch mit Bischof Ulrich II. von Konstanz, einem „Anhänger Lothars III. und der Welfen",[363] der, nachdem der Staufer Konrad III. König geworden war, im Jahre 1138 resignierte und sich als Mönch in das Kloster St. Blasien zurückzog.[364] Der zum 27. 3. eingeschriebene *Frowinus f. abb.* ist wohl personengleich mit dem ehemaligen Mönch von St. Blasien und späteren Abt von Engelberg (1147-1178).[365] Der zum 27. 5. verzeichnete *Wernherus abbas* ist der 1174 verstorbene Abt von St. Blasien.[366]

Erhebliche historische Erkenntnisse, die über die am Wiener Necrologfragment gemachten hinausgehen, lassen sich an den beiden kleinen Fragmenten nicht gewinnen, da in diesen nur wenige historisch bekannte Personen überliefert sind.

361 Wie oben Anm. 357.
362 Nach Mone, Bd. 4 S. 137.
363 Büttner, Staufer und Welfen, S. 355.
364 Jbb. Ko. III., S. 68 f.; Regesta episcoporum Constantiensium Bd. 1 (517-1293), bearb. v. P. Ladewig u. T. Müller (Innsbruck 1895), S. 95 f. Nr. 799, ebda. S. 96: „Als todestag citiert Neugart-Mone, Ep. Const. 2, 129 aus einem mir nicht bekannten SBlasNecr. 12. jh: *V. Kal. Mai* (apr. 25) *Vodalricus eps. fr.*"; Neugart, Episcopatus Const. S. 129 schreibt: „Ad vitam meliorem abiit VII. Kal. Maii, seu d. 25. Aprilis[5] ..." u. zitiert in Anm. 5 aus einem „Necrolog S. Blasii sec. XII" den Eintrag „*Vodalricus ep. fr.*" — Neugart hat vermutlich Wülberz' Abschrift in den Analecta t. 1 p. 170 gekannt und die VII. kal. des Mai mit denen des April verwechselt (vgl. oben Skizze 2).
365 Necrol. et liber anniversariorum sanctimonialum Engelbergensium, zum 27. 3.: *Frowinus n. abb.* (MGH Necr. 1, S. 367).
366 Annales necrologici mon. S. Blasii, MGH Necr. 1, S. 329: *Anno domini 1178, VI. kalendas Iunii ob. domnus Wernherus abb. huius loci.*

B. EINE BISHER UNBEKANNTE FRÜHE ABSCHRIFT EINER TEILQUELLE DES ST. BLASIANER ‚LIBER CONSTRUCTIONIS'

Eine wichtige Quelle zur mittelalterlichen Geschichte des Klosters St. Blasien ist der sog. ‚Liber constructionis' (im folgenden abgekürzt: L. c.).[367] Dieses Werk wurde nach Meinung der Forschung im 13. Jahrhundert auf Grund älterer Quellen verfaßt, im 14. Jahrhundert fortgesetzt und überarbeitet.[368] Das Original des L. c. ist beim Klosterbrand von 1768 verbrannt.[369] Erhalten sind nur eine Abschrift des 16. Jahrhunderts und zwei Kopien des 18. Jahrhunderts.[370]

Da die vom St. Blasianer Abt Kaspar I. (1541-1571) angefertigte Abschrift (Hs. St. Paul 74/1) als beim Klosterbrand von 1768 zugrunde gegangen galt,[371] stützte sich Mones Edition auf eine der beiden Abschriften des 18. Jahrhunderts, die Hs. St. Paul 187/2.[372] Der Herausgeber war der Ansicht, der erste Teil des L. c. sei bereits im 12. Jahrhundert entstanden: Wahrscheinlich habe „Abt Rusten 1108-1125 den liber constructionis begonnen und bis wenige Monate vor seinem Tode fortgesetzt." [373] Die Argumente, mit denen Mone wahrscheinlich machen will, daß Abt Rusten das erste, die ersten 62 Kapitel des zweiten und das Fragment des vierten Buches des L. c. verfaßt habe, sind nicht sehr überzeugend: Er stützt nämlich seine These vor allem darauf, daß Rusten vom Beginn des L. c. bis einschließlich Kap. 62 des zweiten Buches nur *dominus abbas, isdem Rustenus, abbas* oder *dominus Rustenus* genannt werde, während die Formulierung *pius*

[367] Ed. Mone Bd. 4, S. 76-142; zur Bezeichnung ‚Liber constructionis' vgl. ebda. S. 76 f.

[368] I. Schmale-Ott, St. Blasien, in: Wattenbach-Schmale, S. 322.

[369] Mone Bd. 4, S. 76.

[370] W. Schütz, Die große Kreuzpartikel von St. Blasien/St. Paul und ihre drei Fassungen, in: Carinthia I 149 (1959), S. 611-632, auch sep. in: Festschrift zur 150-Jahr-Feier, S. 299-320, ebda. S. 318 (630).

[371] Mone Bd. 4, S. 76; Schmale-Ott, S. 322 (ohne Kenntnis der Ausführungen von Schütz, Kreuzpartikel).

[372] Wie Anm. 367; Schütz, Kreuzpartikel, S. 318 (630).

[373] Mone Bd. 4, S. 141.

pater in Kap. 64 zeige, daß ab Kap. 63 „einer seiner Nachfolger" den L. c. fortgesetzt habe. Mit dieser Annahme nicht in Einklang stehende Stellen des L. c. tut Mone als spätere Interpolationen ab.[374] Weiter wird behauptet, Abt Gunther (1141-1170) habe Zusätze wie Kap. 20 des zweiten Buches verfaßt und Abt Manegold (1186-1204) habe den L. c. des Abtes Rusten fortgesetzt.[375] Die „Beweise" Mones für seine These „liegen theils wieder in dem Mangel an Epitheta bei dem Worte *abbas,* theils in chronologischen Anhaltspunkten." [376]

Entstehungszeit, Verfasserschaft und Quellen des L. c. sind unklar. Die Schwierigkeit, die zahlreichen Widersprüche und Unklarheiten in Aussage und Konzeption des L. c. zu klären, beruht u. a. auf dem Verlust der wohl größtenteils beim Klosterbrand von 1322 zugrunde gegangenen, verschiedenen Vorlagen. Mone führte zwar einige, bei der Abfassung bzw. Überarbeitung des L. c. benutzte Quellen auf, konnte aber keine genauen Angaben über Art und Umfang dieser Werke machen.[377]

Nun gelang es beim Studium der Handschriften des St. Blasianer Priorats Ochsenhausen einen im 12. Jahrhundert geschriebenen, bisher unbekannten Text zu entdecken, welcher zum größten Teil wörtlich mit vier Kapiteln des L. c. (II, 17-20) übereinstimmt: Am Ende des in der zweiten Hälfte des 12. Jahrhunderts entstandenen Legendar-Bandes Hs. Kynžvart 40 (f. 165^{r}-166^{v}) wird über die Erwerbung und Prüfung der großen St. Blasianer Hl. Kreuz-Reliquie berichtet.[378] Der Text endet mit einem litaneiartigen Lob des Hl. Kreuzes.[379] Diese Anrufung des Hl. Kreuzes und die Einleitung des Berichtes sind nur in

[374] Ebda.: „Gegen die Autorschaft des Abtes Rusten spricht allerdings die Stelle im Anfange des Kap. 53 des 2. Buches: *non minus dignus vir quam antecessor suus.* Aber diese Stelle ist ganz offenbar eine Interpolation, da in demselben Kapitel der Abt Rusten sich mit den bescheidenen Bezeichnungen *dominus Rustenus* und *isdem Rustenus* einführt."

[375] Ebda.

[376] Ebda. — Die „chronologischen Anhaltspunkte" bedürfen, ebenso wie die Gesamtargumentation Mones einer eingehenden Überprüfung, die an dieser Stelle nicht geleistet werden kann.

[377] Mone Bd. 4, S. 78.

[378] Zur großen St. Blasianer Hl. Kreuz-Reliquie vgl. ausführlich: Schütz, Kreuzpartikel; ohne Kenntnis dieser Ausführungen: A. Frolow, La relique de la Vraie Croix (Archives de l'Orient chrétien 7, Paris 1961) Nr. 331, S. 326-328.

[379] Čáda S. 64 bezeichnete den ganzen Text als „De ligno crucis" und erkannte nicht den Zusammenhang mit dem L. c.

der Kynžvarter Hs. überliefert, der übrige Text entspricht den Kap. 17-20 des zweiten Buches des L. c.[380]

Aus der Einleitung und dem folgenden Text der Ochsenhauser Hs. geht hervor, daß er bzw. seine Vorlage in St. Blasien entstanden ist. Einführend erklärt der unbekannte Autor: Obwohl jener Ort [381] von seinem Ursprung an von weisen und gelehrten Männern, denen niemand an Wahrheitsliebe und Frömmigkeit gleichkommen könne, mit großem Eifer geleitet worden sei, wolle er dennoch das, was jene unvollendet zurücklassen mußten, durch den Glauben gestärkt, vollenden. Nach einigen Bemerkungen über die menschliche Unzulänglichkeit erklärt er dann, er beabsichtige, denjenigen, die es hören wollten, kurz über das hl. Kreuz, durch das die Welt erlöst worden sei, zu berichten. Der Autor versichert, er stütze sich auf wahrheitsgetreue Augenzeugenberichte älterer Mitbrüder: *sicut nobis verissime a senioribus nostris traditum est omni falsitatis velamine remoto subinferam.*

Die Königin Adelheid, eine mit einem König von Ungarn verheiratete Tochter Rudolfs von Rheinfelden und Adelheids von Turin (*Ex nobilissimis progenitoribus Růdolfo scilicet gloriosissimo rege et Adelheida praeclarissima regina matertera videlicet Heinrici quarti* [!] *imperatoris exiit ... Adilheida regina, que nupsit regi Ungariorum ...*), sei wie ihre Eltern eine besondere Wohltäterin des Klosters gewesen. Sie habe ihm eine große Hl. Kreuz-Reliquie und 70 Goldstücke (*aureos*) zur Vergoldung und Verzierung geschenkt.[382] Diese Geschenke seien von Abt Giselbert (1068-1086) entgegengenommen und mit großer Sorgfalt behütet worden. Der Abt habe die Reliquie mit seinem ganzen Konvent (*cum suis omnibus*) andächtig verehrt, *sicut asseverant hi, qui tunc temporis presentes interfuere.* Später seien jedoch Zweifel an der Echtheit der Reliquie aufgetaucht bis schließlich Abt Gunther (1141-1170) zusammen mit dem Prior Berthold von Sulzburg auf Grund einer sog. ‚Kaltwasserprobe' (*iudicio*

[380] Ausführlicher Kommentar dazu: Schütz, Kreuzpartikel, S. 300-305 (612-617) u. 316 (628) ff.

[381] Wie aus dem folgenden hervorgeht, muß dieser *locus iste* mit St. Blasien identisch sein.

[382] Die St. Blasianer Hl. Kreuz-Reliquie wurde vermutlich unter Abt Uto (1086-1100) in ein Prozessions- oder Vortragskreuz, das sog. ‚Adelheidkreuz', eingefügt; vgl. Schütz, Kreuzpartikel, S. 306 (618) ff. u. K. Ginhart, in: ders., Die Kunstdenkmäler ... St. Paul, S. 217-224 mit Abb. 300-305.

aquae frigidae) [383] die Echtheit der St. Blasianer Kreuzpartikel erwiesen habe.

Aus dem in der Ochsenhauser Hs. Kynžvart 40 überlieferten Text geht hervor, daß er in der zweiten Hälfte des 12. Jahrhunderts in St. Blasien abgefaßt wurde: Terminus post quem ist der Beginn des Abbatiats des in der Aufzeichnung genannten Abtes Gunther von St. Blasien (1141). Vermutlich wurden ältere Quellen mit herangezogen, da es beim Bericht über die Schenkung der Reliquie an Abt Giselbert von St. Blasien (1068-1086) heißt, dies hätten Zeitgenossen bestätigt (*sicut asseverant hi, qui tunc temporis presentes interfuere*).

Die Niederschrift des Textes in einem im 12. Jahrhundert in St. Blasien für Ochsenhausen hergestellten Codex und die größtenteils wörtliche Übereinstimmung mit vier Kapiteln des St. Blasianer L. c. lassen vermuten, daß er auf eine St. Blasianer Vorlage zurückgeht. Ob diese bereits ein Teil des ältesten L. c. war oder später in das Werk eingefügt wurde, muß offen bleiben. Der Text der Ochsenhauser Hs. war wohl kaum die unmittelbare Vorlage für die Kap. 17-20 des zweiten Buches des L. c., sondern ist vermutlich eine Abschrift dieser Vorlage, da die Hs. Kynžvart 40 wohl bereits im 12. Jahrhundert nach Ochsenhausen kam. In der Ochsenhauser Hs. liegt also wahrscheinlich eine frühe Abschrift einer bisher unbekannten Teilquelle des L. c. vor.

[383] Vgl. Schütz, Kreuzpartikel, S. 305 (617).

ANHANG

Im folgenden wird der Text der *Hs. Kynžvart 40, fol. 165^r-166^v* wiedergegeben. Die Abweichungen des mit dem ‚Liber constructionis' II, 17-20 übereinstimmenden mittleren, durch Petitdruck gekennzeichneten Teils vom Text des L. c. sind vermerkt. Die Orthographie der Hs. ist beibehalten; lediglich die in der Hs. nicht getroffene Unterscheidung zwischen *v* und *u* (— die Hs. hat immer *u* —) ist der leichteren Lesbarkeit halber, ebenso wie die Interpunktion modernisiert.

(Q)uamvis [a] a sapientibus et doctissimis viris multis ab inicio locus iste magna discipline instructione regeretur, ut nec nostris nec futuris temporibus ullum illis parem in veritatis contemplatione et in omni religione speremus, nullum tamen reprehendendum arbitror, si fide stabilitus id, quod illi inperfectum reliquerunt, deliberaverit explere. Nam et illi, quia breves dies hominis sunt, non omnia, que vel vellent vel possent si diutius vixissent dicere vel facere potuerunt, et veritatis ratio tam ampla tamque profunda est, ut a mortalibus nequeat exhauriri, iuxta illud poeticum *non omnia possumus omnes* [1] et dominus in ecclesia sua cum qua se esse usque ad consummationem seculi promittit gratie sue dona non desinit inpertiri. Inmutabilis enim divinitas cui cuncta assistunt acta et agenda simul sic disponit alternationes mutabilium, ut non sibi quicquam serum aut properum sentiat in ordine rerum. Nempe ut de reliquis interim taceatur, redemptio humani generis maxime necessaria in fine seculorum exhibita comprobatur, et qui plus omnibus laboravit Paulus post apostulos omnes de celo vocatur, unde etiam abortivum semet nuncupasse invenitur.[2] Hac igitur ego consideratione licet homo sim nimis parve scientie confortatus quantum superna gratia dare mihi dignatur, quiddam audire volentibus de preciocissimo ligno, in quo eadem redemptio mundi peracta est, breviter insinuabo.

[a] in Majuskel; Zeile für Überschrift und Raum für Initiale (Q) freigelassen.

[1] Vergil, Ecl. 8, 63 u. weitere Belege bei Walther II/3 nr. 18147.
[2] 1 Kor 15,8: *novissime autem omnium tamquam abortivo visus est et mihi.*

Nam cum[b] *universe humanitati per sanctam crucem redempte et ad supernam patriam reducte*[c] *venerabiliter eadem victoriosissima crux sit honoranda, nobis tamen pusillis cum singulari quadam ac speciali industria et debito quodam ut ita dicam est veneranda nimirum quos deus maxima portione ipsius vitalis ligni misericorditer donavit. Quod*[d] *qualiter acciderit*[e] *sicut nobis verissime a senioribus nostris traditum est omni falsitatis velamine remoto subinferam.*

Ex nobilissimis[f] *progenitoribus Rŏdolfo*[g] *scilicet gloriosissimo* // (f. 165v): // *rege*[3] *et Adelheida preclarissima regina matertera videlicet Heinrici quarti imperatoris*[4] *exiit stella luciflua filia eorum Adilheida regina,*[5] *que nupsit regi Ungariorum nomine* [h][6]. *Que nobilissima regina locum nostrum amore eorum atque exemplo parentum suorum multis atque magnificis extulit donariis. Nam progenitores sui locum istum prediis suis aliisque innumeris beneficiis ditaverunt, protexerunt auxiliando, auxerunt protegendo. Ex quibus mater eius post multas elemosinas isti locum*[i] *subministratas aliis posthabitis*[k] *nobilissimis locis etiam hic corporis sui exuvias terre mandari maluit. Cuius filius Bertholfus*[l] *strennuissimus dux frater dilecte regine nostre*[7] *et ipse prediis amplissimis huic loco traditis cum fratre suo Ottone*[m] *nomine*[8] *elegit hic diem iudicii expectare.*[n] *Quos omnes quamvis quasi*[o] *hereditario iure subsequeretur regina nostra sepius cum magno honore nominanda tamen*[p] *precessit omnes decore multiplicium ac nobilium donariorum.*

Misit namque nobis lignum preciosum et admirabile per quod et diabolus est victus et[q] *mundus totus redemptus, vitale inquam lignum quod dignum fuit portare vitam et precium huius seculi crucem splendidiorem cunctis astris mundi in qua triumphavit rex angelorum. Misit pariter et LXX aureos ad deaurandum et decorandum preciosum lignum nec non et duo pallia admodum exquisita. Quę nimirum donaria suscepit dignissime venerabilis abbas Giselbertus*[r][9]*; lignum vero preciosum summa cum diligentia cum suis omnibus sollemniter et letabunde excepit*[s]*, sicut asseverant*[t] *hi, qui tunc temporis presentes interfuere. Postmodum vero*

b ab hier wie L. c. II, 17-20 (Mone, Bd. 4, S. 93-95).
c fehlt L. c.
d *Quae* L. c.
e *acciderint* L. c.
f *nobillissimis igitur* L. c.
g *Rudolpho* L. c.
h Raum für den Namen freigelassen; *Colmanno* L. c.
i *loco* L. c.
k *praehabitis* L. c.
l *Bertholdus* L. c.
m *Othone* L. c.
n *exspectare* L. c.
o fehlt L. c.
p *cum* L. c.
q fehlt L. c.
r *Giselberthus* L. c.
s *accepit* L. c.
t *asseruerant* L. c.

3 Rudolf von Rheinfelden († 1080), Gegenkönig Heinrichs IV.

4 Adelheid von Turin († 1079), Schwester der Berta von Turin, der Gemahlin Heinrichs IV.; somit ist die Angabe, Adelheid sei eine *matertera*, eine Tante (genauer: Schwester der Mutter) Heinrichs IV. gewesen, unzutreffend; sie war seine Schwägerin. Zu Adelheids Tod und Bestattung in St. Blasien vgl. Jbb. H. IV. u. V. Bd. 3, S. 206 mit Anm. 58.

5 † 1090; vgl. Bernoldi chronicon a. 1090.

6 Die Angabe des L. c., Kolomann (1095-1114) sei der Gemahl Adelheids gewesen, ist unzutreffend; König Ladislaus (ca. 1077-1095) war der Gemahl Adelheids, vgl. Jbb. H. IV. u. H. V. Bd. 3, S. 134 Anm. 53.

7 † 1090; vgl. Bernoldi chronicon a. 1090.

8 Nur hier bezeugt; vgl. Jakobs, Adel, S. 160 f.

9 Abt von St. Blasien (1068-1086).

permittente dei occulto[u] *iudicio minori diligentia et honore est habitum a posteris eorum in magnitudine speciei dubitantibus cum scilicet nusquam locorum tanta*[v] *eiusdem ligni quantitatem quisquam se vidisse meminerit, non id adtendentibus aut nescientibus quod regina potentissima quicquid in seculo fuit prestantissimum quam optime potuerit adipisci presertim cum et nobis sit relatum unde vel*[w] *quomodo id ei divina gratia contulerit. Frater quippe regis mariti scilicet sui*[10] *sicut ipsa nobis denuntiavit* // (f. 166r): // *idem venerabile lignum pro munere ei contulit quod ipsa utpote sanctissimum omnique honore excolendum multo tempore religiosissime conservavit; postmodum vero divina gratia instigante ad locum nostrum quem adprime dilexit cuique etiam semetipsam si concederetur dedere preoptaret*[x] *pro summo et maximo dono transmisit plurimum astruens*[y] *id vere lignum esse in quo pro salute hominum conditor orbis pependit et eam partem ligni esse per quam clavus dominice manus sanguine imbutus*[z] *penetravit. Nec hoc silenter pretereundum reor, quod Christus Jesus eandem reginam de huius mundi Egypto in inventione sancte crucis*[11] *ad terram viventium transtulit quasi scilicet cultum quem sue sancte cruci inpendit nonnisi in eiusdem salutaris*[a'] *ligni festo voluerit remunerare.*

Igitur usque ad tempora domni Guntheri reverentissimi abbatis[12] *in tali abiectione*[b'] *sicut prediximus venerabile lignum permansit. Qui venerandus abbas, cum esset sollertissimus in omni spiritali studio, cepit secum revolvere qualiter ad agnitionem certitudinis veniret ut amodo debita reverentia dulci ligno exhiberetur. Idcirco Bertholdo, reverendo priori de Sulceberc,*[c'] [13] *quo etiam eiusdem portiuncula ligni devenerat causam examinandam*[d'] *conmisit. Tum ille rei negocium tam sororibus quam omnibus sibi subiectis conmendavit, ut deum intente exorarent quatinus*[e'] *rei veritatem revelare eis dignaretur. Deinde convocatis quibusdam reverentissimis prespiteris pluribusque aliis religionis amatoribus sub iudicio aque frigide comprobavit certissime rei veritatem domino nostro Jesu Christo id omnibus apertis*[f'] *indiciis demonstrante quod ipsum esset lignum in quo verissime pependit orbis vita et precium. Mox omnes qui aderant cum admirabili quadam concordia et unanimi consensu in celum laudes attollunt deumque magnificis preconiis laudare contendunt.*[g']

Nos quoque laudes crucis attolamus quam Christus Jesus clarificare dignatus est multis signis atque prodigiis ad laudem et gloriam nominis sui que scribenda aliis decrevi derelinquere quia vereor si

u *occulto dei* umgestellt L. c. v *tantam* L. c.
w *et* L. c. x *praecipitaret* L. c. (Mone: praecepit).
y *adstruens* L. c. z *imbutae* L. c. a' *salvatoris* L. c.
b' Dahinter Rasur eines etwa fünf Buchstaben umfassenden Wortes.
c' *Sulzberg* L. c. d' *examinandi* L. c. e' *quatenus* L. c.
f' *opertis* L. c. g' Bis hierher wie L. c. II, 17-20.

10 Geisa (Magnus), Herzog, seit 1075 König von Ungarn, † ca. 1077; älterer Bruder des Kg. Ladislaus, vgl. Jbb. H. IV. u. H. V. Bd. 3, S. 134 Anm. 53.

11 3. Mai (1090).

12 Abt von St. Blasien (1141-1170).

13 Prior und Leutpriester des Klosters Sulzburg; vgl. K. List, St. Cyriak in Sulzburg 993-1964 (Freiburg i. Br. o. J.), S. 30.

rustico et inperito sermone aliquid // (f. 166^{v}): // plus presumpsero suggerere notam videar presumptionis incurrere.

Laudes in quam crucis attollamus, quas ex verbis Iohannis Crisostomi plenius considerare valemus. Dicit enim: Si nosse desideras virtutem crucis, quanta possum ad eius laudem dicere audi. Crux spes christianorum, resurrectio mortuorum, cecorum dux, claudorum baculus. Crux desperatorum vita, consolatio pauperum, refrenatio divitum, destructio superborum, male viventium pena. Crux adversus demones triumphus, devictio diaboli, adolescentium pedagogus, sustentatio inopum, desperatorum spes, navigantium portus. Crux obsessorum murus, pater orphanorum, defensor viduarum. Crux iustorum consilium, tribulatorum requies, parvulorum custos, virorum caput, senum finis. Crux lumen in tenebris, sedentium regum magnificentia scutum perpetuum. Crux insensatorum sapientia, servorum libertas, imperitorum philosophia, lex impiorum. Crux prophetarum preconatio, apostolorum adunatio, martyrum gloriatio, monachorum abstinentia, virginum castitas, gaudium sacerdotum. Crux ecclesie fundamentum, orbis terre cautela, templorum destructio, idolorum repulsio. Crux scandalum iudeorum, perditio impiorum, invalidorum virtus, egrotantium medicina, emundatio leprosorum, paraliticorum requies. Crux esurientium panis, sitientium potus. Crux miserorum spes, consolatio credentium, fidei fundamentum, crux fidei suffragium, in adversis defensor, in prosperis iuvamentum, crux est nudorum protectio. Hec denique crux innumerabilium nobis bonorum existit causa.

GESAMTÜBERBLICK

Ziel der vorliegenden Untersuchung war die Erforschung des Skriptoriums von St. Blasien im 11. und 12. Jahrhundert.

Zunächst stellte sich die Frage, ob nach den Brandkatastrophen, von denen St. Blasien im Laufe seiner Geschichte heimgesucht wurde, noch genügend Material vorhanden war, dessen Entstehung im Schwarzwaldkloster gesichert ist. Die Sammlung, Ordnung und kritische Prüfung der für St. Blasien in Anspruch genommenen Handschriften, die sich heute größtenteils in der Bibliothek des St. Blasianer Nachfolgekonvents in St. Paul im Lavanttal (Kärnten) befinden, ergab, daß nur bei wenigen Codices die Herstellung in St. Blasien sicher nachweisbar ist.

Auf Grund zweier bisher unbeachteter Schreibernotizen, in denen die St. Blasianer Äbte Uto (1086-1100) und Rusten (1108-1125) als Auftraggeber genannt werden, konnten die Handschriften St. Paul 18/1, eine Hieronymus-Hs., und 60/1, das sog. ‚Bernauer Missale', sicher als Erzeugnisse des Skriptoriums von St. Blasien nachgewiesen und zuverlässig datiert werden.

Ebenfalls in der Amtszeit des Abtes Rusten wurde das St. Blasianer Necrolog angelegt, von dem uns Bruchstücke in einer wahrscheinlich gegen Ende des 12. Jahrhunderts in St. Blasien angefertigten Plinius-Handschrift (Hs. Wien, ÖNB Cod. lat. 9, fol. I-IV) erhalten sind. Spuren St. Blasianer Schreibtätigkeit des 12. Jahrhunderts finden sich auch im sog. ‚Sakramentar von St. Paul' (Hs. St. Paul 20/1), einer wahrscheinlich um das Jahr 1000 auf der Reichenau entstandenen Prachthandschrift, die etwa in der Mitte des 12. Jahrhunderts in St. Blasien mit Nachträgen und Zusätzen versehen wurde.

Während die Handschriften St. Paul 18/1 und 60/1, das Wiener Necrologfragment und die Zusätze im ‚Sakramentar von St. Paul' sichere Zeugnisse des St. Blasianer Schriftwesens sind, ist die Entstehung der Hs. Wien, ÖNB Cod. lat. 9-10 und des Missalfragments Hs. Karlsruhe, Bad. Landesbibl. St. Blasien 120 in St. Blasien zwar wahrscheinlich, aber nicht gewiß.

Für die St. Blasien zugewiesenen Hss. aus den Klosterbibliotheken von Göttweig und Engelberg konnte der Nachweis geführt werden, daß eine Anfertigung in St. Blasien entweder unmöglich ist (Hss. Göttweig 9, fol. 62 und Göttweig 109; Engelberg 66 und 91) oder nicht sicher nachgewiesen werden kann (Hss. Göttweig 53b; Engelberg 102 und 1003).

Unter den heute in St. Paul liegenden Handschriften aus St. Blasien befinden sich einige mittelalterliche Codices, die zwar nicht in St. Blasien entstanden sind, vielleicht aber bereits früh für die Bibliothek des Schwarzwaldklosters erworben wurden: so neben den beiden südwestdeutschen, liturgischen Prachthandschriften St. Paul 20/1 und 21/1 eine Handschrift kanonistischen Inhalts (Hs. St. Paul 22/1: Ivo v. Chartres, ‚Panormia'), welche vermutlich aus Frankreich stammt. Falls sie — was nicht sicher ist — bereits im Mittelalter nach St. Blasien kam, so hätten wir ein interessantes Zeugnis kirchenrechtlicher Interessen im Schwarzwaldkloster vor uns, das zeitweilig Aufenthaltsort des auch als Kanonist tätigen Bernold von Konstanz war. In diese Richtung könnte auch eine weitere St. Pauler Handschrift deuten, welche möglicherweise in St. Blasien entstanden ist und das ‚Decretum Gratiani' enthält (Hs. St. Paul 25/1).[384] Da sie in gotischer Schrift des 13. Jahrhunderts geschrieben ist, fällt sie außerhalb des Rahmens der vorliegenden Studie. Das gleiche gilt für zwei andere Handschriften des 13. Jahrhunderts, die Hinweise auf eine Entstehung in St. Blasien enthalten: Die Hs. St. Paul 27/1 (25. 2. 29), ein mit Marginalkommentar versehener Text des Lukas-Evangeliums, enthält zwei spätmittelalterliche St. Blasianer Besitzvermerke.[385] Die Litanei des Missales Hs. St. Paul 42/1 (25. 3. 21), in der die Heiligen Petrus, Blasius und Benedikt hervorgehoben sind, konnte als „eindeutig sankt-blasianisch" nachgewiesen werden.[386] Diese Handschriften könn-

[384] Hs. St. Paul 25/1 (25. 2. 6) „von jeher St. Blasianisch" (Preisendanz, Bibliotheksgeschichte, S. 31 zu S. 51); F. Eheim, Handschriften des Decretum Gratiani in Österreich, in: Studia Gratiana 7 (1959), S. 125-173, ebda. S. 159 f.; Holter, St. Paul, S. 364 mit Abb. 530 (= Initialen auf f. 60r) u. 533 (= Initiale auf f. 101v).

[385] Auf dem Vorderspiegel u. auf f. 1r: *liber monasterii sancti Blasii.* — Auf dem Vorderspiegel auch fragmentarische Buchschenkungsnotiz des 12. Jhs. auf eingeklebtem Perg.bl.: *// ..VSCALCUS DEDIT HUNC LIBRUM,* welche sich aber wohl nicht auf die Hs. St. Paul 27/1 bezieht.

[386] Irtenkauf, Über die Herkunft, S. 37 ff. — Der später geschriebene Teil der Hs. (f. 53-61) kann durch die Erwähnung eines Abtes Johannes von St. Blasien (f. 57 ff.) auf Ende 14. - Anfang 15. Jh. datiert werden; vgl. die Äbteliste bei Ott, Art. St. Blasien, S. 155.

ten Ausgangspunkt einer künftigen Untersuchung des spätmittelalterlichen St. Blasianer Schriftwesens werden.

Die geringe Materialgrundlage zur Erforschung des Skriptoriums von St. Blasien im hohen Mittelalter konnte durch einen geschlossenen Bestand von 19 Hss. des 12. Jahrhunderts aus der Bibliothek des St. Blasianer Priorats Ochsenhausen erweitert werden: vier von ihnen stellten sich als so gut wie sicher in St. Blasien geschrieben, die restlichen als mit diesen verwandt heraus. Es konnte gezeigt werden, daß die Abtei St. Blasien ihr Priorat Ochsenhausen im 12. Jahrhundert mit einer beachtlichen Anzahl von vorwiegend monastisch-homiletischen Büchern ausstattete.

Neben bereits bekannten Hinweisen auf eine mögliche Herstellung der Ochsenhauser Handschriften des 12. Jahrhunderts in St. Blasien gelang es in den beiden Legendar-Bänden Hss. Kynžvart 40 und 41, zwei bisher unbekannte Texte zu entdecken, welche die Vermutung der Entstehung in St. Blasien zur Gewißheit verstärken: Die Hs. Kynžvart 40 enthält die frühe Abschrift einer Teilquelle des St. Blasianer ‚Liber constructionis', welche über die Erwerbung und Prüfung der großen St. Blasianer Hl. Kreuz-Reliquie berichtet (f. 165^{r}-166^{v}). In die Hs. Kynžvart 41 wurde eine vermutlich in St. Blasien entstandene Übersicht über die Werke des Hieronymus eingetragen (f. 207^{rv}), die, ebenso wie die ihr vorangestellte ‚Vita S. Hieronymi' (f. 202^{v}-207^{r}) aus der für St. Blasien gesicherten Hs. St. Paul 18/1 (f. 1^{r}, 114^{r}-118^{v}) abgeschrieben wurde. In Ochsenhausen selber machte man im 12. Jahrhundert vermutlich nur kleinere Zusätze und Nachträge.

Durch die Ochsenhauser Handschriften des 12. Jahrhunderts gewann das Bild des St. Blasianer Skriptoriums über die wenigen direkt aus St. Blasien geretteten, heute in St. Paul in Kärnten befindlichen Codices hinaus schärfere Konturen. Wenn auch der Bestand der mittelalterlichen Bibliothek des Klosters St. Blasien nicht mehr erschlossen werden kann, so zeigen die untersuchten Handschriften doch, daß in St. Blasien ab dem späten 11. Jahrhundert ein den schwäbischen Reformzentren Hirsau und Schaffhausen vergleichbares Skriptorium bestanden haben muß. Dieses Ergebnis ergänzt und bestätigt die in der historischen Forschung gewonnene Erkenntnis der großen Bedeutung St. Blasiens in der Reformbewegung des ausgehenden 11. Jahrhunderts und im späteren Landesausbau im südlichen Schwarzwald.

LITERATUR- UND QUELLENVERZEICHNIS

Die Abtei Reichenau. Neue Beiträge zur Geschichte und Kultur des Inselklosters, hg. v. Helmut Maurer (Bodenseebibliothek 20, Sigmaringen 1974).

Acta Murensia, ed. Martin Kiem, in: Die ältesten Urkunden (s. u.) S. 1-206 (sep. Seitenzählung).

Adamnan: De locis sanctis, ed. Ludwig Bieler, in: Itineraria et alia geographica (CC SL 175, Turnhout 1965) S. 175-234.

Adamek, Josef - Hans Jakob Wörner: St. Blasien im Schwarzwald. Benediktinerkloster und Jesuitenkolleg. Geschichte, Bedeutung, Gestalt (Die Großen Kunstführer 56, München-Zürich 1978).

Adriaen, M: s. S. Gregorii M. Homiliae.

— s. S. Hieronymi ... in prophetas Osee ...

— s. S. Hieronymi ... in prophetas Naum ...

— - D. Hurst: s. S. Hieronymi ... in Matheum.

Albers, Bruno: Untersuchungen zu den ältesten Mönchsgewohnheiten. Ein Beitrag zur Benediktinerordensgeschichte des X.-XII. Jahrhunderts (Veröffentlichungen aus dem Kirchenhistorischen Seminar München II, 8, München 1905).

— (Ed.) Consuetudines Monasticae. Bd. 4: Consuetudines Fructuarienses necnon Cystrensis in Anglia monasterii et congregationis Vallymbrosanae (Monte Cassino 1911).

Alemannica. Landeskundliche Beiträge. Festschrift für Bruno Boesch = Alemannisches Jahrbuch 1973/75. Veröffentlichungen des Alemannischen Instituts Freiburg i. Br. (Bühl /Baden 1976).

Alexii Comneni Romanorum imperatoris ad Robertum Flandriae comitem epistola spuria, ed. Comte Riant (Genf 1879).

Althoff, Gerd: Das Necrolog von Borghorst. Edition und Untersuchung (Schriften der Historischen Kommission Westfalen 40 = Westfälische Gedenkbücher und Nekrologien 1, Münster 1978).

Altinger, Altmann: Die zwei ältesten Nekrologien von Kremsmünster, in: Archiv für österreichische Geschichte 84 (1898) S. 1-135.

Amalarii episcopi opera liturgica omnia, ed. Johannes Michael Hanssens. Bd. 2: Liber officialis (Studi e testi 139, Città del Vaticano 1948).

Annales Einsidlenses, ed. Georg Heinrich Pertz, in: MGH SS 3 (Hannover 1839; Nachdr. Stuttgart 1968) S. 137-149.

S. Aurelii Augustini De doctrina christiana, De vera religione, ed. Ioseph Martin (CC SL 32, Turnhout 1962).

S. Aurelii Augustini in Iohannis evangelium tractatus CXXIV, ed. Radbod Willems (CC SL 36, Turnhout 1954).

Autenrieth, Johanne: Die Domschule von Konstanz zur Zeit des Investiturstreits. Die wissenschaftliche Arbeitsweise Bernolds von Konstanz und zweier Kleriker dargestellt auf Grund von Handschriftenstudien (Forschungen zur Kirchen- und Geistesgeschichte NF. 3, Stuttgart 1956).

— Der bisher unbekannte Schluß des Briefes Gregors VII. an Mathilde von Tuscien vom 16. Februar 1074 (Reg. I, 47), in: DA 13 (1957) S. 534-538.
— Bernold von Konstanz und die erweiterte 74-Titelsammlung, in: DA 14 (1958) S. 375-394.
— Art. Bernold von Konstanz, in: LThK 2 (²1958) Sp. 259.
— s. Festschrift Bernhard Bischoff.
— Die kanonistischen Handschriften der Dombibliothek Konstanz, in: dies., — Raymund Kottje: Kirchenrechtliche Texte im Bodenseegebiet. Mittelalterliche Überlieferung in Konstanz, auf der Reichenau und in St. Gallen (Vorträge und Forschungen Sonderbd. 18, Sigmaringen 1975) S. 5-21.
— Das St. Galler Verbrüderungsbuch. Möglichkeiten und Grenzen paläographischer Bestimmung, in: FMSt 9 (1975) S. 215-225.
— Probleme der Lokalisierung und Datierung von spätkarolingischen Schriften (10. und 11. Jahrhundert), in: Codicologica 4: Essais méthodologiques (Leiden 1978) S. 67-74.
— s. Das Verbrüderungsbuch der Abtei Reichenau.

Barack, Karl August: Althochdeutsche Funde, in: ZfdA 23 (1879) S. 209-216.
— (Hg.), Ezzos Gesang von den Wundern Christi und Notkers Memento mori im phototypischen Faksimile der Straßburger Handschrift (Vier Tafeln) (Straßburg 1879).
Barré, Henri: Les homéliaires carolingiens de l'école d'Auxerre. Authenticité - Inventaire - Tableaux comparatifs - Initia (Studi e testi 225, Città del Vaticano 1962).
Battle, Columba F.: Die ‚Adhortationes sanctorum patrum' (‚Verba seniorum') im lateinischen Mittelalter. Überlieferung, Fortleben und Wirkung (Beiträge zur Geschichte des alten Mönchtums und des Benediktinerordens 31, Münster 1972).
Baumann, Franz Ludwig: Ueber Todtenbücher der Bisthümer Cur und Constanz, in: NA 8 (1883) S. 425-447.
— s. Die ältesten Urkunden.
— s. Fragmenta necrologii.
Beccaria, Augusto: I codici di medicina del periodo presalernitano (secoli IX, X e XI) (Storia e letteratura 53, Rom 1956).
Becker, Adolf: Die deutschen Handschriften der kaiserlichen Universitäts- und Landesbibliothek zu Straßburg (Katalog der kaiserlichen Universitäts- und Landesbibliothek in Straßburg 7, Straßburg 1914).
Iohannis Beleth: Summa de ecclesiasticis officiis, ed. H. Douteil (CC Cont. med. 41-41A, Turnhout 1976).
Die Benediktinerklöster in Baden-Württemberg. Bearb. v. Franz Quarthal in Zusammenarbeit mit Hansmartin Decker-Hauff, Klaus Schreiner und dem Institut für geschichtliche Landeskunde und historische Hilfswissenschaften an der Universität Tübingen (Germania Benedictina 5, Augsburg 1975).
Berg, D.: s. Wattenbach-Schmale.
Bergmann, Rolf: Verzeichnis der althochdeutschen und altsächsischen Glossenhandschriften. Mit Bibliographie der Glosseneditionen, der Handschriftenbeschreibungen und der Dialektbestimmungen (Arbeiten zur Frühmittelalterforschung 6, Berlin-New York 1973).

Berlière, Ursmer: Coutumiers monastiques, in: Revue Bénédictine 29 (1912) S. 357-367.

Bernards, Matthäus (Rez.): Ruperti Tuitiensis Commentaria in evangelium sancti Iohannis, ed. R. Haacke (CC Cont. med. 9, Turnhout 1969), u. Rupert v. Deutz, De Victoria Verbi Dei, hg. v. R. Haacke (MGH Quellen zur Geistesgeschichte des Mittelalters 5, Weimar 1970), in: Zs. für Kirchengeschichte 84 (1973) S. 109-113.

Libelli Bernaldi presbyteri et monachi, ed. F. Thaner, in: MGH Libelli de lite 2 (Hannover 1892) S. 1-168.

Bernhardi, Wilhelm: Jahrbücher der Deutschen Geschichte. Lothar von Supplinburg (Berlin 1879, Nachdr. 1975).

— Jahrbücher der Deutschen Geschichte. Konrad III. (Berlin 1883, Nachdr. 1975).

Bernoldi chronicon, ed. Georg Heinrich Pertz, in: MGH SS 5 (Hannover 1844; Nachdr. Stuttgart 1968) S. 385-467.

Bernoulli, C. A.: s. Hieronymus und Gennadius.

Biblia sacra iuxta Vulgatam versionem adiuvantibus Bonifatio Fischer, Iohanne Gribomont, H. F. D. Sparks, W. Thiele recensuit et brevi apparatu instruxit Robertus Weber. 2 Bde. (Stuttgart 1969).

Bieler, L.: s. Adamnan, De locis sanctis.

— s. Lowe.

Bischoff, Bernhard: Die südostdeutschen Schreibschulen und Bibliotheken in der Karolingerzeit. Teil 1: Die bayrischen Diözesen (Wiesbaden 1940, ³1974).

— La nomenclature des écritures livresques du IXe au XIIIe siècle, in: Nomenclature des écritures livresques du IXe au XVIe siècle (Colloques internationaux du Centre national de la recherche scientifique. Sciences humaines IV, Paris 1954) S. 7-14.

— Paläographie (mit besonderer Berücksichtigung des deutschen Kulturgebietes), in: Deutsche Philologie im Aufriß, hg. v. Wolfgang Stammler (Berlin-Bielefeld-München ²1957).

— Ostertagtexte und Intervalltafeln, in: HJb 60 (1940) S. 549-580; erweitert wiederabgedr. in: ders., Mittelalterliche Studien. Bd. 2 (Stuttgart 1967) S. 192-225.

— s. Carmina Burana.

— s. Karl der Große.

Bober, Harry: The St. Blasien Psalter (Rare Books Monographs Series 3, New York 1963).

Bocognano, A.: s. Grégoire le Grand, Moralia.

Boeckler, Albert: Das Stuttgarter Passionale (Augsburg 1923).

Brackmann, A.: s. Germania Pontificia.

Braunfels, W.: s. Lexikon der christl. Ikonographie.

Brommer, Peter: Unbekannte Fragmente von Kanonessammlungen im Staatsarchiv Marburg, in: Hessisches Jb. für Landesgeschichte 24 (1974) S. 228-233.

Bruckner, Albert: Scriptoria medii aevi helvetica. Denkmäler schweizerischer Schreibkunst des Mittelalters.

3. Schreibschulen der Diözese Konstanz. St. Gallen II (Genf 1938).

5. Schreibschulen der Diözese Konstanz. Stift Einsiedeln, Kirchen und Klöster der Kantone Uri, Schwyz, Glarus, Zug (Genf 1943).

6. Schreibschulen der Diözese Konstanz. Kloster Allerheiligen in Schaffhausen (Genf 1952).
7. Schreibschulen der Diözese Konstanz. Aargauische Gotteshäuser (Genf 1955).
8. Schreibschulen der Diözese Konstanz. Stift Engelberg (Genf 1950).

Brunhölzl, F.: s. Festschrift Bernhard Bischoff.

Abendländische Buchmalerei. Ausstellungskatalog der Österreichischen Nationalbibliothek (Wien 1952).

Büdinger, Max: Necrologii Sanblasiani fragmentum. (Silverstergabe Wien 1858/59) (zitiert nach Mone Bd. 3 S. 609).

Büttner, Heinrich: St. Blasien und das Elsaß (Veröffentlichungen aus dem Fürstlich Fürstenbergischen Archiv 4, Donaueschingen 1939).

— St. Blasien und das Bistum Basel im 11./12. Jahrhundert. Ein Beitrag zur Geschichte des Investiturstreites, in: Zs. für Schweizerische Kirchengeschichte 44 (1950) S. 138-149; wiederabgedr. in: ders., Schwaben und Schweiz (s. u.) S. 131-142.

— Zur frühen Geschichte von Allerheiligen in Schaffhausen, in: Schaffhauser Beiträge 36 (1959) S. 30-39; wiederabgedr. in: ders., Schwaben und Schweiz S. 181-189.

— Staufer und Welfen im politischen Kräftespiel zwischen Bodensee und Iller während des 12. Jahrhunderts, in: Zs. für württembergische Landesgeschichte 20 (1961) S. 17-73; wiederabgedr. in: ders., Schwaben und Schweiz S. 337-392.

— Schwaben und Schweiz im hohen Mittelalter. Gesammelte Aufsätze (Vorträge und Forschungen 15, Sigmaringen 1972).

Buzás, Ladislaus: Deutsche Bibliotheksgeschichte des Mittelalters (Elemente des Buch- und Bibliothekswesens 1, Wiesbaden 1975).

Čáda, František: Rukopisy knihovny státního zámku v Kynžvartě. Codices manu scripti bibliothecae castelli Kynžvart in Bohemia Occidentali (Československá akademie věd, komise pro soupis a studium rukopisů. Soupisy rukopisů svazek 3, Prag 1965).

S. Caesarii Arelatensis Sermones, ed. Germanus Morin (CC SL 103/104, Turnhout 1953).

Cambier, G.: s. J. Vezin.

Carmina Burana. Mit Benutzung der Vorarbeiten Wilhelm Meyers krit. hg. v. Alfons Hilka u. Otto Schumann. Bd. I: Text. 1. Die moralisch-satirischen Dichtungen (Heidelberg 1930). 2. Die Liebeslieder, hg. v. O. Schumann (Heidelberg 1941). 3. Die Trink- und Spielerlieder — Die geistlichen Dramen. Nachträge hgg. v. O. Schumann u. Bernhard Bischoff (Heidelberg 1970). Bd. II: Kommentar (Heidelberg ²1961).

Caspar, E.: s. Das Register Gregors VII.

Coens, Maurice: Un ancien témoin retrouvé de la ‚Vita Magni' d'Otloh (Ms. Kynžvart 20. D. 22/II), in: Analecta Bollandiana 88 (1970) S. 129-139.

S. Columbani Opera, ed. G. S. M. Walker (Scriptores Latini Hiberniae 2, Dublin 1957).

S. Thasci Caecili Cypriani epistulae, ed. Wilhelm Hartel (CSEL 3, 2, Wien 1871).

Daniel, Natalia: Handschriften des zehnten Jahrhunderts aus der Freisinger Dombibliothek. Studien über Schriftcharakter und Herkunft der nachkarolingischen

und ottonischen Handschriften einer bayerischen Bibliothek (Münchener Beiträge zur Mediävistik und Renaissance-Forschung 11, München 1973).
De Boor, Helmut - Richard Newald: Geschichte der deutschen Literatur von den Anfängen bis zur Gegenwart. Bd. 1 (München [7]1966).
Decker-Hauff, H.: s. Die Benediktinerklöster.
DeWald, Ernest, T.: The Art of the Scriptorium of Einsiedeln, in: The Art Bulletin 7 (1925) S. 78-90.
Douteil, H.: s. Iohannis Beleth.
Duft, Johannes: Sankt Otmar. Die Quellen zu seinem Leben (Bibliotheca Sangallensis 4, Zürich-Lindau-Konstanz 1959).
— Sankt Otmar in Kult und Kunst (St. Gallen 1966).
Durrer, Robert: Die Maler- und Schreiberschule von Engelberg, in: Anzeiger für schweizerische Altertumskunde NF. 3 (1901) S. 42-55, 122-176.

Eberl, Immo: Art. Wiblingen, in: Die Benediktinerklöster S. 652-667.
Eder, Christine Elisabeth: Die Schule des Klosters Tegernsee im frühen Mittelalter im Spiegel der Tegernseer Handschriften (Münchener Beiträge zur Mediävistik und Renaissance-Forschung, Beiheft 1 = Sonderdruck aus: Stud. u. Mitt. OSB 83, 1972, München 1972).
Eheim, Fritz: Die Handschriften des Decretum Gratiani in Österreich, in: Studia Gratiana 7 (1959) S. 125-173.
Eisler, Robert: Die illuminierten Handschriften in Kärnten (Beschreibendes Verzeichnis der illuminierten Handschriften in Österreich 3, Leipzig 1907).
Etcheverry, F.: s. Garand-Etcheverry.
Ettlinger, Emil: Die ursprüngliche Herkunft der Handschriften, die aus Kloster-, bischöflichen und Ritterschaftsbibliotheken nach Karlsruhe gelangt sind (Die Handschriften der Badischen Landesbibliothek in Karlsruhe, Beilage 3, Heidelberg 1901; Nachdr. mit bibliographischen Nachträgen Wiesbaden 1974).
Euw, Anton von: Das Sakramentar von St. Paul, in: Die Abtei Reichenau (s. o.) S. 363-387.

Fasching, H.: s. Lechner-Fasching.
Fenske, Lutz: Adelsopposition und kirchliche Reformbewegung im östlichen Sachsen. Entstehung und Wirkung des sächsischen Widerstandes gegen das salische Königtum während des Investiturstreites (Veröffentlichungen des Max-Planck-Instituts für Geschichte 47, Göttingen 1977).
Festgabe zur 150-Jahr-Feier der Wiederbesiedlung des Benediktinerstiftes St. Paul im Lavanttal durch die Mönche von St. Blasien im Schwarzwald, geleitet v. Gotbert Moro (Klagenfurt 1959); auch in: Carinthia I 149 (1959) S. 315-607.
Festschrift Bernhard Bischoff zu seinem 65. Geburtstag dargebracht von Freunden, Kollegen und Schülern, hg. v. Johanne Autenrieth u. Franz Brunhölzl (Stuttgart 1971).
Fiala, Virgil - Wolfgang Irtenkauf: Versuch einer liturgischen Nomenklatur, in: C. Köttelwesch (Hg.), Zur Katalogisierung (s. u.) S. 105-137.
Fischer, Bonifatius: Bibeltext und Bibelreform unter Karl dem Großen, in: Karl der Große. Lebenswerk und Nachleben. Bd. 2 (s. u.) S. 156-216.
— s. Biblia sacra.

Fragmenta necrologii et annales necrologici monasterii S. Blasii in Nigra Silva, ed. Franz Ludwig Baumann, in: MGH Necrologia 1 (Berlin 1888) S. 323-333.
Frolow, Anatole: La relique de la Vraie Croix. Recherches sur le développement d'un culte (Archives de l'Orient chrétien 7, Paris 1961).
Fuchs, A. F.: s. Urkunden und Regesten.

Garand, Monique-Cécile: Le scriptorium de Guibert de Nogent, in: Scriptorium 31 (1977) S. 3-29.
— Le scriptorium de Cluny, carrefour d'influences au XIe siècle: le manuscrit Paris, B. N., nouv. acq. lat. 1548, in: Journal des Savants 1977, S. 257-283.
— Copistes de Cluny au temps de saint Majeul (948-994), in: Bibliothèque de l'Ecole des chartes 136 (1978) S. 5-36.
— -François Etcheverry, Analyse d'écritures et macrophotographie. Les manuscrits originaux de Guibert de Nogent, in: Codices manuscripti 1 (1975) S. 112-122.
Gerbert, Martin: Iter Alemannicum, accedit Italicum et Gallicum. Sequuntur glossaria Theotisca ex codicibus manuscriptis a saeculo IX. usque XIII. (St. Blasien 1765).
— Historia Nigrae Silvae ordinis Sancti Benedicti coloniae, tom. 1 (St. Blasien 1783).
Germania Pontificia II/1: Dioceses Eichstetensis, Augustensis, Constantiensis I, hg. v. Albert Brackmann (Berlin 1923).
Geuenich, Dieter: Vorbemerkungen zu einer philologischen Untersuchung frühmittelalterlicher Personennamen, in: Alemannica (s. o.) S. 118-142.
— Verbrüderungsverträge als Zeugnisse der monastischen Reform des 11. Jahrhunderts in Schwaben, in: ZGORh 123 NF. 84 (1975, ersch. 1977) S. 17-30.
— s. Das Verbrüderungsbuch der Abtei Reichenau.
Geyer, Paulus: Adamnanus. II. Teil: Die handschriftliche Überlieferung der Schrift De locis sanctis (Programm des königlich humanistischen Gymnasiums in Erlangen zum Schlusse des Schuljahres 1896/97, Erlangen 1897).
Gilissen, Léon: L'expertise des écritures médiévales. Recherches d'une méthode avec application à un manuscrit du XIe siècle: Le lectionnaire de Lobbes. Codex Bruxellensis 18018 (Les publications de Scriptorium 6, Gent 1973).
— Prolégomènes à la codicologie. Recherche sur la construction des cahiers et la mise en page des manuscrits médiévaux (Les publications de Scriptorium 7, Gent 1977).
Ginhart, Karl (Bearb.): Die Kunstdenkmäler des Benediktinerstiftes St. Paul im Lavanttal und seiner Filialkirchen (Österreichische Kunsttopographie 37, Wien 1969).
Glorie, F.: s. S. Hieronymi ... in Danielem.
Gottwald, Benedict: Catalogus codicum manu scriptorum qui asservantur in bibliotheca monasterii Engelbergensis (Freiburg i. Br. 1891).
S. Gregorii Magni Homiliae in Hiezechielem prophetam, ed. M. Adriaen (CC SL 142, Turnhout 1971).
Gregoire le Grand, Morales sur Job III: Livres XI-XVI. Texte latin, trad. et notes par Aristide Bocognano. 2 Bde. (Sources Chrétiennes 212 u. 221, Paris 1974-1975).
Gribomont, I.: s. Biblia sacra.

Grill, Leopold: Ein unbekannter Brief Bernhards von Clairvaux, in: MIÖG 61 (1953) S. 388-389.
Gröchenig, Hans - Günther Hödl - Erhard Pascher: Handschriftenfragmente von 500-1500 (Katalog der Ausstellung) (Armarium. Beiträge zur Kodikologie und zu den Historischen Hilfswissenschaften 1, St. Paul im Lavanttal 1977).
Gruber, Ewald: Geschichte des Klosters Ochsenhausen von den Anfängen bis zum Ende des 16. Jahrhunderts. Phil. Diss. [Mschr.] Tübingen 1956.
Güterbock, Ferdinand: Engelbergs Gründung und erste Blütezeit 1120-1223. Neue quellenkritische Forschungen, aus seinem Nachlaß hg. v. P. Gall Heer (Zs. für schweizerische Geschichte, Beiheft 6, Zürich 1948).
Gutbrod, Jürgen: Die Initiale in Handschriften des achten bis dreizehnten Jahrhunderts (Stuttgart 1965).

Hafner, Wolfgang: Der ‚Planctus Philippi regis' im Engelberger Codex 1003, in: Festschrift Bernhard Bischoff (s. o.) S. 398-405.
Hainisch, Erwin (Bearb.): Die Kunstdenkmäler des Gerichtsbezirkes Lambach (Österreichische Kunsttopographie 34, Wien 1959).
Hallinger, Kassius: Gorze-Kluny. Studien zu den monastischen Lebensformen und Gegensätzen im Hochmittelalter. 2 Bde. (Studia Anselmiana 22-25, Rom 1950-1951).
— (Hg.): Corpus Consuetudinum Monasticarum 1 (Siegburg 1963).
Hanssens, J. M.: s. Amalarii . . . opera.
Hartel, W.: s. S. . . . Cypriani epistulae.
Heer, Gall: s. Güterbock.
— Aus der Vergangenheit von Kloster und Tal Engelberg 1120-1970 (Engelberg 1975).
Hermann, Hermann Julius: Die deutschen romanischen Handschriften (Beschreibendes Verzeichnis der illuminierten Handschriften in Österreich 8, NF. 2: Die illuminierten Handschriften und Inkunabeln der Nationalbibliothek in Wien, 2. Teil, Leipzig 1926).
Hieronymus und Gennadius, De viris inlustribus. Hg. v. C. A. Bernoulli (Sammlung ausgewählter kirchen- und dogmengeschichtlicher Quellenschriften 11, Freiburg i. Br.-Leipzig 1895).
Hieronymus, Liber de viris inlustribus. Gennadius, Liber de viris inlustribus, ed. E. C. Richardson (Texte und Untersuchungen zur Geschichte der altchristlichen Literatur 14, 1, Leipzig 1896).
S. Eusebii Hieronymi epistulae III: ep. 121-154, ed. Isidor Hilberg (CSEL 56, Wien-Leipzig 1918; Nachdr. New York-London 1961).
S. Hieronymi presbyteri commentariorum in Danielem libri III ⟨IV⟩, ed. Franciscus Glorie (CC SL 75A, Turnhout 1964).
S. Hieronymi presbyteri commentarii in prophetas Osee, Ioelem, Amos, Abdiam, Ionam, Michaeam, ed. M. Adriaen (CC SL 76, Turnhout 1969).
S. Hieronymi presbyteri commentarii in prophetas Naum, Abacuc, Sophoniam, Aggaeum, Zachariam, Malachiam, ed. M. Adriaen (CC SL 76A, Turnhout 1970).
S. Hieronymi presbyteri commentariorum in Matheum libri IV, edd. D. Hurst u. M. Adriaen (CC SL 77, Turnhout 1969).
Hilberg, I.: s. S. Eusebii Hieronymi epistulae.
Hilka, A.: s. Carmina Burana.

Hirsch, Hans: Studien über die Privilegien süddeutscher Klöster des 11. und 12. Jahrhunderts, in: MIÖG Erg.Bd. 7 (1907) S. 471-612.
Hödl, G.: s. Gröchenig-Hödl-Pascher.
Holder, Alfred: St.-Pauler Bruchstücke aus Notkers Psalter, in: Germania 21 (1876) S. 129-134.
— Die Handschriften der Badischen Landesbibliothek in Karlsruhe, VII: Die Reichenauer Handschriften Bd. 3, 2 (Leipzig-Berlin 1917; Nachdr. mit bibliographischen Nachträgen Wiesbaden 1973).
Holder-Egger, O.: s. Vita Findani.
Holter, Kurt: Die Handschriften und Inkunabeln, in: Die Kunstdenkmäler des Gerichtsbezirkes Lambach. Bearb. v. E. Hainisch (Österreichische Kunsttopographie 34, Wien 1959) S. 213-270.
— Die Bibliothek, Handschriften und Inkunabeln, in: Die Kunstdenkmäler des Benediktinerstiftes St. Paul im Lavanttal und seiner Filialkirchen. Bearb. v. K. Ginhart (Österreichische Kunsttopographie 37, Wien 1969) S. 340-441.
— Die Buchmalerei, in: Katalog der Ausstellung 1000 Jahre Babenberger in Österreich (s. u.) S. 567-579.
Holtzmann, R.: s. Wattenbach-Holtzmann.
Houben, Hubert: Das Fragment des Necrologs von St. Blasien (Hs. Wien, ÖNB Cod. lat. 9, fol. I-IV). Facsimile, Einleitung und Register, in: FMSt 15 (1981) (in Vorbereitung).
Hurst, D. - M. Adriaen: s. S. Hieronymi . . . in Matheum.

Irtenkauf, Wolfgang: Über die Herkunft des sogenannten St. Blasien-Psalters, in: Bibliothek und Wissenschaft 1 (1964) S. 23-49.
— Noch einmal: Über die Herkunft des sogenannten St. Blasien-Psalters, in: Bibliothek und Wissenschaft 2 (1965) S. 59-84.
— Zum Stuttgarter Cantionarium HB I 95, in: Codices manuscripti 3 (1977) S. 22-30.
— s. Fiala-Irtenkauf.

Jakobs, Hermann: Der Adel in der Klosterreform von St. Blasien (Kölner Historische Abhandlungen 16, Köln-Graz 1968).
— (Rez.): Die Benediktinerklöster in Baden-Württemberg (s. o.), in: ZGORh 123 NF. 84 (1975, ersch. 1977) S. 328-329.

Karl der Große. Lebenswerk und Nachleben. Bd. 2: Das geistige Leben, hg. v. Bernhard Bischoff (Düsseldorf 1965, ³1967).
Karwasińska, Jadwiga (Ed.): Św. Wojciecha biskupa i męczennika drugi napisany przez Brunona z Kwerfurtu. S. Adelberti Pragensis episcopi et martyris vita altera auctore Brunone Querfurtensi (Monumenta Poloniae Historica, Series nova IV/2, Warschau 1969).
Katalog der Ausstellung 1000 Jahre Babenberger in Österreich, Stift Lilienfeld 15. Mai - 31. Oktober 1976 (Katalog des Niederösterreichischen Landesmuseums, NF. 66, Wien 1976).
Kiem, M.: s. Acta Murensia.
— s. Die ältesten Urkunden.
König, E.: s. Die Zwiefalter Chroniken.

Köttelwesch, Clemens (Hg.): Zur Katalogisierung mittelalterlicher und neuerer Handschriften (Zs. für Bibliothekswesen und Bibliographie, Sonderheft, Frankfurt/M. 1963).

Kottje, Raymund: Kirchenrechtliche Interessen im Bodenseeraum vom 9. bis 12. Jahrhundert, in: J. Autenrieth - ders., Kirchenrechtliche Texte im Bodenseegebiet. Mittelalterliche Überlieferung in Konstanz, auf der Reichenau und in St. Gallen (Vorträge und Forschungen, Sonderbd. 18, Sigmaringen 1975) S. 23-41.

Kraus, Franz Xaver: Die Schätze St. Blasiens in der Abtei St. Paul in Kärnten, in: ZGORh 43 NF. 4 (1889) S. 46-68.

Krüger, Ekkehard: Die Schreib- und Malwerkstatt der Abtei Helmarshausen bis in die Zeit Heinrichs des Löwen. 3 Bde. (Quellen und Forschungen zur hessischen Geschichte 21, Darmstadt-Marburg 1972).

Ladewig, P. s. Regesta episcoporum.

Lambert, Bernard: Bibliotheca Hieronymiana Manuscripta. La tradition manuscrite des oeuvres de Saint-Jerôme. 4 Bde. (Instrumenta patristica 4, Steenbrugge 1959-1972).

Langosch, K.: s. Robinson, I. S., Art. Bernold.

Lechner, Gregor M.: Stift Göttweig und seine Kunstschätze (mit Bilddokumentation von Herbert Fasching) (St. Pölten-Wien 1977).

Leclerq, Jean: Études sur saint Bernard et le texte de ses écrits (Analecta sacri ordinis Cisterciensis 9, Rom 1953).

Lehmann, Edgar: Die Bibliotheksräume der deutschen Klöster im Mittelalter (Schriften zur Kunstgeschichte 2, Berlin 1957).

Lehmann, Paul (Bearb.), Mittelalterliche Bibliothekskataloge Deutschlands und der Schweiz. Bd. 1: Die Bistümer Konstanz und Chur (München 1918, Nachdr. 1969).

Lexikon der christlichen Ikonographie, hg. v. Wolfgang Braunfels. Bd. 5: Ikonographie der Heiligen. Aaron bis Crescentianus von Rom (Rom-Freiburg i. Br.-Basel-Wien 1973).

List, Karl: St. Cyriak in Sulzburg 993-1964. Hg. vom Staatlichen Amt für Denkmalpflege Freiburg. Ein Forschungs- und Arbeitsbericht (Freiburg i. Br. o. J.).

Lloyd, Albert L. jr.: The Manuscripts and Fragments of Notker's Psalter (Beiträge zur deutschen Philologie 17, Gießen 1958).

Löffler, Karl: Romanische Zierbuchstaben und ihre Vorläufer (Stuttgart 1927).

Lowe, Elias Avery: The ‚Script of Luxeuil': A Title Vindicated, in: Revue Bénédictine 63 (1953) S. 132-142; wiederabgedr. in: ders., Palaeographical Papers 1907-1965, hg. v. Ludwig Bieler (2 Bde. Oxford 1972), S. 389-398.

Mallon, Jean: Paléographie Romaine (Scripturae monumenta et studia 3, Madrid 1952).

Mansi, Joannes Dominicus: Sacrorum conciliorum nova et amplissima collectio. Bd. 10 (1760, Nachdr. Paris 1901, Graz 1960).

Martin, L.: s. S. . . . Augustini De doctrina.

Massini, Rudolf, Das Bistum Basel zur Zeit des Investiturstreites (Basler Beiträge zur Geschichtswissenschaft 24, Basel 1946).

Maurer, F.: s. Die religiösen Dichtungen:

Maurer, Helmut: Das Land zwischen Schwarzwald und Randen im frühen und hohen Mittelalter. Königtum, Adel und Klöster als politisch wirksame Kräfte (Forschungen zur oberrheinischen Landesgeschichte 16, Freiburg i. Br. 1965).
— s. Die Abtei Reichenau.
Menhardt, Hermann: Zur Überlieferung des Memento mori, in: ZfdA 80 (1944) S. 7-8.
— Der sog. Millstätter Blutsegen aus St. Blasien, in: ZfdA 85 (1954/55) S. 197-202.
— Das älteste Handschriftenverzeichnis der Wiener Hofbibliothek von Hugo Blotius 1576. Kritische Ausgabe der Hs. Series nova 4451 vom Jahre 1597 (Wien 1957).
— Verzeichnis der altdeutschen literarischen Handschriften der Österreichischen Nationalbibliothek (Veröffentlichungen des Institus für deutsche Sprache und Literatur der Deutschen Akademie der Wissenschaften zu Berlin 13, 1, Berlin 1960).
Meyer, W.: s. Carmina Burana.
Meyer von Knonau, Gerold: Jahrbücher des Deutschen Reiches unter Heinrich IV. und Heinrich V. Bd. 1 (1056-1069) (Berlin 1890, Nachdr. 1964).
Bd. 2 (1070-1077) (Berlin 1894, Nachdr. 1964).
Bd. 4 (1085-1096) (Berlin 1903, Nachdr. 1965).
Bd. 5 (1097-1106) (Berlin 1904, Nachdr. 1965).
— s. Die ältesten Urkunden.
Mittler, Elmar: Die Universitätsbibliothek Freiburg i. Br. 1795-1823. Personal, Verwaltung, Übernahme der säkularisierten Bibliotheken (Beiträge zur Freiburger Wissenschafts- und Universitätsgeschichte 35, Freiburg i. Br.-München 1971).
Mohlberg, Leo Cunibert: Mittelalterliche Handschriften (Katalog der Handschriften der Zentralbibliothek Zürich I, Zürich 1932-1952).
Mombritius, Boninus: Sanctuarium seu Vitae sanctorum. 2 Bde. (Paris [2]1910).
Monasteri in alta Italia dopo le invasioni Saracene e Magiare (sec. X-XII). Relazioni e comunicazioni presentate al XXXII Congresso Storico Subalpino. III. Convegno di storia della chiesa in Italia (Pinerolo 6-9 settembre 1964) (Turin 1966).
Mone, F. J.: Quellensammlung der badischen Landesgeschichte. Bd. 1 (Karlsruhe 1848). Bd. 2 (Karlsruhe 1854). Bd. 3 (Karlsruhe 1863). Bd. 4 (Karlsruhe 1867).
Mooyer, E. F.: Über das Bruchstück eines Nekrologiums des St. Blasiusklosters im Schwarzwalde, in: Anzeiger für Kunde der deutschen Vorzeit NF. 7 (1860) Sp. 353-356 u. ebda. 8 (1861) Sp. 113-116 (Forts.).
Morin, G.: s. S. Caesarii . . . Sermones.
Moro, Gotbert: Zur 150-Jahr-Feier der Wiederbesiedlung des Benediktinerstiftes St. Paul im Lavanttal durch die Mönche von St. Blasien im Schwarzwald, in: Festschrift zur 150-Jahr-Feier (s. o.) S. 3-10 = Carinthia I 149 (1959) S. 315-322.
Müller, K. O.: s. Die Zwiefalter Chroniken.
Müller, T.: s. Regesta episcoporum.
Müller, Wolfgang: Untersuchungen über die Privaturkunden des Klosters S. Blasien im 13. und 14. Jahrhundert, in: MIÖG 55 (1944) S. 1-145.

Naumann, Helmut (Rez.): Hermann Jakobs: Der Adel (s. o.), in: HZ 210 (1970) S. 693-697.

Neugart, Trudpert: Episcopatus Constantiensis Alemannicus sub metropoli Moguntina chronologice et diplomatice illustratus. I, 2 (Freiburg i. Br. 1862).

Neumann, Guillaume-Antoine: Description du manuscrit 20 H. 39 de la bibliothèque du prince de Metternich à Königswart (Variantes d'Arculf), in: Archives de l'Orient latin 1 (1881) S. 323-333.

Newald, R.: s. De Boor-Newald.

Notkers des Deutschen Werke, hg. v. Edwart H. Sehrt - Taylor Starck. III/1 (Altdeutsche Textbibliothek 40, Halle/Saale 1952).

Oexle, Otto Gerhard: Die „sächsische Welfenquelle" als Zeugnis der welfischen Hausüberlieferung, in: DA 24 (1968) S. 435-497.

— Memoria und Memorialüberlieferung im früheren Mittelalter, in: FMSt 10 (1976) S. 70-95.

Olbert, E.: s. Strelli-Olbert.

Ott, Hugo: Studien zur Geschichte des Klosters St. Blasien im hohen und späten Mittelalter (Veröffentlichungen der Kommission für geschichtliche Landeskunde in Baden-Württemberg. B 27, Stuttgart 1963).

— Das Immunitätsprivileg Heinrichs IV. für St. Blasien vom Jahre 1065, in: ZGORh 112 NF. 73 (1964) S. 413-430.

— Die Klostergrundherrschaft St. Blasien im Mittelalter. Beiträge zur Besitzgeschichte (Arbeiten zum Historischen Atlas von Südwestdeutschland 4, Stuttgart 1969).

— (Rez.) Wolfgang Irtenkauf: Über die Herkunft (s. o.) u. ders., Noch einmal (s. o.), in: ZGORh 114 NF. 75 (1966) S. 421-422.

— Zur Festlegung der Grenzen des praedium Slocse aus der sogenannten Schluchseeschenkung im 11. Jahrhundert, in: ZGORh 116 NF. 77 (1968) S. 397-402.

— Art. St. Blasien, in: Die Benediktinerklöster (s. o.) S. 146-160.

— Art. Ochsenhausen, in: Die Benediktinerklöster (s. o.) S. 454-464.

— Zu den frühen Beziehungen zwischen dem Kloster St. Blasien und dem Bistum Basel, in: Alemannica (s. o.) S. 545-557.

— s. Das Urkundenbuch des Klosters St. Blasien.

Parisse, Michel: Le Nécrologe de Gorze. Contribution à l'histoire monastique (Annales de l'Est. Publiées par l'Université de Nancy II, Mémoire n° 40, Nancy 1971).

Pascasius Radpertus: De corpore et sanguine Domini. Cum appendice epistola ad Fredugardum, ed. Beda Paulus (CC Cont. med. 16, Turnhout 1969).

Pascher, E.: s. Gröschenig-Hödl-Pascher.

Paulus, B.: s. Pascasius Radpertus.

Penco, Gregorio: Le ‚Consuetudines Fructuarienses', in: Monasteri in alta Italia (s. o.) S. 137-155.

Pertz, G. H.: s. Annales Einsidlenses.

— s. Bernoldi chronicon.

Piper, Paul (Hg.): Die Schriften Notkers und seiner Schule. Bd. 2 (Freiburg i. Br.-Tübingen 1883).

Powitz, Gerhard: Datieren und Lokalisieren nach der Schrift, in: Bibliothek und Wissenschaft 10 (1976) S. 124-137.
Preisendanz, Karl: Zeugnisse zur Bibliotheksgeschichte, in: A. Holder, Die Handschriften (s. o.).

Quarthal, F.: s. Die Benediktinerklöster.

Raschl, Thiemo: Zur Geschichte der Blasianer Handschriften, in: Zentralblatt für Bibliothekswesen 36 (1919) S. 243-256.
Regesta episcoporum Constantiensium. Regesten zur Geschichte der Bischöfe von Constanz. Bd. 1 (517-1293), bearb. v. Paul Ladewig u. Theodor Müller (Innsbruck 1895).
Das Register Gregors VII., hg. v. Erich Caspar (MGH Epistolae selectae in usum scholarum II, Berlin 1920, ²1955).
Reiche, Rainer: Ein rheinisches Schulbuch aus dem 11. Jahrhundert. Studien zur Sammelhandschrift Bonn UB S 218 mit Edition von bisher unveröffentlichten Texten (Münchener Beiträge zur Mediävistik und Renaissance-Forschung 24, München 1976).
Reichstein, Rosemarie: Art. Bürgeln, in: Die Benediktinerklöster (s. o.) S. 175-183.
Die religiösen Dichtungen des 11. und 12. Jahrhunderts. Nach ihren Formen besprochen u. hg. v. Friedrich Maurer. Bd. 1 (Tübingen 1964).
Riant, C.: s. Alexii Comneni ... epistola.
— Inventaire critique des lettres historiques des croisades, in: Archives de l'Orient latin 1 (1881) S. 1-224.
Richardson, E. C.: s. Hieronymus, Liber de viris.
Richtlinien Handschriftenkatalogisierung, hg. von der Deutschen Forschungsgemeinschaft. Unterausschuß für Handschriftenkatalogisierung (Bonn-Bad Godesberg 1973).
Robertus monachus: Historia hierosolymitana, ed. in: Recueil des historiens des croisades. Historiens occidentaux III (Paris 1866) S. 717-782.
Robinson, Ian Stuart: Art. Bernold von St. Blasien, in: Die deutsche Literatur des Mittelalters. Verfasserlexikon. Begründet v. Wolfgang Stammler, fortgeführt v. Karl Langosch. 2. Aufl. hg. v. Kurt Ruh u. a. Bd. 1 (Berlin-New York 1978) Sp. 795-798.
— Zur Arbeitsweise Bernolds von Konstanz und seines Kreises. Untersuchungen zum Schlettstädter Codex 13, in: DA 34 (1978) S. 51-122.
Ruh, K.: s. Robinson, I. S., Art. Bernold.

Schmale, Franz-Josef: Die Reichenauer Weltchronistik, in: Die Abtei Reichenau (s. o.) S. 125-158.
— s. Wattenbach-Holtzmann.
— s. Wattenbach-Schmale.
Schmale-Ott, Irene: § 57. St. Blasien, in: Wattenbach-Schmale (s. u.) S. 319-328.
Schmid, Karl - Joachim Wollasch: Die Gemeinschaft der Lebenden und Verstorbenen in Zeugnissen des Mittelalters, in: FMSt 1 (1967) S. 365-405.
— Societas et Fraternitas. Begründung eines kommentierten Quellenwerkes zur Erforschung der Personen und Personengruppen des Mittelalters (Berlin-New York 1975; auch in: FMSt 9, 1975, S. 1-48).

Schmid, Karl: s. Das Verbrüderungsbuch.
Schmieder, Ludwig: Das Benediktinerkloster St. Blasien. Eine baugeschichtliche Studie (Augsburg 1929).
Schreiner, Klaus: Art. Alpirsbach, in: Die Benediktinerklöster (s. o.) S. 117-124.
Schroeder, Jean: Bibliothek und Schule der Abtei Echternach um die Jahrtausendwende, in: Publications de la Section Historique de l'Institut Grand-Ducal de Luxembourg 91 (1977) S. 201-378 (auch sep.: Phil. Diss. Freiburg i. Br. 1975).
Schütz, Wolfgang: Die große Kreuzpartikel von St. Blasien/St. Paul und ihre drei Fassungen, in: Festgabe zur 150-Jahr-Feier (s. o.) S. 299-320 = Carinthia I 149 (1959) S. 611-632.
Schützeichel, Rudolf: Das alemannische Memento mori. Das Gedicht und der geistighistorische Hintergrund (Tübingen 1962).
Schum, Wilhelm: Mittheilungen über die Fürstlich Metternich'sche Bibliothek auf Schloß Königswart in Böhmen, in: NA 5 (1880) S. 457-465.
Schumann, O.: s. Carmina Burana.
Schwarzmaier, Hansmartin: Studien zur Ottobeurer Alexandertranslation, in: Stud. u. Mitt. OSB 79 (1968) S. 235-252.
Sehrt, E. H.: s. Notkers des Deutschen Werke.
Setzler, Wilfried: Art. Weitenau, in: Die Benediktinerklöster (s. o.) S. 647-651.
Sievers, E.: s. Steinmeyer-Sievers.
Šimáková, Jitka: Dvě desítiletí správy zámeckých knihoven knihovnou Národního muzea, in: Sborník Národního muzea v Praze (Acta musei nationalis Pragae) Ser. C 19 (1974) S. 43-48 (mit deutschem Resümee: Zwei Jahrzehnte der Verwaltung der Schloßbibliotheken durch die Bibliothek des Nationalmuseums in Prag).
Sparks, H. F. D.: s. Biblia sacra.
Stammler, W.: s. Bischoff, Paläographie.
— s. Robinson, I. S.: Art. Bernold.
Starck, T. s. Notkers des Deutschen Werke.
Steinmeyer, Elias - Eduard Sievers: Die althochdeutschen Glossen. Bd. 4 (Berlin 1898).
Stöckli, Kuno: Codex Engelbergensis 14 und das Engelberger Scriptorium um 1200, in: Aachener Kunstblätter 47 (1976/77) S. 15-80.
Strelli, Richard - Engelbert Olbert: Das Benediktinerstift St. Paul in Kärnten 1809-1909. Festschrift zur Jahrhundertfeier der Wiederbesiedelung des Stiftes St. Paul durch die Mönche von St. Blasien im Schwarzwald (Freiburg i. Br. 1910).
Swarzenski, Georg: Die Salzburger Malerei von den ersten Anfängen bis zur Blütezeit des romanischen Stils. Studien zur Geschichte der deutschen Malerei und Handschriftenkunde (Leipzig 1913, 2. Aufl. Stuttgart 1969).

Tangl, Georgine: Schwaben, in: Wattenbach-Holtzmann (s. u.) S. 507-539.
Teske, Wolfgang: Laien, Laienmönche und Laienbrüder in der Abtei Cluny. Ein Beitrag zum ‚Konversenproblem'. I. Teil in: FMSt 10 (1976) S. 248-322, II. Teil in: FMSt 11 (1977) S. 288-339.
Thaner, F.: s. Libelli Bernaldi.
Thiele, W.: s. Biblia sacra.
Tjäder, Jan-Olof (Rez.): Ricerche medievali VI-IX in onore di Beniamino Pagnin (Pavia 1974), in: Scriptorium 31 (1977) S. 122-125.

Trende, Adolf: Die Stiftsbibliothek in St. Paul, in: Carinthia I 142 (1952) S. 609-668.

Tüchle, Hermann: Dedicationes Constantienses. Kirch- und Altarweihen im Bistum Konstanz bis zum Jahre 1250 (Freiburg i. Br. 1949).

— Ein Hildegard- und ein Bernhardbrief aus der ehemaligen Ochsenhauser Klosterbibliothek, in: Stud. u. Mitt. OSB 79 (1968) S. 17-22.

Unterkircher, Franz: Inventar der illuminierten Handschriften, Inkunabeln und Frühdrucke der Österreichischen Nationalbibliothek. Teil 1: Die abendländischen Handschriften (Wien 1957).

Urkunden und Regesten zur Geschichte des Benedictinerstiftes Göttweig III: 1468-1500 (Anhang: Das Necrologium, der Catalogus Abbatum und die Calendarien des Benedictinerstiftes Göttweig und die Gebetsverpflichtungen der Göttweiger Benedictinerinnen), hg. v. Adalbert Franz Fuchs (Fontes rerum Austriacarum II, 55, Wien 1902).

Die ältesten Urkunden von Allerheiligen in Schaffhausen, Rheinau und Muri, hgg. v. F. L. Baumann, G. Meyer von Knonau u. Martin Kiem (Quellen zur Schweizer Geschichte 3, Basel 1883) (separate Seitenzählung der drei Teile des Bandes).

Das Urkundenbuch des Klosters St. Blasien, hg. v. Hugo Ott (Veröffentlichungen der Historischen Kommission für geschichtliche Landeskunde in Baden-Württemberg A 22, im Druck).

Vezin, Jean: Un martyrologe copié à Cluny à la fin de l'abbatiat de Saint Hugues, in: Hommages à André Boutémy, hg. v. G. Cambier (Collection Latomus 145, Brüssel 1976) S. 404-412.

— La réalisation matérielle des manuscrits latins pendant le haut Moyen Âge, in: Codicologica 2: Eléments pour une codicologie comparée (Leiden 1978) S. 15-51.

Vilanova, J. Evangelista M.: Regula Pauli et Stephani. Edició crítica i comentari (Scripta et documenta 11, Barcelona 1959).

Vita Altmanni episcopi Pataviensis, ed. W. Wattenbach, in: MGH SS 12 (Hannover 1856; Nachdr. Stuttgart 1968) S. 226-243.

Vita Findani, ed. O. Holder-Egger, in: MGH SS 15/1 (Hannover 1887; Nachdr. Stuttgart 1963) S. 502-506.

Vita b. Mathildis abbatissae auctore Engelhardo Ord. Cist., in: AA SS Mai VII (Paris-Rom [3]1866) S. 134-450.

Das Verbrüderungsbuch der Abtei Reichenau (Zentralbibliothek Zürich, Hs. Rh. hist. 27), hgg. v. Johanne Autenrieth, Dieter Geuenich u. Karl Schmid (MGH Libri Memoriales et Necrologia Nova Series 1, Hannover 1979) (im Druck).

Walker, G. S. M.: s. Columbani Opera.

Wattenbach, W.: s. Vita Altmanni.

Wattenbach, Wilhelm - Robert Holtzmann, Deutschlands Geschichtsquellen im Mittelalter. Die Zeit der Sachsen und Salier. II: Das Zeitalter des Investiturstreits (1050-1125). Neuausgabe von Franz-Josef Schmale (Darmstadt 1967).

— - Franz-Josef Schmale: Deutschlands Geschichtsquellen im Mittelalter. Vom Tode Kaiser Heinrichs V. bis zum Ende des Interregnum. Bd. 1 (unter Mitarbeit von Irene Schmale-Ott u. Dieter Berg) (Darmstadt 1976).

Weber, R.: s. Biblia sacra.
Wedekind, Anton Christian: Noten zu einigen Geschichtsschreibern des deutschen Mittelalters. Bd. 3 (Hamburg 1832).
Welker, Klaus: Art. Blasius (Vlasij) von Sebaste, in: Lexikon der christlichen Ikonographie Bd. 5 (s. o.) Sp. 416-419.
Willems, R.: s. S. ... Augustini in Iohannis.
Wilmart, André, Les Monita de l'abbé Porcaire, in: Revue Bénédictine 26 (1909) S. 477-480.
— Les homélies attribuées à S. Anselme, in: Archives de l'histoire doctrinale et littéraire du moyen âge 2 (1927) S. 5-29.
Wirtembergisches Urkundenbuch, hg. v. dem Königlichen Staatsarchiv in Stuttgart. Bd. 1 (Stuttgart 1849). Bd. 11 (Stuttgart 1913).
Wörner, H. J.: s. Adamek-Wörner.
Wollasch, Joachim: Muri und St. Blasien. Perspektiven schwäbischen Mönchtums in der Reform, in: DA 17 (1961) S. 420-446.
— Ein cluniacensisches Totenbuch aus der Zeit Abt Hugos von Cluny, in: FMSt 1 (1967) S. 406-443.
— Mönchtum des Mittelalters zwischen Kirche und Welt (Münstersche Mittelalter-Schriften 7, München 1973).
— Neue Methoden der Erforschung des Mönchtums im Mittelalter, in: HZ 225 (1977) S. 529-571.
— s. Schmid-Wollasch.

Zeller, Joseph, Stift Edelstetten. Beiträge zu seiner Geschichte und Verfassung im Mittelalter, in: Archiv für die Geschichte des Hochstifts Augsburg 4 (1912-1915) S. 369-450.
Die Zwiefalter Chroniken Ortliebs und Bertholds, neu hgg., übers. u. erläutert v. Erich König u. Karl Otto Müller (Stuttgart-Berlin 1941, ^{2}1977).

ABBILDUNGEN

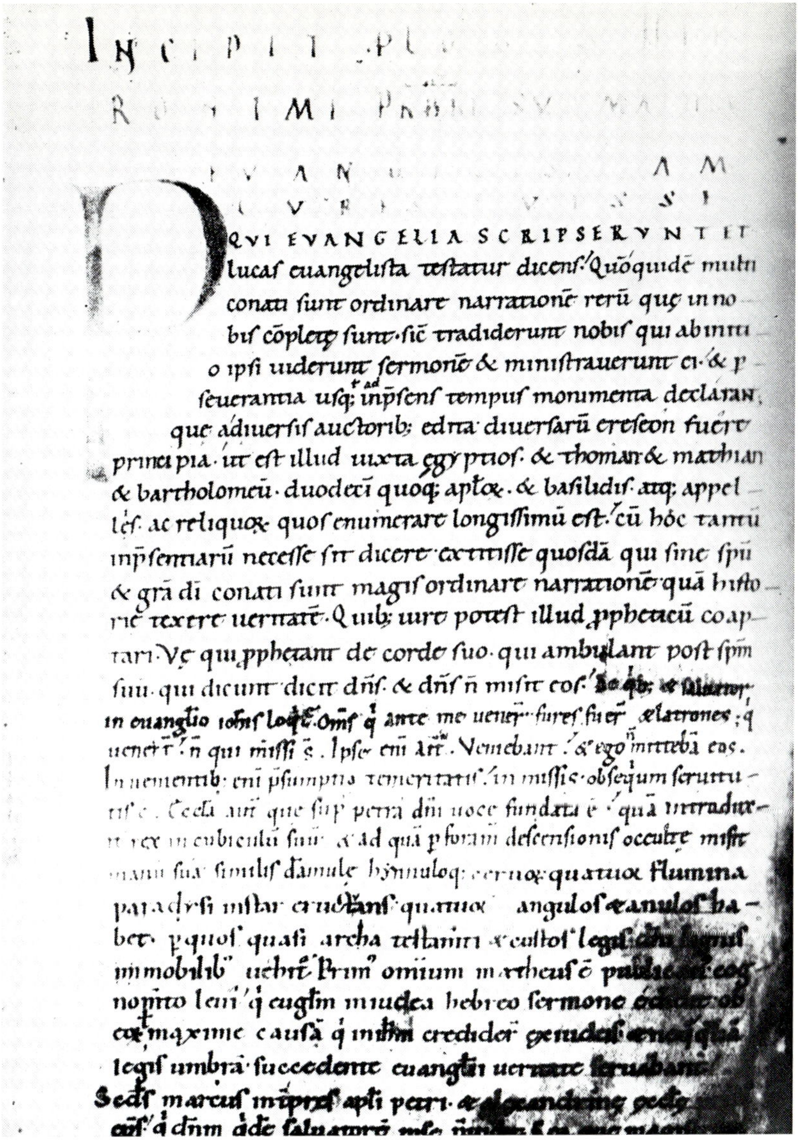
QVI EVANGELIA SCRIPSERVNT ET
lucas euangelista testatur dicens. Quoquidē multi
conati sunt ordinare narrationē rerū quę in no
bis cōpletę sunt. sicut tradiderunt nobis qui ab initi
o ipsi uiderunt sermonē & ministrauerunt ei. & p
seuerantia usq; in psens tempus monumenta declarant
que a diuersis auctorib; edita diuersarū heresēon fuere
principia. ut est illud iuxta egyptios. & thomam & mathian
& bartholomeū. duodecī quoq; aplox. & basilidis. atq; appel
les. ac reliquox. quos enumerare longissimū est. cū hoc tantū
in psentiarū necesse sit dicere extitisse quosdā qui sine spū
& grā dī conati sunt magis ordinare narrationē quā histo
rie texere ueritatē. Quib; iure potest illud pphetic ū coap
tari. Ve qui pphetant de corde suo. qui ambulant post spm
suū. qui dicunt dicit dns. & dns n misit eos. De quib; et saluator
in euanglio iohis loqt. Omš q ante me uener fures fuer et latrones; q
uenerī n qui missi s. Ipse eni ait. Veniebant & ego mittebā eos.
In uenientib; eni psumptio temeritatis. in missis obsequium seruitu
tis e. Eccla aut que sup petrā dni uoce fundata e. quā introduxit
rex in cubiculū suū. & ad quā p foramen descensionis occulte misit
manū suā. similis dāmule hynnuloq; ceruox. quatuor flumina
paradysi instar eructans. quatuor & angulos & anulos habet.
p quos quasi archa testamti & custos legis [illegible]
immobilib; uehit. Prim omium mattheus e [illegible]
nomito leui. q eugliu in iudea hebreo sermone [illegible]
eox maxime causā q in ihm crediderāt [illegible]
legis umbrā succedente euanglii ueritate [illegible]
Scds marcus interpres apli petri. & [illegible]
eps. q dnm [illegible]

Hs. St. Paul i. L. 18/1, fol. 1v

Tafel 1

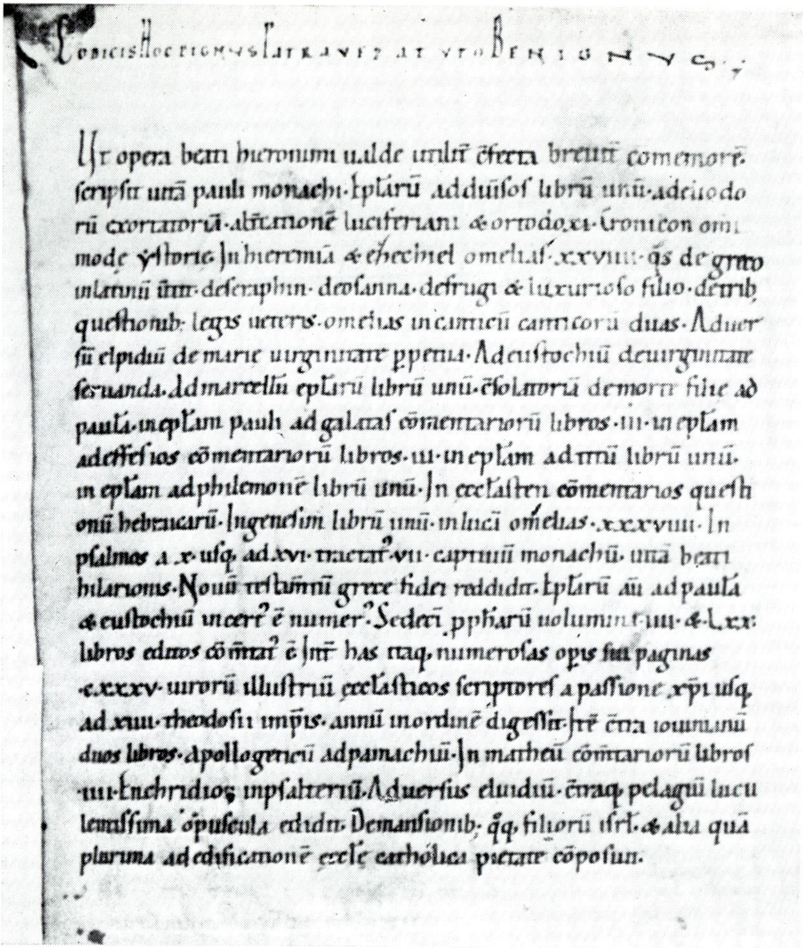
Ist opera beati hieronimi ualde utilit̄ effecta breuit̄ comemorē. scripsit uitā pauli monachi. Eplārū ad diuersos librū unū. ad eliodorū exortatoriū. altercationē luciferiani & ortodoxi. Cronicon omnimode ystorie. In hieremiā & ezechiel omelias .xxviii. qs de greco in latinū transt. de seraphin. de osanna. de frugi & luxurioso filio. de tribus questionibus legis ueteris. omelias in canticū canticorū duas. Aduersū elpidiū de marie uirginitate ppetua. Ad eustochiū de uirginitate seruanda. Ad marcellā eplārū librū unū. consolatoriū de morte filie ad paulā. In eplam pauli ad galatas comentariorū libros .iii. In eplam ad effesios comentariorū libros .iii. In eplam ad titū librū unū. In eplam ad philemonē librū unū. In ecclasten comentarios questionū hebraicarū. In genesim librū unū. In luca omelias .xxxviii. In psalmos a .x. usq. ad .xvi. tractat .vii. captiui monachi. uitā beati hilarionis. Nouū testamentū grece fidei reddidit. Eplārū aūt ad paulā & eustochiū incertus ē numerus. Sed et pphārū uolumina .iii. & .l.xx. libros editos comitatus ē. Int has itaq. numerosas opis sui paginas .cxxxv. uirorū illustriū ecclasticos scriptores a passione xpi usq. ad .xiiii. theodosii impis. annū in ordinē digessit. Scripsit etiā in iouinianū duos libros. Apollogeticū ad pamachiū. In matheū comentariorū libros .iiii. Enchiridion in psalteriū. Aduersus eluidiū. Contraq. pelagiū lucubratissima opuscula edidit. De mansionibus quoq. filiorū isrl. & alia quā plurima ad edificationē eccle catholice pietate composuit.

Hs. St. Paul i. L. 18/1, fol. 1r

Tafel 2

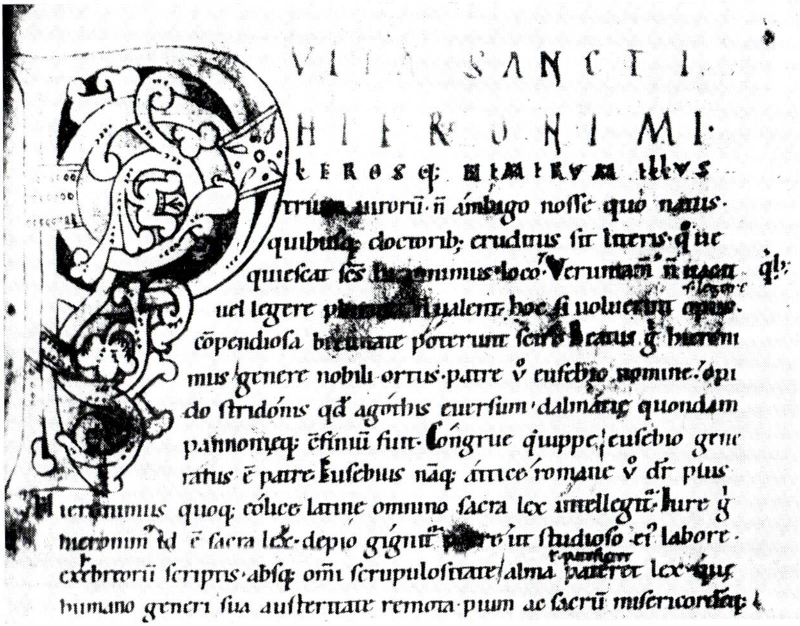

Hs. St. Paul i. L. 18/1, fol. 114r

Tafel 3

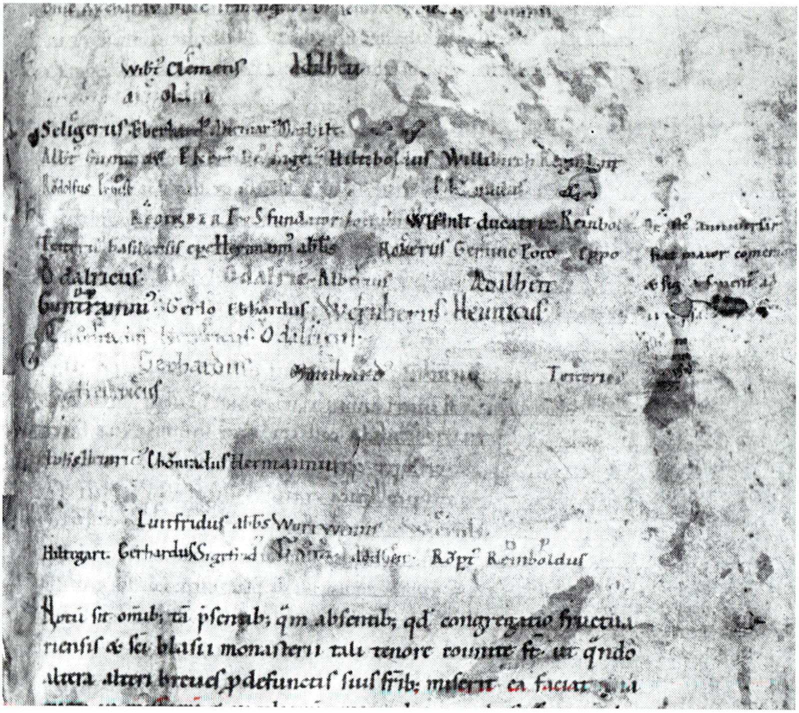

Hs. Wien, ÖNB Cod. lat. 9, fol. III^r

Tafel 4

Hs. St. Paul i. L. 60/1, fol. 57r

Hs. St. Paul i. L. 60/1, fol. 6r

Tafel 5

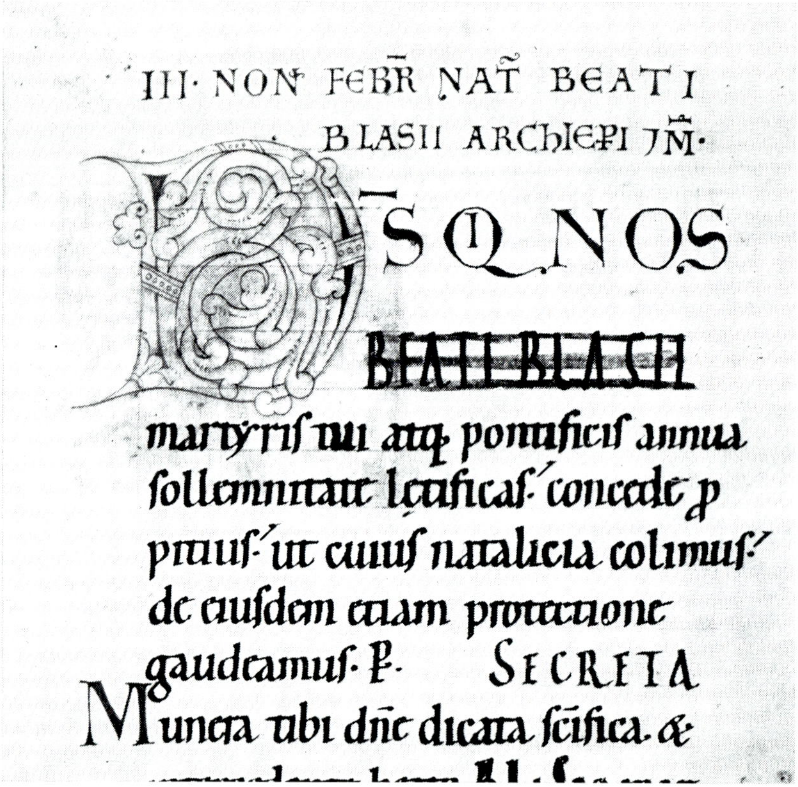
III· NON FEBR NAT BEATI
BLASII ARCHIEPI IM·
DS QI NOS
[redacted]
martyris tui atq; pontificis annua
sollemnitate letificas· concede p
pitius· ut cuius natalicia colimus·
de eiusdem etiam protectione
gaudeamus· P· SECRETA
Munera tibi dne dicata scifica. &

Hs. St. Paul i. L. 20/1, fol. 269v

Tafel 6

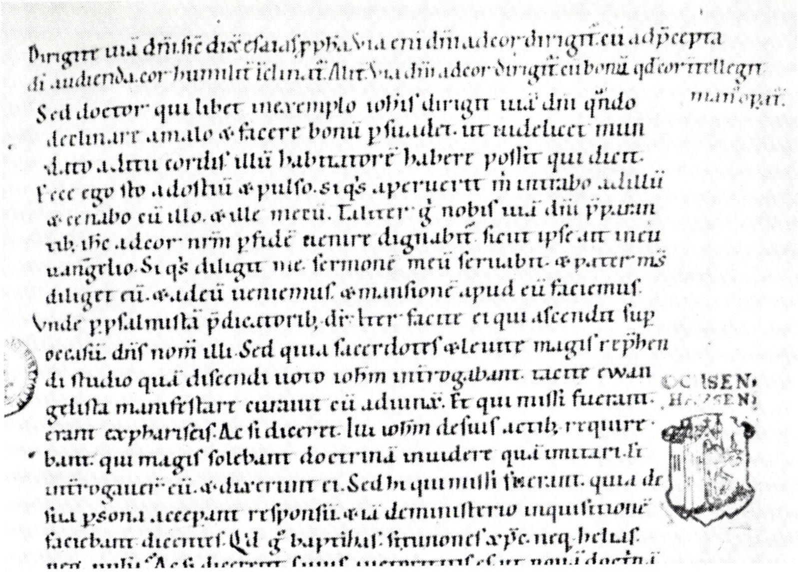

Hs. Kynžvart 39, fol. 1r

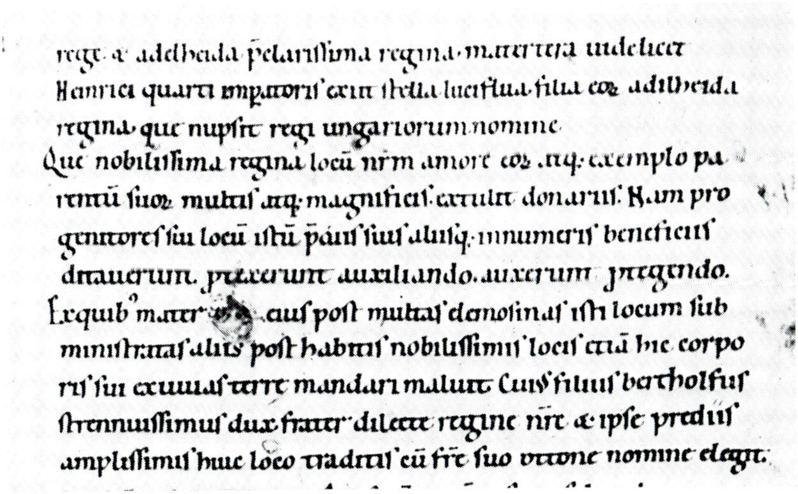

Hs. Kynžvart 40, fol. 165v

Tafel 7

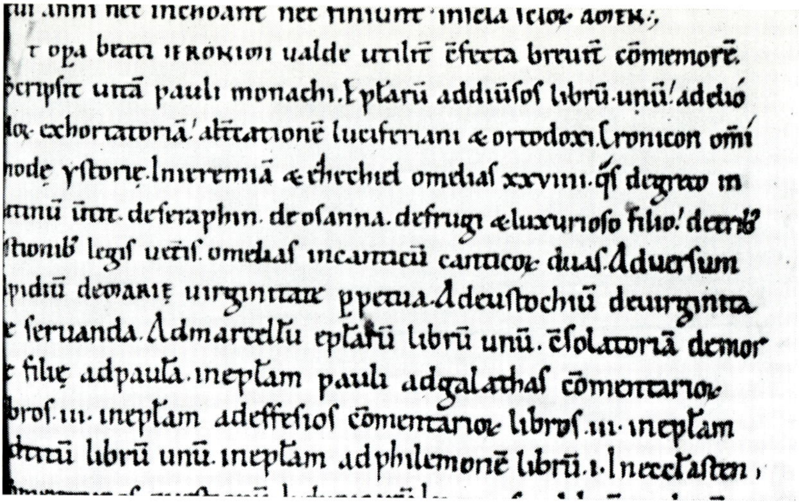
tui anni nec inchoant nec finiunt· inicia icior· actus·;
t opa beati hieronimi ualde utilit̄ ēfecta breuit̄ cōmemorē.
Scripsit uitā pauli monachi. Epl̄arū addiūsos librū· unū.' ad elio
do· exhortatoriā.' altercationē luciferiani & ortodoxi. Cronicon omī
modę ystorię. In ieremiā & ezechiel omelias xxviii. q̄s de greco in
latinū u̇tit. de seraphin. de osanna. de frugi & luxurioso filio.' de trib'
questionib' legis ueti's. omelias in cantica canticor̄ duas. Aduersum
Heluidiū de marię uirginitate ppetua. Ad eustochiū de uirginita
te seruanda. Ad marcellā epl̄arū librū unū. cōsolatoriā de mor
te filię ad paulā. in epl̄am pauli ad galathas cōmentarior̄
libros· iii· in epl̄am ad effesios cōmentarior̄ libros· iii· in epl̄am
ad titū librū unū. in epl̄am ad philemonē librū. i. In eccl'asten·

Hs. Kynžvart 41, fol. 207r

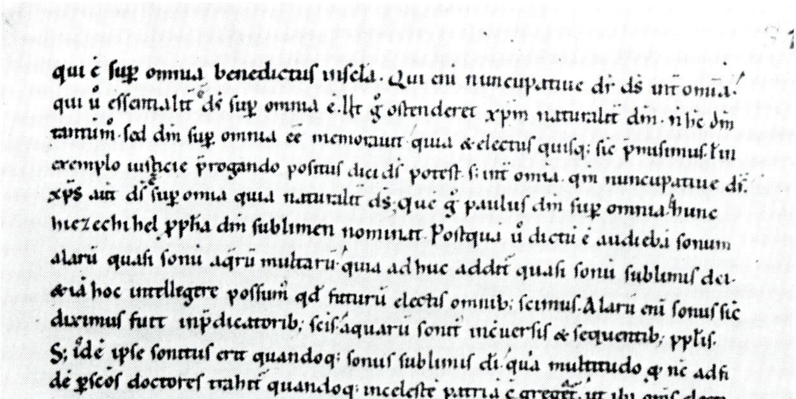
qui ē sup̄ omnia benedictus in secla. Qui eni nuncupatiue dr̄ ds̄ uir omnia.'
qui ū essentialit̄ ds̄ sup̄ omnia ē. Ut ḡ ostenderet xp̄m naturalit̄ dm̄. n hic dm̄
tantūm. sed dm̄ sup̄ omnia ēē memorauit quia & electus quisq; sic ꝑuisimus. In
exemplo uisionis ꝓrogando positus dici ds̄ potest. s; uir omia. qui nuncupatiue dr̄.
xp̄s aūt ds̄ sup̄ omia quia naturalit̄ ds̄, quē ḡ paulus dm̄ sup̄ omnia. hunc
hiezechihel ꝓph̄a dm̄ sublimen nominat. Postquā ū dictū ē audiebā sonum
alarū quasi sonū aq̄rū multarū· quia adhuc addit quasi sonū sublimis dei.
[illegible]ia hoc intellegere possum̄ qđ futurū electis omnib; scimus. Alarū eni sonus sic
diximus fuit in p̄dicatorib; seis aquarū sonit in uersis & sequentib; ppl'is.
S; idē ipse sonitus erit quandoq; sonus sublimis di. quia multitudo q̇ nc ad fi
dē ꝑscos doctores trahit. quandoq; in celesti patria ē greg̃. ut ibi omīs electi
sine fine laudent· cū uiderint sine fine quē laudent. Et quia tr̄ ꝑfecte corpus

Hs. Kynžvart 43, fol. 1r

Tafel 8

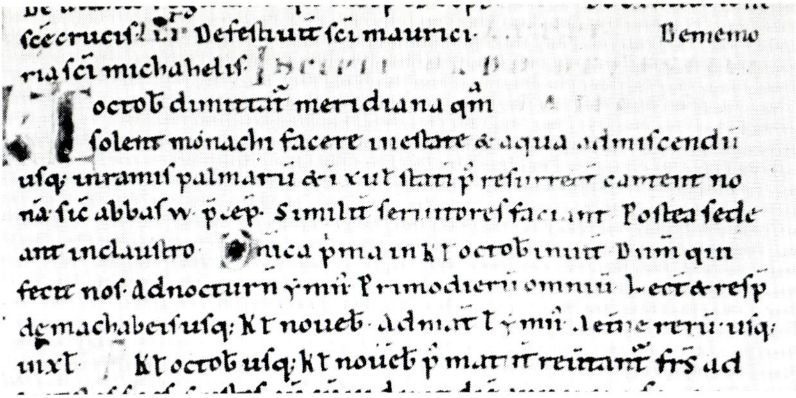

Hs. Kynžvart 52, fol. 2r

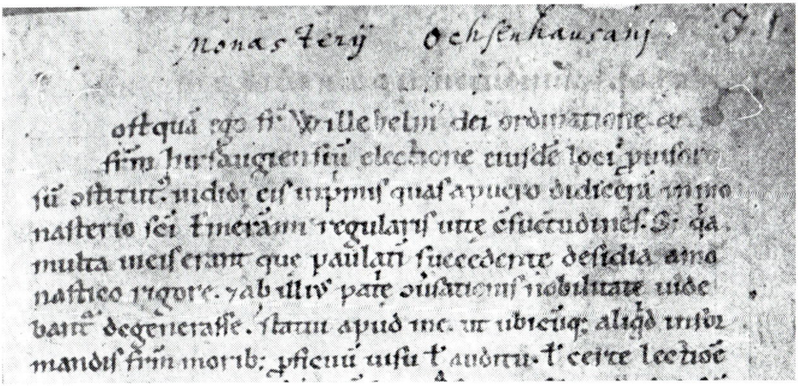

Hs. Kynžvart 58, fol. 1r

Tafel 9

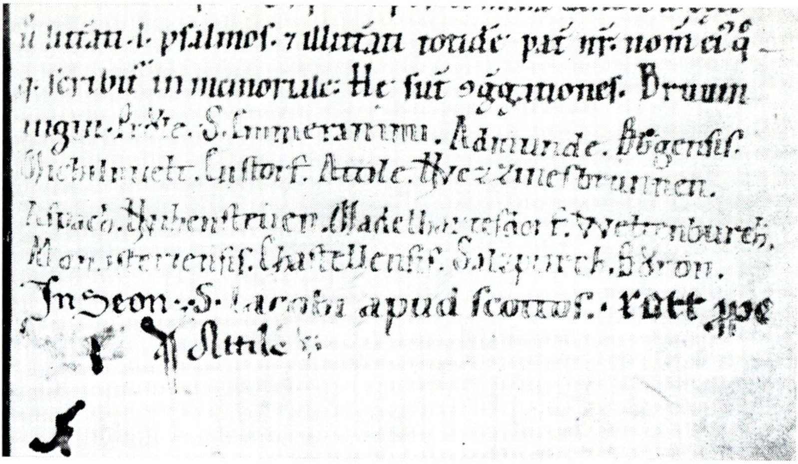

Hs. Kynžvart 58, fol. 142r

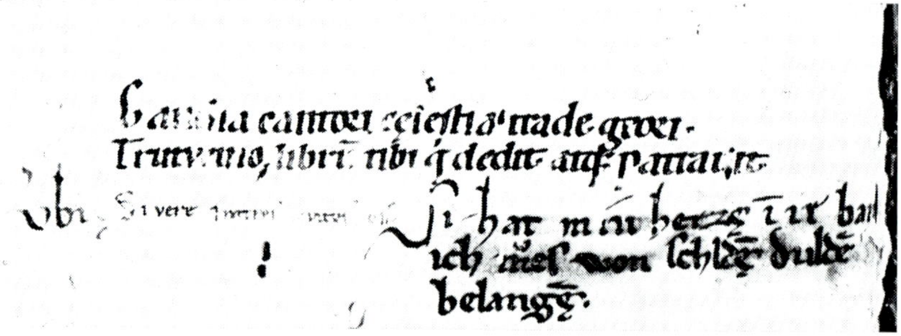

Hs. Kynžvart 69, fol. 85v

Tafel 10

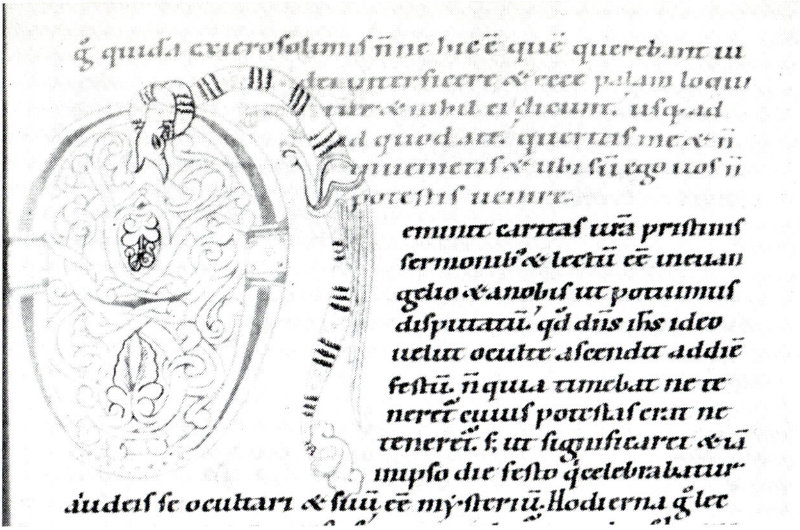

Hs. Kynžvart 93, fol. 131r

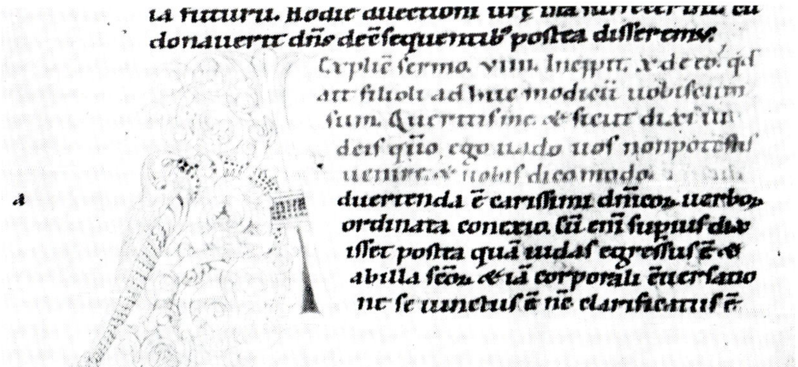

Hs. Kynžvart 94, fol. 13v

Tafel 11

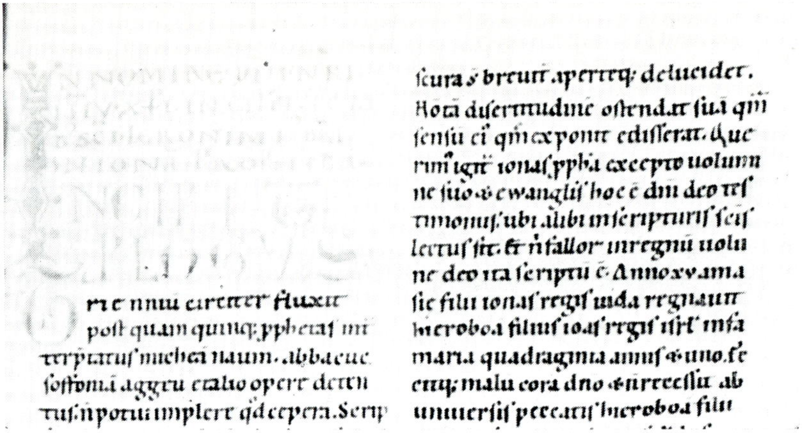

Hs. Kynžvart 96, fol. 33r

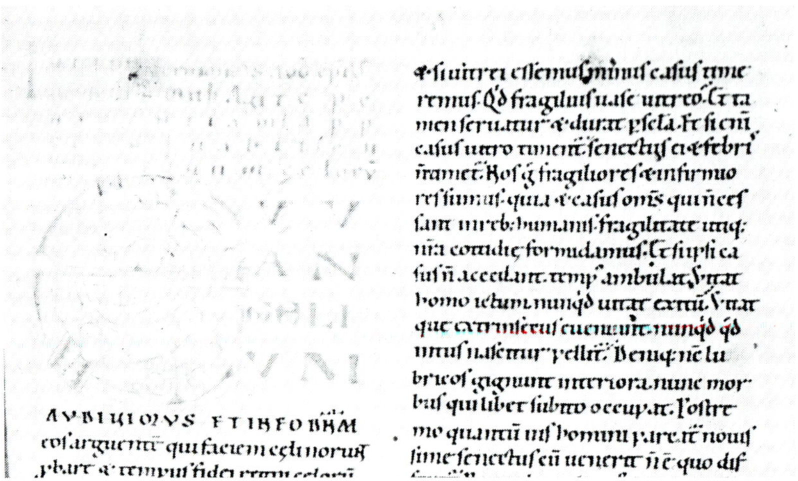

Hs. Kynžvart 97, fol. 1r

Tafel 12

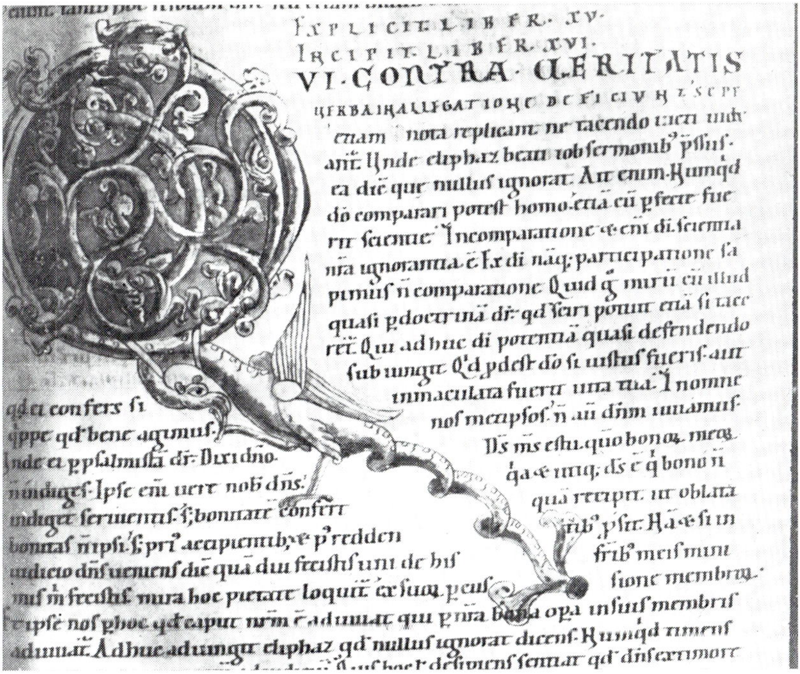

Hs. Straßburg UB Ms. 1, fol. 62r

Tafel 13

VERZEICHNIS DER HANDSCHRIFTEN UND ARCHIVALIEN

Diejenigen Handschriften und Archivalien, welche nicht im Original eingesehen wurden, sind mit Stern bezeichnet.

1. Handschriften

2. Archivalien

WERKVERZEICHNIS

INITIEN NICHT IDENTIFIZIERTER TEXTE

PERSONEN- UND ORTSREGISTER

Nicht aufgeführt: Ochsenhausen, St. Blasien; Abkürzungen: Bf. = Bischof, Hzg. = Herzog, Kg. = König, Kl. = Kloster, Ks. = Kaiser.

Münchener Beiträge
zur Mediävistik und Renaissance-Forschung

1. Gabriel SILAGI, Untersuchungen zur „Deliberatio supra hymnum trium puerorum“ des Gerhard von Csanád (1967) 107 S., vergriffen.
2. Günter BERNT, Das lateinische Epigramm im Übergang von der Spätantike zum frühen Mittelalter (1968) 333 S., vergriffen.
3. Rosemarie HERDE, Das Hohelied in der lateinischen Literatur des Mittelalters bis zum 12. Jahrhundert (1968) 122 S., vergriffen.
4. Elisabeth HEYSE, Hrabanus Maurus' Enzyklopädie „De rerum naturis“. Untersuchungen zu den Quellen und zur Methode der Kompilation (1969) 163 S., vergriffen.
5. Günter GLAUCHE, Schullektüre im Mittelalter. Entstehung und Wandlungen des Lektürekanons bis 1200 nach den Quellen dargestellt (1970) 147 S., vergriffen.
6. Anke EBEL, Clm 17142. Eine Schäftlarner Miscellaneen-Handschrift des 12. Jahrhunderts (1970) 173 S., vergriffen.
7. Detlef ILLMER, Formen der Erziehung und Wissensvermittlung im frühen Mittelalter. Quellenstudien zur Frage der Kontinuität des abendländischen Erziehungswesens (1971) 193 S., vergriffen.
8. Jürgen ZIESE, Historische Beweisführung in Streitschriften des Investiturstreites (1972) 235 S., DM 14,—, ISBN 3920128079.
9. Sigrid KRÄMER, Die sogenannte Weihenstephaner Chronik. Text und Untersuchung (1972) 340 S., DM 15,—, ISBN 3920128087.
10. Fanny LEMOINE, Martianus Capella. A Literary Re-evaluation (1972) 245 S., vergriffen.
11. Natalia DANIEL, Handschriften des zehnten Jahrhunderts aus der Freisinger Dombibliothek. Studien über Schriftcharakter und Herkunft der nachkarolingischen und ottonischen Handschriften einer bayerischen Bibliothek (1973) 189 S. 19 Taf., vergriffen.
12. Eva GOTTSCHALLER, Hugeburc von Heidenheim. Philologische Untersuchungen zu den Heiligenbiographien einer Nonne des achten Jahrhunderts (1973) 106 S., DM 8,—, ISBN 3920128111.
13. Ursula HAHNER, Cassiodors Psalmenkommentar. Sprachliche Untersuchungen (1973) 348 S., DM 18,—, ISBN 3920128133.
14. Gerhard SCHNEIDER, Erzbischof Fulco von Reims (883-900) und das Frankenreich (1973) 261 S., DM 15,—, ISBN 3920128141.

15. Claudia NAUERTH, Agnellus von Ravenna. Untersuchungen zur archäologischen Methode des ravennatischen Chronisten (1974) 154 S., DM 12,—, ISBN 392012815X.

16. Elizabeth WAINWRIGHT, Studien zum deutschen Prozessionsspiel. Die Tradition der Fronleichnamsspiele in Künzelsau und Freiburg und ihre textliche Entwicklung (1974) 292 S., DM 15,—, ISBN 3920128168.

17. Karl-Bernhard KNAPPE, Repräsentation und Herrschaftszeichen. Zur Herrscherdarstellung in der vorhöfischen Epik (1974) 299 S., vergriffen.

18. Jörg KASTNER, Historiae fundationum monasteriorum. Frühformen monastischer Institutionsgeschichtsschreibung im Mittelalter (1974) 186 S., DM 24,—, ISBN 3920128192.

19. Annethe LOHAUS, Die Merowinger und England (1974) 178 S., 10 Tafeln, DM 24,—, ISBN 3920128206.

20. Ursula PENNDORF, Das Problem der „Reichseinheitsidee" nach der Teilung von Verdun (843). Untersuchungen zu den späten Karolingern (1974) 204 S., DM 30,—, ISBN 3920128214.

21. Herrad SPILLING, Die Visio Tnugdali. Eigenart und Stellung in der mittelalterlichen Visionsliteratur bis zum Ende des 12. Jahrhunderts (1975) 240 S., DM 30,—, ISBN 3920128222.

22. Carol D. LANHAM, Salutatio Formulas in Latin Letters to 1200: Syntax, Style and Theory (1975) 140 S., DM 20,—
ISBN 3920128230.

23. Hansjakob BECKER, Das Tonale Guigos I. Ein Beitrag zur Geschichte des liturgischen Gesanges und der Ars Musica im Mittelalter (1975) 283 S., DM 28,—, ISBN 3920128249.

24. Rainer REICHE, Ein rheinisches Schulbuch aus dem 11. Jahrhundert. Studien zur Sammelhandschrift Bonn UB. S 218 (1976) 495 S., DM 38,—, ISBN 3920128265.

25. Michael BORGOLTE, Der Gesandtenaustausch der Karolinger mit den Abbasiden und mit den Patriarchen von Jerusalem (1976) 167 S., DM 20,—, ISBN 3920128273.

26. Michael BERNHARD, Goswin Kempgyn de Nussia, Trivita studentium. Eine Einführung in das Universitätsstudium aus dem 15. Jahrhundert (1976) 112 S., DM 12,—, ISBN 3920128257.

27. Pádraig A. BREATNACH, Die Regensburger Schottenlegende — Libellus de fundacione ecclesie Consecrati Petri. Untersuchung und Textausgabe (1977) 325 S., DM 38,—, ISBN 3920128281.

28. Hermann WINTERER, Die rechtliche Stellung der Bastarde in Italien von 800 bis 1500 (1978) 113 S., DM 12,—
ISBN 3 920128 29 X.

29. John J. CONTRENI, The Cathedral School of Laon from 850 to 930. Its Manuscripts and Masters (1978) 212 S., 4 Tafeln, DM 25,—, ISBN 3 920128 30 3.

30. Hubert HOUBEN, St. Blasianer Handschriften des 11. und 12. Jahrhunderts, unter besonderer Berücksichtigung der Ochsenhauser Klosterbibliothek (1979) 220 S., 13 Tafeln, DM 25,—, ISBN 3 920128 31 1.

Beiheft

Bernhard BISCHOFF, Lorsch im Spiegel seiner Handschriften. Sonderdruck aus der Festschrift Die Reichsabtei Lorsch 764-1964, Band 2 (1978). Der Sonderdruck wurde 1974 veranstaltet (128 S., 14 Tafeln, DM 25,—), ISBN 3 920128 17 6.

Arbeo-Gesellschaft D-8061 Bachenhausen